国家示范性高等职业院校电气化铁道技术专业系列教材
省级示范性特色专业系列教材

制动机的操纵与维护

左继红　陈春棉　**主编**

张　莹　**主审**

西南交通大学出版社
·成 都·

内容简介

本书包括制动系统功能介绍及电力机车风源系统、DK-1 型机车制动机的控制及阀类部件的维护与调试、CCB Ⅱ 电空制动系统控制及主要部件的构造及作用、主型车辆制动机的维护与调试、制动理论及基础制动装置的构造与安装 5 个项目，真正实现了理论与实践的有机融合。同时，以学生自主学习为主，采用多种学习素材及教学手段，突出专业技术知识的实用性、综合性和先进性，以企业课堂的形式，将所学知识与实际生产现场有效结合，培养学生机车检查、调试、工艺设计与现场工艺管理等实践动手能力。

图书在版编目（CIP）数据

制动机的操纵与维护 / 左继红，陈春棉主编. —成都：西南交通大学出版社，2015.3（2025.2 重印）
国家示范性高等职业院校电气化铁道技术专业系列教材　省级示范性特色专业系列教材
ISBN 978-7-5643-3813-8

Ⅰ. ①制… Ⅱ. ①左… ②陈… Ⅲ. ①电力机车–制动器–高等职业教育–教材　Ⅳ. ①U264.91

中国版本图书馆 CIP 数据核字（2015）第 049054 号

国家示范性高等职业院校电气化铁道技术专业系列教材
省级示范性特色专业系列教材

制动机的操纵与维护

左继红　陈春棉　主编

责任编辑	孟苏成
助理编辑	赵雄亮
封面设计	墨创文化
出版发行	西南交通大学出版社
	（四川省成都市金牛区二环路北一段 111 号
	西南交通大学创新大厦 21 楼）
发行部电话	028-87600564　028-87600533
邮政编码	610031
网　　址	http://www.xnjdcbs.com
印　　刷	成都中永印务有限责任公司
成品尺寸	185 mm × 260 mm
印　　张	13
插　　页	1
字　　数	333 千字
版　　次	2015 年 3 月第 1 版
印　　次	2025 年 2 月第 4 次
书　　号	ISBN 978-7-5643-3813-8
定　　价	39.80 元

课件咨询电话：028-87600533
图书如有印装质量问题　本社负责退换
版权所有　盗版必究　举报电话：028-87600562

前　言

列车制动系统的组成比较复杂,并且在列车运行过程中,司机在操纵台上对制动系统的操纵不仅会使机车制动机产生相应的动作,而且还要使各车辆的制动机产生同步的动作。所以,全面掌握制动系统的拓扑结构,对于学生掌握列车制动系统的工作过程和工作原理非常重要。而传统的教学方法在授课的过程中,没有按照各部件的工作逻辑来讲述,而是将各部件作为一个独立的个体来分析,学生难以掌握他们之间的控制逻辑,在学习的过程中会感觉到无所适从,学习目标不太明确。我们在进行基于工作过程的教学改革时,将整个教学内容按照制动系统的工作过程,从最直观、最容易理解的基础制动装置的工作开始,一直反推到司机的操纵位置,教学内容环环相扣、联系紧密、条理性强、逻辑性强,对于学生在脑海中形成列车制动系统"系统"概念非常有帮助,也有利于他们掌握整个制动系统的工作原理和工作过程。

本书是校企合作过程中,与企业专家共同努力的成果,可作为高等学校铁道车辆、机车车辆、铁道检修、铁道司乘等专业的专业课程教材,也可作为城市轨道交通、动车组相关专业的拓展教材,还可供从事机车和车辆检修、安装调试等工作的人员参考。

本书由湖南铁道职业技术学院左继红、陈春棉担任主编,由湖南铁道职业技术学院张莹教授担任主审,全书由刘丽丽负责统稿。本书在编写的过程中,得到了莫坚、罗伟、汪科、周红兵、王宁等老师的帮助,并参考了大量株洲机务段、株洲电力机车厂的专业资料,同时也参考了一些国内外的专业书籍、文章及相关资料,在此编者对他们表示诚挚的谢意。

由于编者水平有限,书中难免存在不妥之处,恳请各位读者批评指正,以期再版时修改。

编　者
2015 年 1 月

目 录

项目一 制动系统功能介绍及电力机车风源系统 ··· 1
- 任务一 制动系统功能介绍 ··· 1
- 任务二 电力机车风源系统 ··· 12
- 任务三 电制动 ··· 28
- 任务四 空气压缩机维护、压力控制器调整与调节 ··· 31
- 思考与练习 ··· 32

项目二 DK-1型机车制动机的控制及阀类部件的维护与调试 ··· 33
- 任务一 机车制动缸压力变化的控制 ··· 39
- 任务二 制动管压力变化的控制 ··· 48
- 任务三 均衡风缸压力变化的控制 ··· 63
- 任务四 制动机的日常试验与列车制动系统的模拟操纵 ··· 79
- 思考与练习 ··· 115

项目三 CCBⅡ电空制动系统控制及主要部件的构造及作用 ··· 116
- 任务一 空气管路与制动系统概述 ··· 116
- 任务二 风源系统 ··· 118
- 任务三 制动控制系统 ··· 134
- 任务四 辅助管路系统 ··· 153
- 任务五 空气系统的操作 ··· 157
- 思考与练习 ··· 176

项目四 主型车辆制动机的维护与调试 ··· 177
- 思考与练习 ··· 192

项目五 制动理论及基础制动装置的构造与安装 ··· 193
- 思考与练习 ··· 201

参考文献 ··· 202

项目一　制动系统功能介绍及电力机车风源系统

【项目描述】

日常生活中，任何运输工具都离不开制动系统。小到自行车，大到航天飞机，制动系统都起着保证运输安全的重要作用。对于铁路运输来讲，有效的制动装置是铁道机车车辆的重要组成部分。随着社会的发展，科学技术的进步，制动机由原始的手制动机、直通式空气制动机，发展到近代的性能较完善的自动空气制动机、电空制动机等。与此同时，伴随着铁道牵引动力的革命，制动技术也得到飞跃发展，再生制动、电阻制动和液力制动的问世虽历史不长，但这些制动方式的强大制动功率、极好的高速性能以及很高的经济性，使它们得到较为广泛的应用。

电力机车空气管路系统按其功能可分为风源系统、制动机气路系统、控制气路系统和辅助气路系统 4 大部分。其中，风源系统的作用是生产、储备、调节控制压力空气，并向全车各气路系统提供所需的高质量的，洁净、稳定的压力空气。

【学习目标】

（1）熟悉各种交通运输工具制动系统的组成、功能和操作过程；
（2）掌握制动理论相关概念；
（3）掌握空气制动机的工作原理；
（4）掌握改善空气制动机性能的方法；
（5）掌握风源系统的组成和各部件的功能；
（6）掌握风源系统的工作通路、各环节的作用和故障处理方法；
（7）熟悉风源系统主要部件的工作原理、整定值调整；
（8）了解铁路运输制动技术发展方向和趋势。

【学习任务】

任务一　制动系统功能介绍

一、制动系统有关概念

1. 制动与缓解

列车的运行过程包括牵引、惰行和制动 3 个基本工况，而制动工况顺利实施的关键在于制动系统有效、可靠地工作。那么，什么是制动系统？它包括哪些组成部分呢？下面先介绍两个基本概念——制动、制动力。

当列车由静止状态起动加速时，需要对它施行"驱动"。而当列车已处于运动状态之中时，为了使它迅速停车或者减速，必须对它施行"制动"。为了使具有运动趋势的机车车辆保持静止，如避免停放的机车车辆因重力的作用或者风力吹动而溜走，亦需对它们实施制动。那么，究竟什么是"制动"呢？

所谓制动是指人为地施加于运动物体，使其减速（含防止其加速）或停止运动，或施加于静止物体，保持其静止状态，这种作用被称为制动作用。对于铁道机车车辆而言，制动是指能够人为地产生列车减速力并控制这个力的大小，从而控制列车减速或阻止它加速运行的过程。从物理意义上说，制动是列车动能的转移。为了施行制动而在机车车辆上装设的由一整套零部件组成的装置，称为制动装置。为了保证铁路行车安全和提高铁路的通过能力，我国的每一节机车车辆均装有制动装置。

对已经实施制动的物体，解除或者减弱其制动作用，均可以称为"缓解"。

有时候，制动与制动装置均简称为闸。实施制动简称为上闸，也可简称为下闸。使制动得到缓解简称为松闸。

如图1-1所示，列车运行在甲、乙两站之间。列车从甲站发车，行驶了 S_0 距离时加速到速度 V_1，则 S_0 称为起动加速距离，S_0 的长短取决于机车功率的大小。若列车要在乙站停车，制动功率较大的A列车，开始制动的地点可以在距乙站较近的 a 点处，它的制动距离为 S_1；制动功率较小的B列车，则需要在距乙站较远的 b 点处开始制动，因此B列车减少了高速行驶的距离，平均运行速度较低。

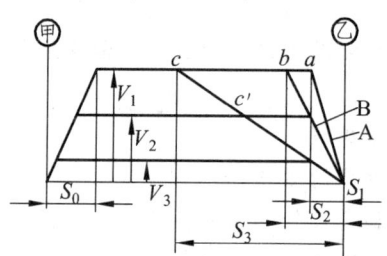

图1-1 区间速度与制动距离的关系

一般来说，列车制动功率要比驱动功率大 5~10 倍。在列车提速过程中，随着速度的增加，光靠传统的轮缘与闸瓦之间的摩擦来减速越来越力不从心。因此，出现了电阻制动、再生制动、盘形制动、涡流制动、磁轨制动等新技术。

制动过程必须具备两个基本条件：

（1）实现能量转换；

（2）控制能量转换。

2. 制动力

制动力是指制动过程中所形成的可以人为控制的列车减速力。而制动系统是指能够产生可控列车减速力，以实现和控制能量转换的装置或系统。制动系统由制动机、手制动机和基础制动装置三大部分组成，其控制关系（即工作流程）如图1-2所示。

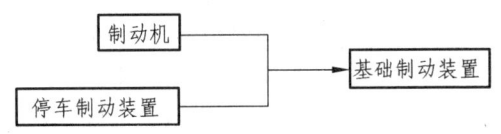

图 1-2 制动系统各部分控制关系

无论是机车还是车辆,都具有各自的制动系统,即各自的制动机、停车制动装置和基础制动装置。当机车、车辆编组成列车后,其各自的制动系统相互联系而构成一个统一的制动系统——列车制动系统。因此,制动系统则有了机车制动系统、车辆制动系统和列车制动系统之分。由于制动系统设置的目的是使列车能够按照人的意志减速或准确停车,所以制动系统性能的好坏,不仅影响着列车的制动效果,而且影响着铁路的运输生产。衡量制动系统性能的优劣,主要是衡量制动机性能的好坏。性能良好的制动机对铁路运输有以下几方面的促进作用:

(1)保证行车安全;
(2)充分发挥牵引力,增大列车牵引重量,提高列车运行速度;
(3)提高列车的区间通过能力。

3. 制动方式

理论上,人们常以制动方式区别不同方式的制动。制动方式是指制动过程中列车动能的转移方式或制动力的形成方式。按照列车动能转移方式的不同,制动方式可分为热逸散和将动能转换成有用能两种基本方式。

(1)热逸散。

热逸散可分为摩擦制动和动力制动两种。摩擦制动可分为固体摩擦与液体摩擦两种,如闸瓦制动(踏面制动)和盘形制动等。

① 固体摩擦制动。

闸瓦制动又叫踏面制动,是目前铁路上使用最为广泛的一种制动方式,如图 1-3 所示。

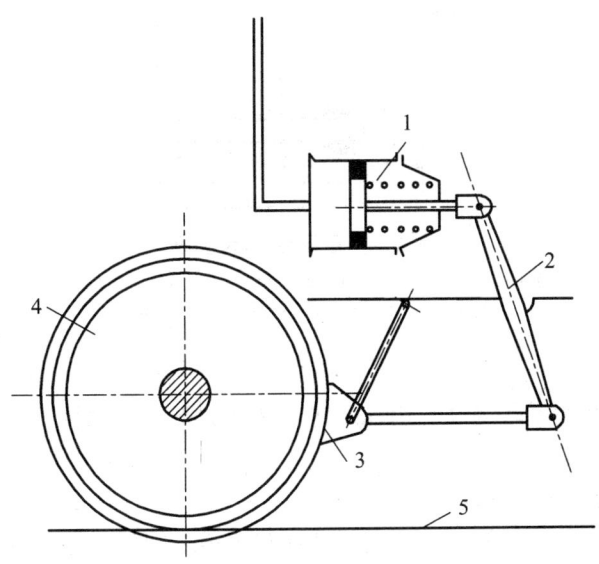

图 1-3 闸瓦制动原理示意图

1—制动缸;2—基础制动装置;3—闸瓦;4—轮对;5—钢轨

用铸铁或其他材料制成的瓦状制动块，在制动时抱紧车轮踏面，通过摩擦使车轮停止转动。在这一过程中，制动装置要将巨大的动能转变为热能消散于大气之中。这种制动效果的好坏主要取决于摩擦热能的消散能力。使用这种制动方式时，闸瓦摩擦面积小，大部分热负荷由车轮来承担。列车速度越高，制动时车轮的热负荷也就越大。如用铸铁闸瓦，温度可使闸瓦熔化；即使采用较先进的合成闸瓦，温度也会高达 400～450 ℃。当车轮踏面温度增高到一定程度时，就会使踏面磨耗、裂纹或剥离，既影响使用寿命也影响行车安全。

② 盘形制动。

传统的踏面闸瓦制动适应不了高速列车的需要，于是一种新型的制动装置——盘形制动——应运而生，如图 1-4 所示。它是在车轴上或在车轮辐板侧面安装制动盘，用制动夹钳使以合成材料制成的两个闸片紧压制动盘侧面，通过摩擦产生制动力，使列车停止前进。由于作用力不在车轮踏面上，因此盘形制动可以大大减轻车轮踏面的热负荷和机械磨耗。另外，这种制动方式制动平稳，几乎没有噪声。盘形制动的摩擦面积大，而且可以根据需要安装若干套，制动效果明显高于铸铁闸瓦，尤其适用于时速 120 公里以上的高速列车。这也正是各国普遍采用盘形制动的原因所在。但盘形制动的不足之处是：车轮踏面没有闸瓦的磨刮，将使轮轨黏着恶化；制动盘使簧下重量及冲击振动增大，运行中消耗牵引功率。

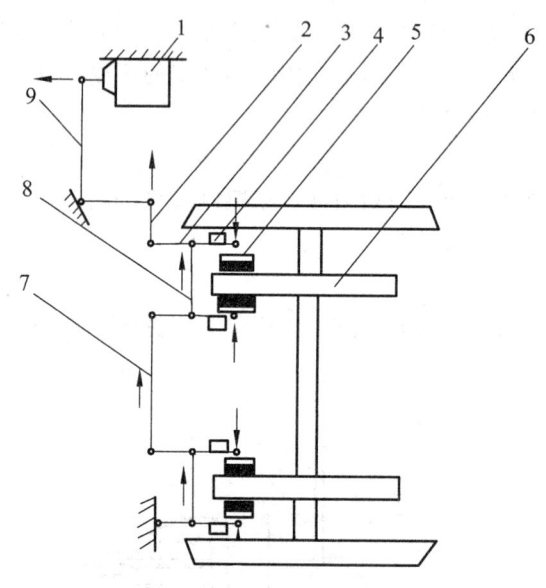

图 1-4 盘形制动示意图

1—制动缸；2—拉环；3—水平杠杆；4—缓解弹簧；5—制动块；6—制动盘；
7—中间拉杆；8—水平杠杆拉杆；9—转臂

③ 轨道电磁制动。

轨道电磁制动也称为磁轨制动。制动时将电磁铁放下，与钢轨吸住，靠钢轨与电磁铁之间的摩擦转移能量。

④ 液体摩擦制动（液力制动）。

液力制动是在液力传动的机车上，利用液体与固体之间的摩擦，变列车动能为工作液体的能量，并使发热的工作液体经过循环冷却，经散热器逸散于大气。

⑤ 动力制动。

动力制动在制动时，是将牵引电动机变成发电机使用，并通过发电机将机车车辆的动能转化为电能。根据对这些电能处理方式的不同，动力制动可分为电阻制动、再生制动、旋转涡流制动和轨道涡流制动。

（2）将动能转化成有用能。

在制动过程中，将列车的动能转化成为有用能包括两种类型：再生制动和飞轮储能制动。制动方式分类（按能量转移方式分）如图1-5所示。

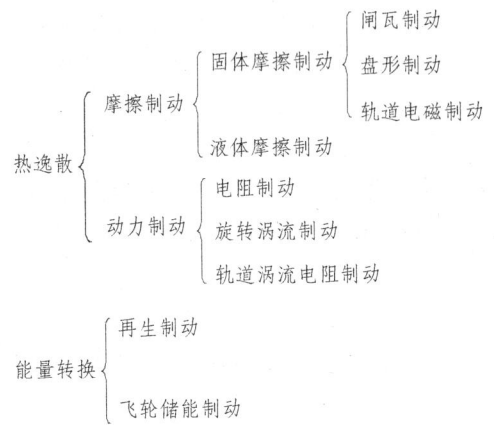

图 1-5 制动方式分类（按能量转移方式分）

按照制动力形成方式不同，制动方式又可分为黏着制动和非黏着制动。制动力是通过轮轨间黏着来实现的制动，称之为黏着制动；反之，不通过轮轨间的黏着来形成制动力的制动，称之为非黏着制动。制动方式分类（按制动力形成方式分）见表1-1。

表 1-1 制动方式分类（按制动力形成方式分）

制动类型	分 类		备 注
黏着制动	摩擦制动	闸瓦制动	广泛应用
		盘形制动	
	动力制动	电阻制动	在电力机车上普遍采用
		再生制动	在电力机车上采用
		加馈电阻制动	在电力机车上普遍采用
	惯性制动	飞轮储能制动	
非黏着制动	磁轨摩擦制动		在高速机车、动车组上采用，目前尚未普及
	磁轨涡流制动		
	分阻制动及喷气制动		

4. 制动机分类

制动机分类：① 按作用对象不同可分为机车制动机和车辆制动机；② 按控制方式和动力来源不同可分为空气制动机、电空制动机和真空制动机等。

无论机车制动机采用何种制动机（如空气制动机、电空制动机等），都要可靠地完成以下任务：① 对列车制动系统进行灵活、准确的操纵和控制；② 向整个列车制动系统提供质量良好的动力（如压力空气）。

5. 常用制动与紧急制动

列车制动在操纵上可以分成两种：

（1）常用制动。

正常情况下，为调节或者控制列车速度，包括进站停车所施行的制动，称为常用制动。其特点是：作用比较缓和，而且制动力可以调节；通常只用列车制动能力的 20%~80%，多数情况下只用 50% 左右。

（2）紧急制动。

紧急情况下，为使列车尽快停住而施行的制动，称为紧急制动，在我国也称为"非常制动"。其特点是作用比较猛烈，而且要把列车制动能力全部用上。

6. 制动距离

从司机施行制动开始，到列车速度降为零的瞬间为止，列车所驶过的距离称为列车的"制动距离"。

二、制动机及其发展简史

1825 年 9 月 27 日，在英国的斯托克顿至达林顿之间建成了世界上第一条铁路，于是世界上第一列由蒸汽机车牵引的列车开始运营。当时所使用的制动机是人力制动机，即手制动机。在工作中，需设置若干名制动员，当运行中需要制动（刹车）时，司机发出信号，由制动员们分别操纵每一节车上的手制动机进行制动。可见，人力制动不仅使工作在较恶劣环境中的制动员的劳动强度增大，更主要的是大大降低了列车中各车辆制动的同时性，从而造成严重的制动冲击，影响列车制动效果。

1869 年，美国工程师乔治·韦斯汀豪斯发明了世界上第一台空气制动机——直通式空气制动机。直通式空气制动机属于气动装置，并且由司机单独操纵，与人力制动相比，大大提高了列车制动的同时性，减小了制动冲击，改善了列车的制动效果。但是，直通式空气制动机自身的工作机理使其在运行过程中存在着致命的弱点——当列车分离时，列车将失去制动作用。

1872 年，乔治·韦斯汀豪斯在直通式空气制动机的基础上，研制出一种新型的空气制动机——自动空气制动机。自动空气制动机克服了直通式空气制动机的致命弱点，从而在铁路运输中得到了广泛的运用，甚至直到科技高度发展的今天，世界各国铁路运输的列车所使用的空气制动机，其工作机理均源于自动空气制动机。

20 世纪 60 年代，随着科学技术的发展，电空制动技术在铁路运输中广为应用，产生了电空制动机，从而改善了制动机的工作性能，为铁路运输提供了更为可靠的安全措施。在铁路运输实践中，人们还研究、试制着电磁制动机、储能制动机等多种形式的制动机。

三、空气制动机的基本作用原理

我国铁路运输中，机车、车辆采用的制动机基本上有两种——空气制动机和电空制动机，而电空制动机的工作原理又源于空气制动机的基本作用原理，因此，了解和掌握空气制动机的基本作用原理，对今后学习掌握 DK-1 型电空制动机乃至其他电空制动机和空气制动机都具有非常重要的意义。

空气制动机的发展经历了直通式空气制动机和自动空气制动机两大阶段，下面将分别讨论其基本作用原理。

1. 直通式空气制动机的基本作用原理

（1）基本构成。

如图 1-6 所示，在车辆上，直通式空气制动机主要由制动管和制动缸等组成；在机车上，直通式空气制动机除包括制动管和制动缸外，还包括空气压缩机、总风缸及操纵整个列车制动系统的制动阀等组成部分。当编组成列车运行时，机车与车辆、车辆与车辆间除车钩连接外，各自的制动机也要通过制动管连接软管连接，以构成列车统一的制动系统，并且由司机操纵制动阀来实现相应的控制。

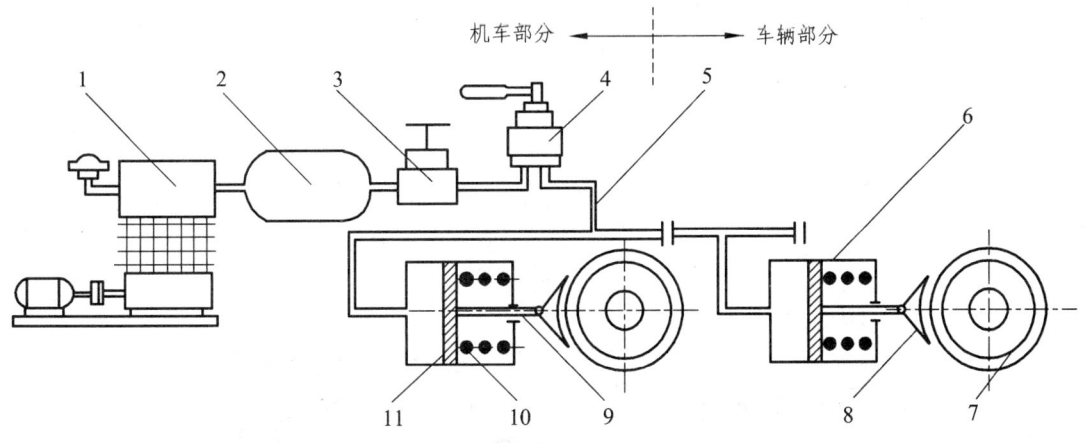

图 1-6　直通式空气制动机结构原理图

1—空气压缩机；2—总风缸；3—调压阀；4—制动阀；5—制动管；6—制动缸；7—车轮；
8—闸瓦；9—制动缸活塞杆；10—制动缸弹簧；11—制动缸活塞

（2）基本作用原理。

制动系统的工作过程主要包括制动、缓解与保压 3 个基本状态。

① 制动状态。

当列车需要制动时，司机操纵制动阀手柄，使其置于"制动位"，并使储存在总风缸内的压力空气经调压阀、制动阀和制动管直接向机车制动缸和车辆制动缸充风，推动制动缸活塞压缩弹簧移动，并由制动传动装置（如制动缸活塞杆、制动杠杆等）将此推力传递到闸瓦上，使闸瓦压紧车轮，产生制动作用。直通空气制动机制动状态如图 1-7 所示。

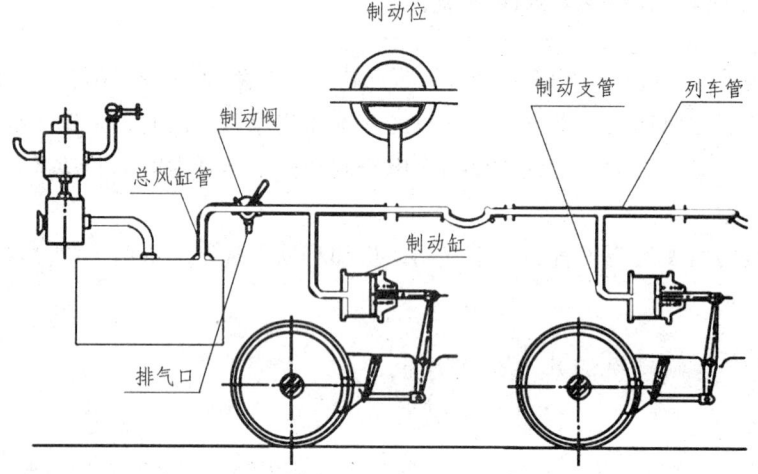

图 1-7 直通空气制动机制动状态

② 缓解状态。

当列车需要减小或消除制动时,司机操纵制动阀手柄,使其置于"缓解位",使机车、车辆制动缸内的压力空气经制动管和制动阀排向大气,在制动缸弹簧作用下,制动缸活塞反向移动,并通过制动传动装置带动闸瓦离开车轮,实现缓解作用。直通空气制动机缓解状态如图 1-8 所示。

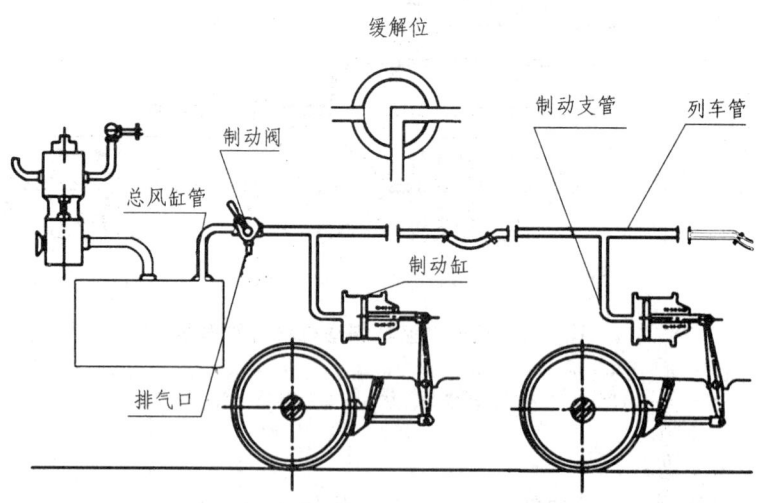

图 1-8 直通空气制动机缓解状态

③ 保压状态。

当列车需要保持某一制动力时,司机操纵制动阀手柄,使其置于"中立位",既关断机车、车辆制动缸的充风气路,又关断其排风气路,使机车、车辆制动缸内保持一定的压力,实现保压作用。直通式空气制动机保压状态如图 1-9 所示。如在制动缸升压过程中将制动阀手柄反复置于制动位和保压位，可以使制动缸的压力空气压强呈阶段式上升，这种作用称为"阶段制动"；如在制动缸降压过程中将制动阀手柄反复地置于缓解位和保压位，可使制动缸压强呈阶段式下降，这种作用称为"阶段缓解"。

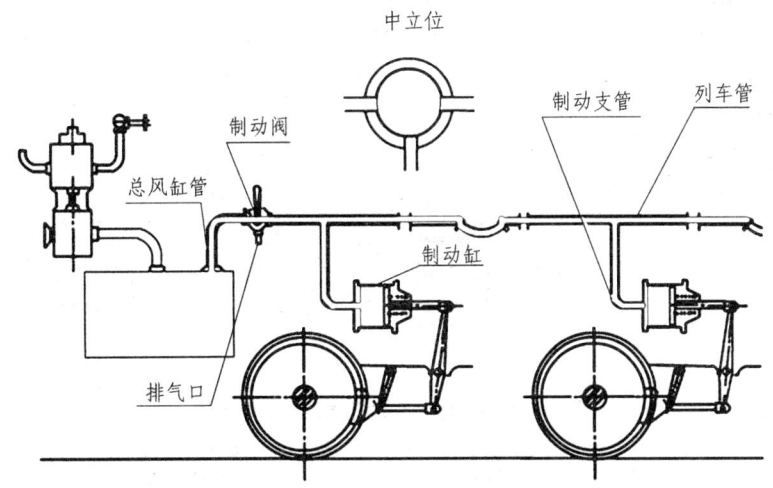

图 1-9　直通空气制动机保压状态

综上所述，直通式空气制动机的工作具有以下特点：

① 既有阶段制动，又有阶段缓解，操纵非常灵活方便。制动缸的充、排风都需经过制动管来完成，列车管直接通向制动缸（"直通"），所以制动管充风，产生制动作用；制动管排风，实现缓解作用。恰恰是直通式空气制动机的这一特点，导致当列车发生分离事故、制动软管被拉断时，将彻底丧失制动能力，使其存在着"列车分离时，列车制动系统失去制动作用"的致命弱点，这也是直通式空气制动机遭淘汰的根本原因。

② 由于制动管又细又长，所以必然导致直通式空气制动机在制动时，前部车辆的制动缸充风快、压力高，而后部车辆的制动缸充风慢、压力低，仍然使列车前、后部各车辆的制动同时性较差，从而造成较大的列车制动冲击，尽管在这方面较人力制动好得多。

2．自动空气制动机的基本作用原理

（1）基本构成。

如图 1-10 所示，自动空气制动机是在直通式空气制动机的基础上增设一个副风缸和一个三通阀（分配阀）而构成的。其中，副风缸是用来储存由制动管充入的压力空气，并在制动时向制动缸供给压力空气的空气源。三通阀或分配阀的用途是：在制动管充风时，向副风缸充入相同压力的压力空气，并使制动缸排风；在制动管排风时，停止向副风缸充风，同时使副风缸向制动缸充风。

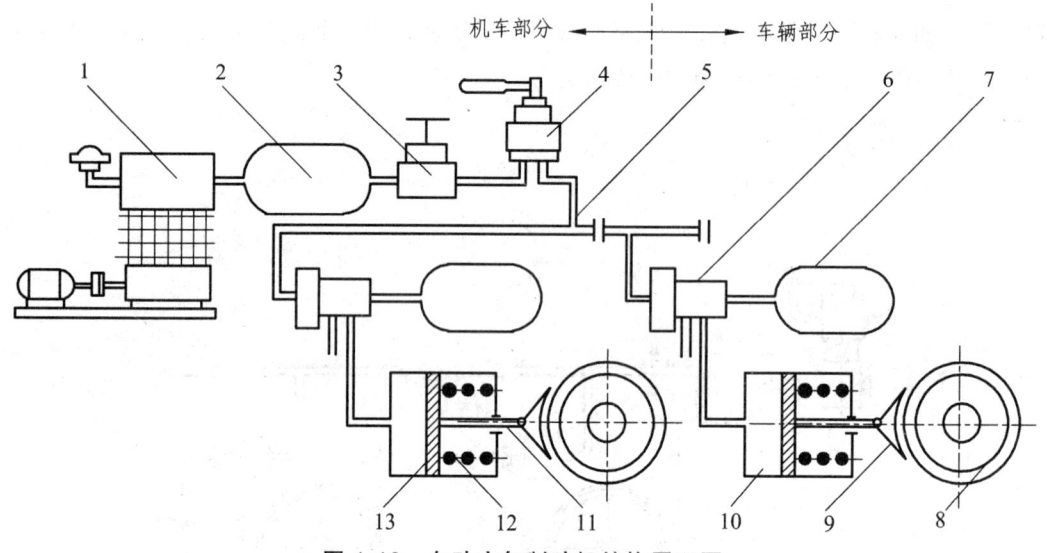

图 1-10 自动空气制动机结构原理图

1—空气压缩机；2—总风缸；3—调压阀；4—制动阀；5—制动管；6—三通阀（分配阀）；
7—副风缸；8—车轮；9—闸瓦；10—制动缸；11—制动缸活塞杆；
12—制动缸弹簧；13—制动缸活塞

（2）基本作用原理。

① 缓解状态。

如图 1-11 所示，司机将制动阀手柄置于"缓解位"，压力空气经制动阀向制动管充风，三通阀活塞两侧压力失去平衡而形成向右的压力差，推动活塞带动滑阀、节制阀右移，一方面开通充气沟，使制动管压力空气经充气沟进入副风缸储备；另一方面开通制动缸经滑阀的排风气路，使制动缸排风，最终使闸瓦离开车轮，实现缓解作用。

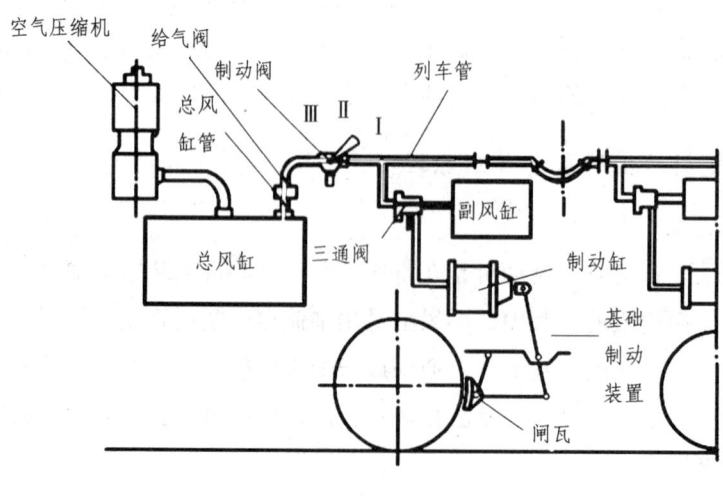

(a)

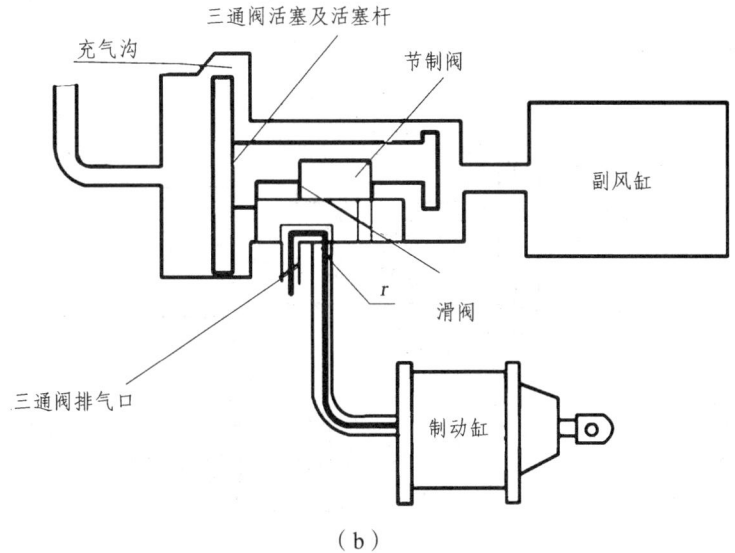

(b)

图 1-11 自动空气制动机缓解状态

② 制动状态。

如图 1-12 所示，司机将制动阀手柄置于"制动位"，制动管内压力空气经制动阀排风，三通阀活塞两侧压力失去平衡而形成向左的压力差，推动活塞左移，关闭充气沟，使副风缸内的压力空气不能向制动管逆流；同时，活塞带动滑阀、节制阀左移，使滑阀遮盖排气口以关断制动缸的排风气路，并使节制阀开通副风缸向制动缸充风的气路。随着压力空气充入制动缸，推动制动缸活塞右移，最终使闸瓦压紧车轮产生制动作用。

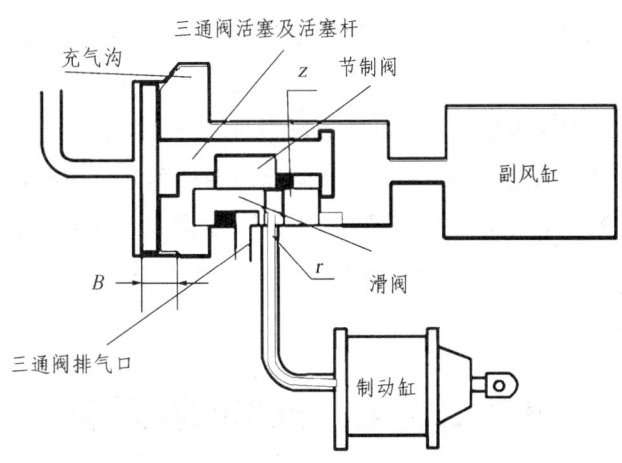

图 1-12 自动空气制动机制动状态

③ 保压状态。

如图 1-13 所示，司机将制动阀手柄置于"中立位"，切断制动管的充、排风通路，即制动管压力停止变化。随着制动状态时副风缸向制动缸充风的进行，副风缸压力降低，当降到稍低于制动管压力时，三通阀活塞带动节制阀微微右移，从而切断副风缸向制动缸充风的气路，使制动缸既不充风也不排风，即制动机呈保压状态。

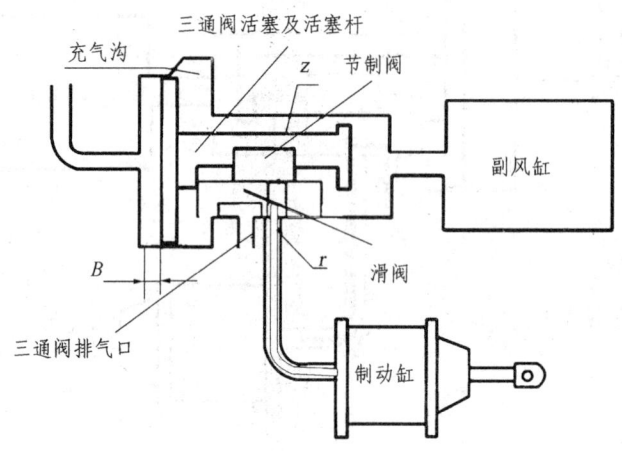

图 1-13　自动空气制动机保压状态

可见，自动空气制动机具有"制动管充风缓解，制动管排风制动"的工作机理，因此它克服了直通式空气制动机"列车分离时，制动系统失去制动作用"的致命弱点，从而得到广泛应用。

3. 电空制动机

电空制动机是电控空气制动机的简称，它是在空气制动机的基础上加装电磁阀等电气控制部件而形成的。它的特点是：制动作用的操纵控制用电，但制动作用的原动力还是压力空气（它与大气的压差）。当制动机的电控因故失灵时，它仍可以实行空气压强控制（气控），临时变成空气制动机。

在列车速度很高或列车编组很长、空气制动机难以满足要求时，采用电空制动机可以大大改善列车前后部制动和缓解作用的一致性，显著减轻列车纵向冲击并缩短制动距离。世界各国许多高速列车（200 km/h 以上）以及我国广深线准高速（160 km/h）旅客列车都采用了电空制动机。

任务二　电力机车风源系统

电力机车空气管路系统按其功能不同可分为风源系统、制动机气路系统、控制气路系统和辅助气路系统 4 大部分。其中，风源系统的作用是生产、储备、调节控制压力空气，并向全车各气路系统提供所需的高质量的、洁净、稳定的压力空气。

一、概 述

1. 风源系统的构成

SS 系列电力机车风源系统由主空气压缩机组、压力控制器、总风缸、止回阀或逆流止回阀、高压安全阀、无负载起动电空阀、空气干燥器、塞门及连接管等组成。

（1）主空气压缩机组：简称主压缩机组，包括主压缩机及其驱动电动机，用于生产具有较高压力的压力空气，供全车空气管路系统使用。

（2）总风缸：又称主风缸，用来储存压力空气。为保证压力稳定的压力空气的充分供应，机车上必须配备容量足够大的总风缸。工作中，总风缸内的压力空气经总风缸管送至制动机系统、控制气路系统和辅助气路系统以供使用。

（3）空气压力控制器：又称空气压力调节器，用于根据总风缸压力的变化自动控制空气压缩机的工作，使总风缸压力空气的压力保持在一定范围内。当总风缸空气压力达到最大规定值时，空气压力控制器自动切断主空气压缩机电动机的电源电路，主空气压缩机停止工作；当总风缸空气压力低于最小规定值时，空气压力控制器自动闭合主空气压缩机电动机的电源电路，主空气压缩机恢复打风。

（4）空气干燥器：用于去除主压缩机组生产的压力空气中的油、水、尘及机械杂质等杂物。

（5）无负载起动电空阀：用于减小主压缩机组在起动过程中的起动负载，以保证主空气压缩机组顺利起动。

（6）止回阀或逆流止回阀：用于限制压力空气的流动方向，以防止压力空气向主空气压缩机气缸内逆流或防止压力空气逆流到无负荷起动电空阀而排入大气。

2. SS 系列电力机车风源系统

（1）SS₄ 改进型电力机车风源系统。

SS₄ 改进型电力机车风源系统管路原理如图 1-14 所示，其正常工作时的气路（单节机车）如下：

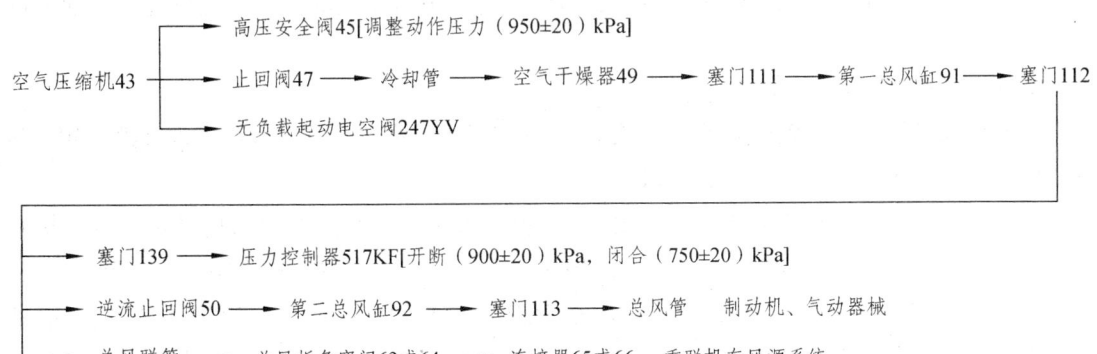

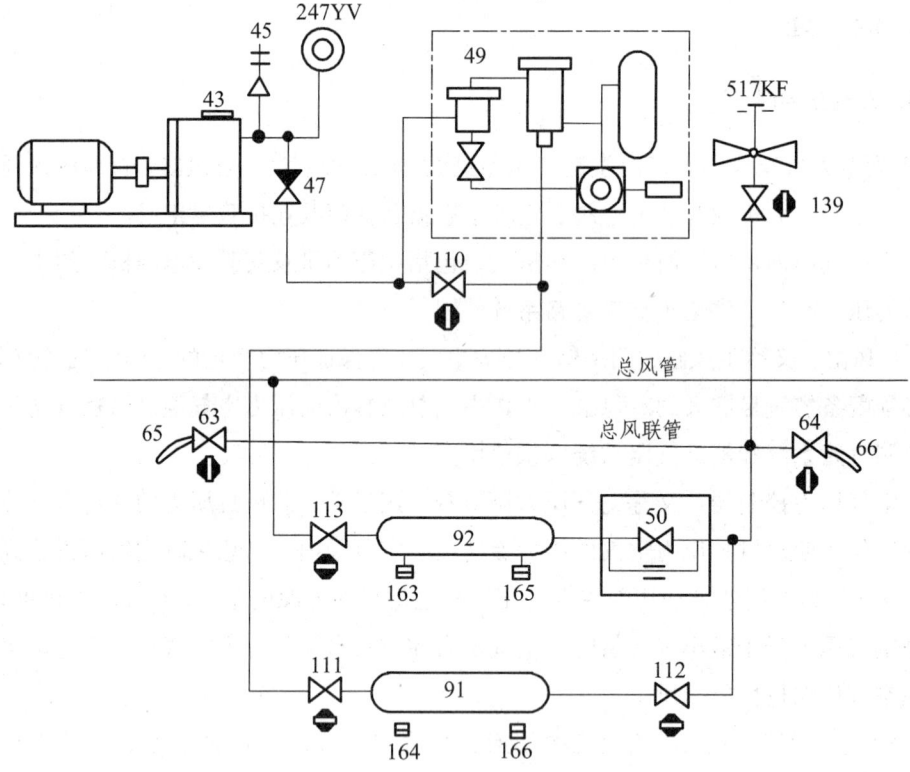

图 1-14 SS₄ 改进型电力机车风源系统原理图

43—主空气压缩机；45—高压安全阀；47—止回阀；49—空气干燥器；50—逆流止回阀；63、64—总风折角塞门；65、66—总风软管连接器；91—第一总风缸；92—第二总风缸；111~113、139—塞门；110—短接塞门；163~166—排水阀；247YV—无负载起动电空阀；517KF—压力控制器

SS₄ 改进型电力机车风源系统的工作可分为压力空气的生产、压力空气的压力控制、压力空气的净化、压力空气的贮存以及总风重联 5 个环节。

① 压力空气的生产。

每单节 SS₄ 改进型电力机车空气管路系统的压力空气主要靠一台生产量为 3 m³/min 的 VF-3/9 型主空气压缩机 43 来完成。该压缩机为四缸 V 形排列、两级单动风冷固定式，其额定排气压力为 900 kPa，轴功率不大于 22.5 kW，额定转速为 980 r/min，由一台功率为 37 kW 的 YYD-280S-6 型三相交流电动机驱动。

在运行中，如果主压缩机组出现故障，可利用另一节机车上的主压缩机组打风继续维持运行。

② 压力空气的压力控制。

压力空气的压力由 YWK-50-C 型压力控制器 517KF 来调整。该压力控制器性能稳定，调整方便，经塞门 139 后与总风联管连通。

压力控制器是根据总风缸压力的变化，自动闭合或切断主空气压缩机电动机电源，从而控制主空气压缩机的运转或停止，使总风缸内压力空气的压力保持在规定的压力范围（750 ~ 900 kPa）内。即当总风缸空气压力达到最大规定值（900 kPa）时，自动切断主空气压缩机电动机的电源电路，主空气压缩机停止工作；当总风缸空气压力低于最小规定值（750 kPa）

时，自动闭合主空气压缩机电动机的电源电路，主空气压缩机恢复打风。

压力控制器故障时，可通过塞门139切除，这时司机可利用强泵风按钮操纵主压缩机组的启动与停转。当机车总风压力达950 kPa时，安装在压缩机出风管上的高压安全阀45将连续向外喷气，这时司机应断开强泵按键，停止压缩机组的工作。高压安全阀45还是确保总风管路不超压的安全措施。

在压缩机组开始起动时，出风管上的启动电空阀247YV将排出风管中的压缩空气（并延时3 s），以消除起动时的压缩机的气体背压，保证压缩机的正常启动。

压缩机出风管上的止回阀47可防止压缩机停止工作后，总风逆流到启动电空阀而排入大气。在风源系统正常工作时，该止回阀无作用，只是开放干燥器短接塞门110或空气干燥器的干燥筒底部止回阀故障倒风时，起到止回作用。

所有重联机车（包括非操纵节机车）的压缩机组均由本务机车控制。

③ 压力空气的净化。

压力空气的净化处理由空气处理量为$3 \sim 5 \ m^3/min$的DJKG-A型空气干燥器49完成。主压缩机组生产的压力空气先经过一段较长的冷却管冷却后进入干燥器，在干燥器的滤清筒、干燥筒内进行干燥净化处理后，送入总风缸内贮存。

当压缩机组停止工作时，排泄电空阀打开再生通路，滤清筒、干燥筒及冷却管内的压力空气连同油、水和尘埃、杂质经排泄阀口，再经消音器派入大气。同时，再生风缸内的干燥压力空气经节流孔膨胀为近似大气压力的超干燥空气，由下而上通过干燥筒内的吸附剂，将其吸附的水蒸气分子带入大气，自行完成再生作用，以备下次净化使用。

④ 压力空气的贮存。

经过干燥净化处理后的压力空气，进入两个串联的总风缸内储存，其中，第一个总风缸91的容积为290 L，第二个总风缸92的容积为612 L。

机车入库后，可关闭塞门111、113，保存总风缸内的压力空气；在机车无火回送时，应将塞门112关闭，切除第一总风缸，缩短列车的充气时间。

在使用中还应定期打开总风缸排水阀163~166，检查和排除总风缸内的积水。

⑤ 总风重联。

为适应铁路运输的高速和重载要求，SS_4改进型电力机车设置了重联功能。

经过干燥、净化处理后的压力空气进入第一总风缸后，一路经逆流止回阀50进入第二总风缸，供本节机车使用；另一路经总风联管、总风折角塞门63或64、总风软管连接器65或66等总风重联装置进入另一台重联机车的风源系统，使所有重联机车的总风缸相通。当一台机车空气压缩机组出现故障后，可由另一台机车通过总风重联装置提供压力空气。

当重联在一起的两节机车或其他重联机车之间断钩分离后，第一总风缸内的压力空气将很快随拉断的总风软管连接器排入大气，第二总风缸内的压力空气由于逆流止回阀的单向作用将缓慢沿逆流小孔排入大气，保证分离机车制动所需的压力空气。同时，逆流止回阀又能保证所有重联在一起的机车总风缸内压力空气压力一致，而不会由于各机车用风量不同造成总风缸内压力空气压力不一致。

二、VF-3/9型主空气压缩机

SS$_4$改进型电力机车采用的VF-3/9型空气压缩机，为4缸、V形排列、中间冷却、两级压缩、活塞式空气压缩机。额定排气量为3.0 m³/min，额定排气压力为900 kPa，额定转速为980 r/min。VF-3/9型空气压缩机与YYD-280S-6型三相异步电动机通过联轴器直接连接，使空气压缩机按顺时针方向转动（从电动机端看）。

1. VF-3/9型空气压缩机的构造

VF-3/9型空气压缩机包括运动机构、空气压缩系统、冷却系统及润滑系统等组成部分。

（1）运动机构。

运动机构主要包括曲轴、连杆及活塞等。曲轴采用QT600-3球墨铸铁制成。曲轴为双支点结构，通过轴承座和轴承盖上的一对球轴承安装在机体两端的主轴孔上，中间两曲拐上各安装有一对一、二级活塞连杆机构。连杆采用QT450-10球墨铸铁制成。低压气缸活塞采用轻型活塞结构，材料为ZL108，活塞上部第一道环为密封环，第二道环为扭曲环，第三道环为刮油环。高压气缸活塞采用HT200铸铁制造，为筒形活塞结构，第一、二道环为密封环，第三道环为扭曲环，第四道环为刮油环。

（2）空气压缩系统。

空气压缩系统主要包括气阀、气缸、滤清器等。气阀分为进气阀与排气阀两种，均采用环状阀结构。低压气缸和高压气缸均安装有进气阀和排气阀。安装时，气阀螺钉必须拧紧，止退垫必须锁牢。滤清器采用汽车空滤器纸质滤芯，采用与消声器结合的结构。

（3）润滑系统。

VF-3/9型空气压缩机的曲轴、连杆及活塞等主要部件采用压力式润滑。油泵供给压力油从曲柄拐颈油孔溢出，润滑曲拐和连杆瓦后，进入连杆体油孔到小头衬套，润滑活塞销和小头衬套。气缸壁和活塞环等部件采用飞溅式润滑。油泵采用齿轮泵，安装在轴承座外侧，油从机体底部经滤油器吸入油泵，并在油泵出油道路上装有油压表和调压阀。

（4）冷却系统。

冷却包括一、二级压缩之间的空气冷却和机体、气缸、缸头等受热体的冷却。前者采用铝质管翅式中间冷却器，跨接在高、低压气缸间，离心风扇上方；后者采用装在轴上的离心式风扇。冷风经导风罩充分冷却机体、气缸、缸头等受热体。

2. VF-3/9型空气压缩机的工作过程

当低压气缸活塞往下运动时，气缸容积增大，压力减小，进气阀在大气压力作用下被打开，空气经消音器和进气阀进入气缸；当活塞往上运动时，气缸容积缩小，压力升高，进气阀自动关闭，不再吸气。随着活塞继续往上运动，气缸内压力空气压力不断升高，当压力高于排气阀弹簧力和排气管道中压力空气所产生背压的合力时，排气阀开启，经一级压缩的空气排入集气箱；经过冷却的压力空气进入高压气缸，进行二级压缩，其工作过程同上，然后排入机车总风缸。如此周而复始，外界大气不断被吸进空气压缩机低、高压气缸，又不断被压缩，源源不断地进入总风缸，使机车总风缸中的空气压力逐渐升高。

三、压力控制器

SS₄改进型、SS₈型电力机车采用 YWK-5-C 型压力控制器,装设在电空制动屏柜内。压力控制器是根据总风缸压力的变化,自动闭合或切断主空气压缩机电动机电源,从而控制主空气压缩机的运转或停止,使总风缸内压力空气的压力保持在规定的压力范围(750～900 kPa。)内。即当总风缸空气压力达到最大规定值时,自动切断主空气压缩机电动机的电源电路,主空气压缩机停止工作;当总风缸空气压力低于最小规定值时,自动闭合主空气压缩机电动机的电源电路,主空气压缩机恢复打风。

YWK-5-C 型压力控制器为铸铝壳体,防水型,其规格为 0～1 MPa,能经受 GB50110—85 所规定的机械振动条件考验,其结构如图 1-15 所示。

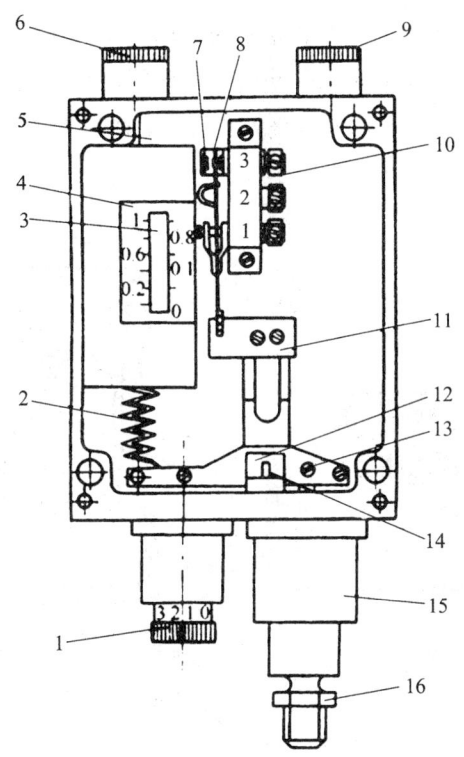

图 1-15　YWK-50-C 型压力控制器结构示意图

1—差动旋钮;2—调节弹簧;3—指针;4—标尺牌;5—调节杆;6—锁紧螺帽;7—静触头;
8—动触头;9—出线套;10—接线端子;11—拨臂;12—刀支架;
13—杠杆;14—刀;15—波纹管室;16—接头

YWK-5-C 型压力控制器采用压力传感波纹管和大开距单断点开关,因此具有敏感性高、寿命长、动作可靠、故障率低的特点。

压力控制器的作用原理:

YWK-5-C 型压力控制器是利用杠杆、波纹管、调节弹簧以及差动旋钮内的弹簧组成一个杠杆体系,并充分利用动触头和静触头组成的单断点大开距微动开关具有瞬动开闭的特点而设计的一种结构简单的压力调节控制装置。当被控压力空气的压力上升或下降时，波纹管伸长或缩短，通过杠杆与拨臂，拨开微动开关，使触头闭合或断开而达到控制压力空气压力的目的。

四、空气压缩机的附件

SS$_4$改进型、SS$_8$型电力机车主空气压缩机的附件包括止回阀（分为止回阀、逆流止回阀）、高压安全阀、总风缸、空气干燥器、无负载起动电空阀等。

1. 止回阀

（1）止回阀。

在每台空气压缩机的出风管路上安装止回阀，用来防止压力空气逆流，以实现单向流动性能。一般地，止回阀分为无压差止回阀和压差止回阀两种。前者为金属结构，适用于高温管路，一般空气压缩机出风管路上均安装该型止回阀；而后者为橡胶结构，使用于常温气路，如图1-16所示。

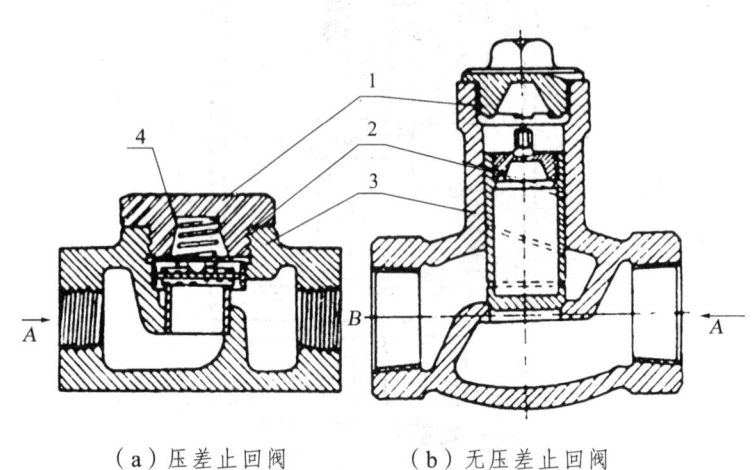

（a）压差止回阀　　（b）无压差止回阀

图1-16　止回阀

1—盖；2—止阀；3—阀体；4—弹簧

当压力空气由 A 进入，在初始状态时，B 侧管路压力较低，则 A、B 间的压差足以克服止阀而将其压起，阀口开放，经 B 处流出。当 B 侧压力（或 B 侧压力加弹簧反力）接近 A 侧时，止阀下落，关闭阀口。若压力空气由 B 侧流入，则止阀在压力作用下与体上的阀座更加密贴，无法向 A 侧输送，故只能实现单向流动，即 $A \rightarrow B$。

安装时，必须注意使箭头方向与管路流向一致，且垂直安装。

（2）逆流止回阀。

逆流止回阀，其结构、作用原理如图1-17所示。

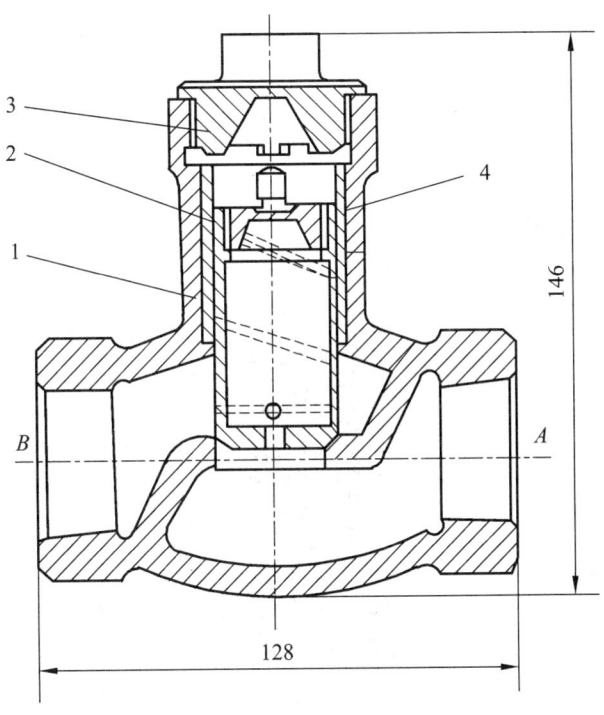

图 1-17 逆流止回阀

1—阀体；2—阀芯；3—盖；4—铜套

逆流止回阀与空气压缩机出风管路上安装的止回阀外形很相似，其区别在于止回阀的盖为六方体，而逆流止回阀为四方体。逆流止回阀的阀芯也是利用止回阀的阀芯，仅在阀芯底部中央一处以及圆柱面靠近底部位置两处，钻出 3 个 Φ6 mm 的圆孔。

当 B 侧管路压力较 A 侧低时，A、B 侧间的压差克服阀芯重力将其抬起，A 侧压力空气经开放阀口的大通道进入 B 侧；当两侧压力空气压力接近时，阀芯下落，关闭阀口，但两侧压力空气仍能经逆流小孔沟通；当 B 侧管路压力高于 A 侧时，阀芯在空气压力以及自重作用下，与阀体上的阀座更加密贴，关闭阀口，但 B 侧压力空气仍能经逆流小孔进入 A 侧，保持两侧管路压力相等。

安装时，A 侧接第一总风缸以及总风联管，B 侧接第二总风缸。当机车空气压缩机打风时，压力空气首先进入第一总风缸与总风联管，再经该阀的阀芯上移后开放的阀口大通路进入第二总风缸，继而供机车用风。当空气压缩机故障后，其他机车空气压缩机产生的压力空气也能经总风联管进入第一总风缸，再经该阀进入第二总风缸。当机车空气压缩机停止运转后，由于各机车用风量的差异，用风量小的机车的第二总风缸内压力空气将经逆流孔反向流出，补充用风量大的机车总风缸，保证各重联机车正常运行时，所有总风缸压力完全一致。

当重联机车间发生断钩现象后，各机车第一总风缸内压力空气将经断裂的总风联管快速排入大气。而第二总风缸内的压力空气因逆流止回阀的阀芯下落，关闭了阀口大通路，不能快速排入大气，只能经逆流小孔缓慢排入大气，从而保证了机车在停车时空气制动所需压力空气。

安装时，必须注意方向，且垂直安装。

2. 高压安全阀

为确保空气管路系统的安全,必须严格控制压力空气的最大压力。因此,在所有的压力空气管路系统中设置了安全阀,以便在正常的压力控制装置失效后,能自动降低压力及报警,达到安全保护作用。

高压安全阀的结构如图 1-18 所示。

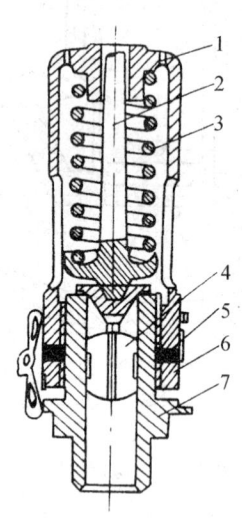

图 1-18 高压安全阀
1—弹簧盒;2—阀杆;3—弹簧;4—阀;5—止挡环;6—锁紧螺母;7—阀座

通常,高压安全阀设置在每台空气压缩机出风口至止回阀之间的管路上,其作用是确保总风缸气压不超过最大工作压力。该高压安全阀的压力整定值为(950±20)kPa。应随时检查高压安全阀的整定值,如果不符,则及时调整。调整时,通过拧动弹簧盒 1,达到整定压力值后,用锁紧螺母锁紧,再用专用止挡定位,并加铅封标记,以使整定压力值准确可靠。

当连接管路的压力值大于弹簧 3 的整定值时,阀 4 上移,开放通大气口,因排气口远大于管路截面,使管路压力下降,当降至低于弹簧 3 的反力时,将阀 4 压回阀座 7,关闭阀口。由于空气压缩机连续不断地排气,其阀口的开闭往往是连续不断的,阀 4 的上下运动及间断的排气产生清晰的响声,使压力无法再增加并发出报警声,警告司机必须停止空气压缩机的运转。

3. 总风缸

总风缸用来储存压力空气,供制动机及其他风动装置使用;同时使机车风源系统产生的压力空气在总风缸内进一步冷却、分离、沉淀出油水及尘埃等。为确保制动机及其他风动装置工作安全,应定期开放总风缸排水阀,放出缸内积水和尘埃。

为保证压力空气的充分供应，机车上必须配备容量足够大的总风缸。总风缸是一个受压容器，严禁在总风缸上进行电焊打火或搭接地线。总风缸充风后严禁重物锤击，更应避免在其周围加温。

4. DJKG-A 型空气干燥器

空气干燥器是利用干燥剂吸收压力空气中的水分并附有滤清装置的组合设备，分为双塔式和单塔式。

SS_4 改进型、SS_8 型电力机车采用的 DJKG-A 型空气干燥器属于单塔式空气干燥器，即只有一个装有吸附剂的干燥筒和一个滤清筒。当机车主空气压缩机工作时，干燥器产生吸附作用；当空气压缩机停止运转时，干燥器即自动产生再生作用。由于其结构和作用的原因，该装置要求主空气压缩机间歇工作，不能长时间连续工作，否则干燥筒内的吸附剂将无法再生，最终失去干燥能力。

（1）DJKG-A 型空气干燥器构造。

DJKG-A 型空气干燥器由干燥筒、滤清筒、电动排泄阀、干燥止回阀、消音器、截断塞门以及电动排泄阀防冻装置和连接钢管等组成，除消音器外，所有部件均安装在一个钢架上，构成了一个完善的"空气处理中心"。DJKG-A 型空气干燥器是一种单塔无热再生空气干燥器，其工作流程如图 1-19 所示。

① 干燥筒。

干燥筒是盛装吸附剂的筒状容器，它由筒体、筒盖、连接卡箍、压紧弹簧、橡胶 O 形圈、上滤网、支架、吸附剂、干燥止回阀、大橡胶垫、小橡胶垫、连接法兰盘等组成，如图 1-20 所示。

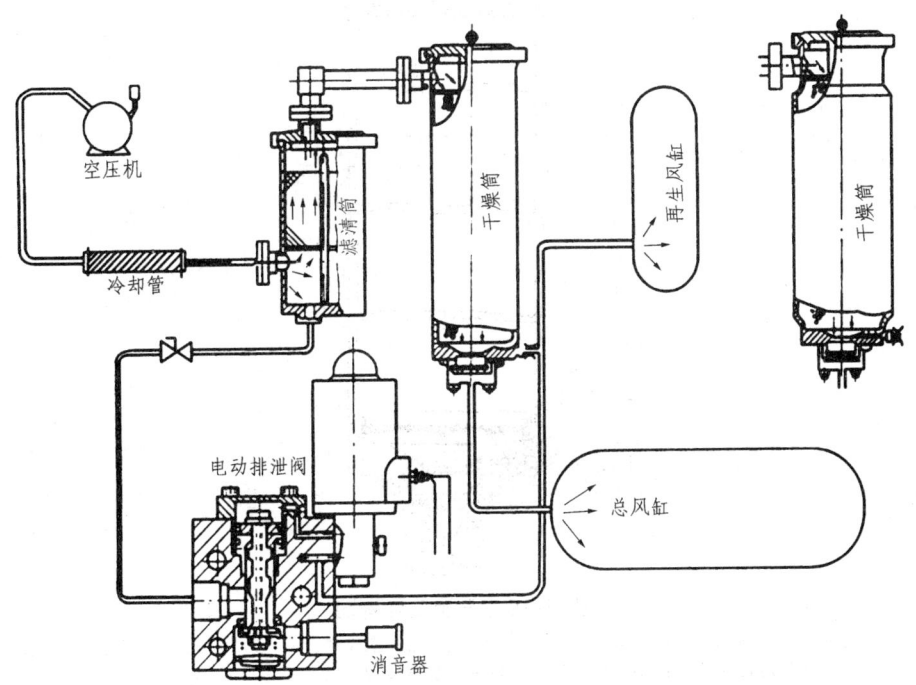

（a）干燥作用流程图

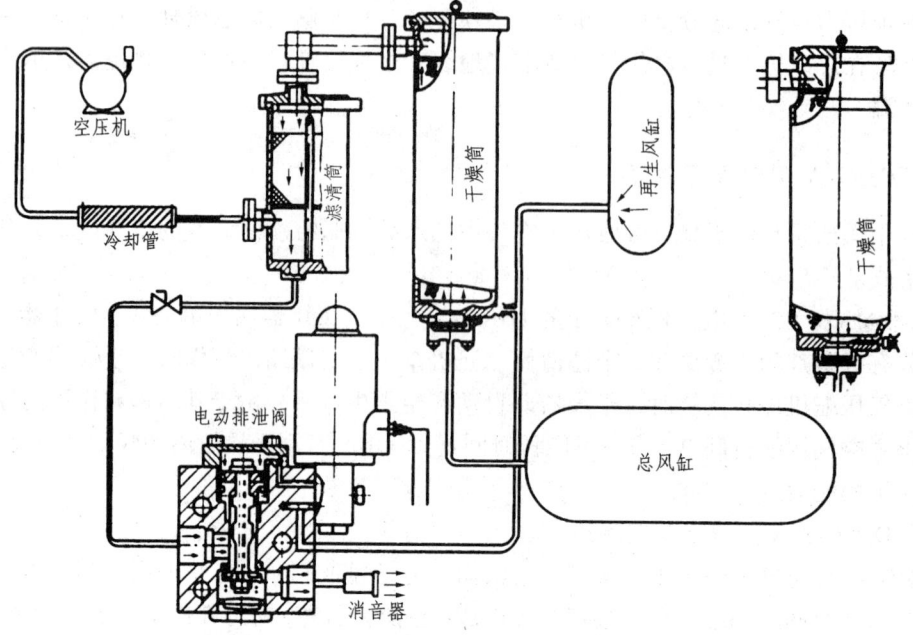

(b) 再生作用流程图

图 1-19 空气干燥器工作流程图

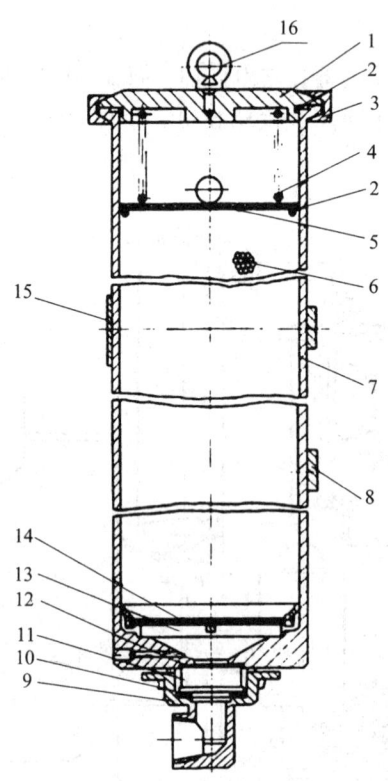

图 1-20 干燥筒结构图

1—筒盖；2—橡胶O形图；3—连接卡箍；4—压紧弹簧；5—上滤网；6—吸附剂；7—筒体；8—安装座；9—连接法兰盘；10—大橡胶垫；11—干燥止回阀；12—小橡垫；13—支架；
14，15，16—

筒体与筒盖采用连接卡箍进行连接，筒体与筒盖之间的橡胶 O 形圈可防止筒内压力空气外泄。下滤网通过支架安装在筒体下部，在上、下滤网间填满了吸附剂，安装在上滤网上部的压紧弹簧可将吸附剂压紧，防止吸附剂在工作过程中的移动。干燥止回阀安装在连接法兰盘内部，通过紧固件和大、小橡胶垫及连接法兰盘与筒体底部密封连接。干燥筒通过焊接在筒体背面的两个安装座安装在钢架上，筒体正面贴有干燥器的铭牌。

② 滤清筒。

滤清筒是安装高效气液过滤网的筒状容器，它由筒体、筒盖、连接卡箍、网孔板、过滤芯子、过滤芯托架等组成，如图 1-21 所示。

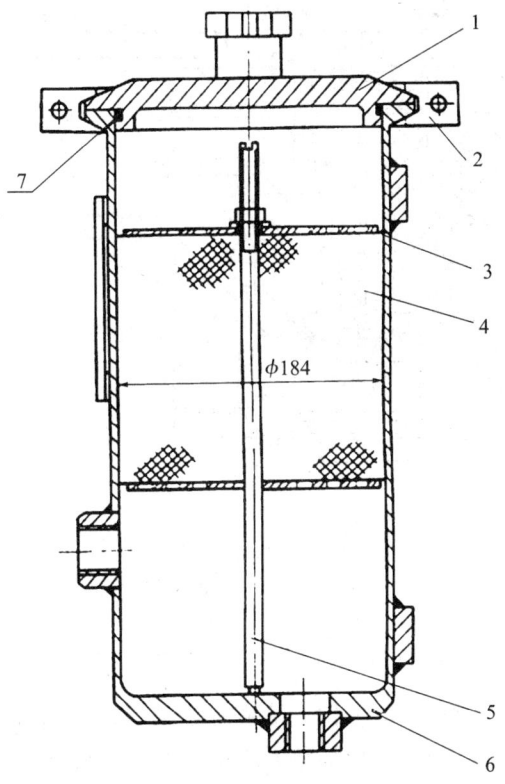

图 1-21 滤清筒结构图

1—筒盖；2—连接卡箍；3—网孔板；4—过滤芯子；5—过滤芯子托架；6—筒体；
7—O 形密封圈；14—下滤网；15—铭牌；16—吊环

筒体与筒盖采用连接卡箍进行连接，筒体与筒盖之间的橡胶 O 形圈可防止筒内压力空气外泄。由不锈钢丝网带缠绕组成的过滤芯子穿装在过滤芯托架上，并通过两端板网孔夹紧组成高效气液过滤网，过滤网的上部和下部均为膨胀气室。滤清筒通过焊接在筒体背面的两个安装座安装在干燥器安装钢架上，筒体的正面还安装了恒温器。

③ 电动排泄阀。

电动排泄阀由一个 TFK$_{1B}$ 型电空阀（称为排泄电空阀）和一个柱塞式排泄阀组成，如图 1-22 所示。

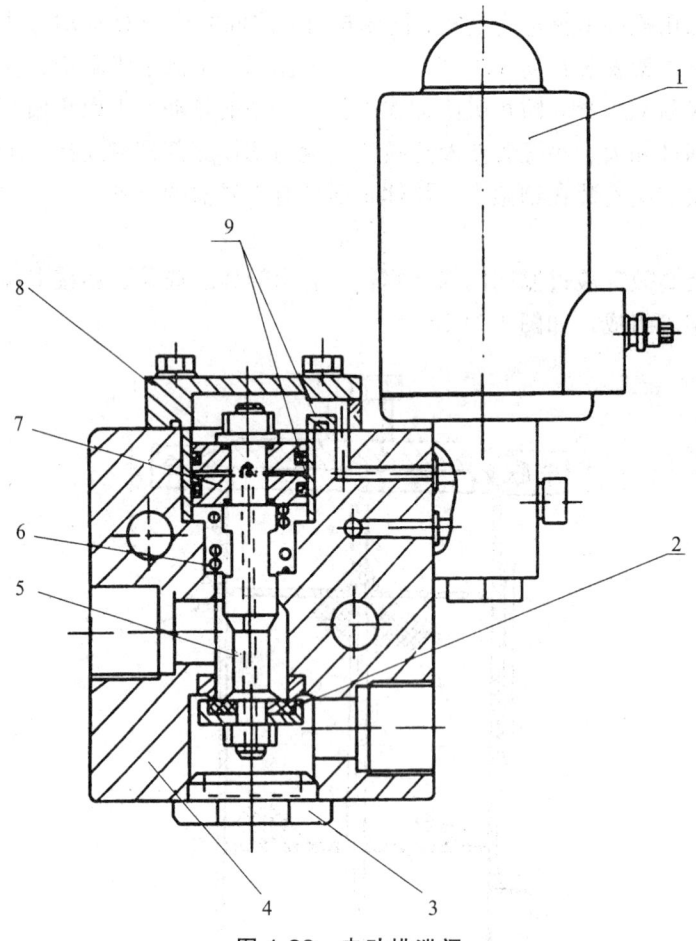

图 1-22 电动排泄阀

1—TFK$_{1B}$型闭式电空阀；2—排气阀；3—下端盖；4—阀体；5—活塞杆；
6—活塞复原弹簧；7—活塞；8—上端盖；9—O形密封圈

柱塞式排泄阀由阀体、活塞、活塞杆、活塞复原弹簧、上端盖、下阀盖、排气阀、橡胶O形圈等组成。其阀体上有已安装棒形加热元件的内孔，另外还有一些暗道作为内部气路。由于阀体还起到管座的作用，故有三条气路连接管：一条为左边气路，可经塞门与滤清筒底部相连通，是再生阶段排泄空气的通路；另一条为右边气路，可与消音器相连通，再生阶段的排泄空气经此通路排入大气；还有一条前连气路为 D_g10 管座，由此向阀体外，经管子与再生风缸相通，并经阀体内暗道、电空阀、阀体暗气路、上盖与活塞的上气室沟通，这是控制活塞动作的空气通路。

④ 干燥止回阀。

干燥止回阀用法兰盘固定在干燥筒的底部，其结构如图 1-23 所示（图示位置与实际安装位置相差 180°）。

通过干燥筒的干燥空气，推开止回阀阀片，从干燥止回阀内侧的气路输入总风缸。当止回阀阀片上、下侧的压力均衡时，在弹簧的作用下，止回阀片关闭阀口；当总风缸内压力低于干燥筒侧压力时，干燥止回阀又开启。

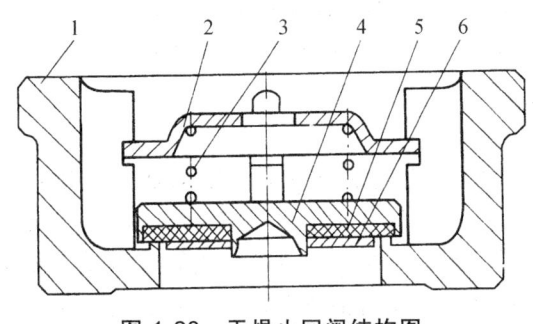

图 1-23 干燥止回阀结构图

1—止回阀体；2—弹簧托；3—止回阀弹簧；4—止回阀阀片；5—橡胶垫；6—压圈

⑤ 消音器。

消音器是为了消除干燥器在再生阶段排气时产生的尖锐刺耳的噪音而设置的。消音器内的填料为 6 层间隔放置的穿孔板。

⑥ 截断塞门。

在滤清筒至电动排泄阀之间设有一个塞门，平时处于常开位。在机车运行途中若发生因排泄阀关闭不严而排气不止时，可关闭此塞门以防压力空气漏泄，待处理正常后再开放。当空气干燥器作用正常时，不得随意关闭此塞门，否则将使吸附剂过早失效。

⑦ 电动排泄阀防冻装置。

电动排泄阀防冻装置的作用是为了防止管路和阀冻结而设置的，它包括控温器、感温元件盒和加热元件等部分。电动排泄阀及防冻装置电路连接如图 1-24 所示。

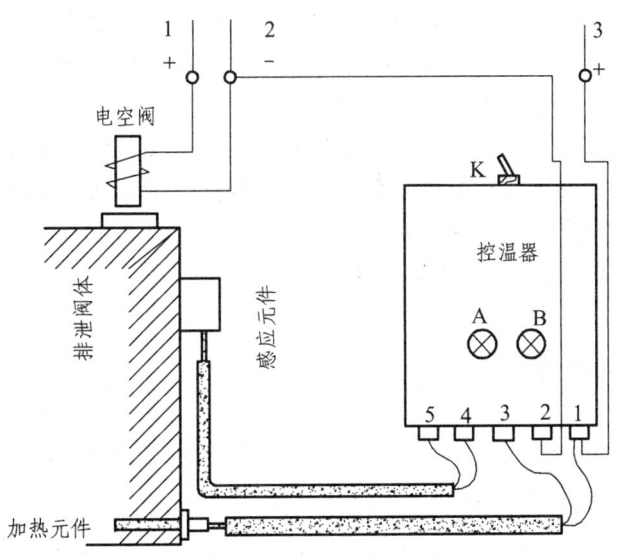

图 1-24 电动排泄阀及防冻装置电路连接图

从电路连接图上可以看出，空气干燥器要求机车提供 3 根电源线：一根为 DC 110 V 电源正极线，经常带电，提供给防冻装置，接控温器 1 号端子；另一根为 DC 110 V 电源负极线，接恒控器 2 号端子；第三根为 DC 110 V 电源正极线，当空气压缩机起动运转时失电，当空气压缩机停止运转时得电，提供给排泄电空阀，连接电空阀接线端子。

（2）DJKG-A 型空气干燥器工作原理。

① 吸附干燥过程。

如图 1-19（a）所示，当空气压缩机运转时，饱和湿空气由空气压缩机出风口经过冷却管冷却后进入滤清筒，压力空气中的油雾、水分和尘埃、机械杂质被高效气液过滤网拦截捕获；然后除去凝结水、油雾、水分和尘埃、机械杂质的饱和湿空气进入干燥筒内，通过吸附剂的作用，其水蒸气分子被吸附而获得洁净干燥的压力空气；这些干燥空气经过干燥筒的底部的干燥止回阀向机车总风缸输送，同时还经节流孔向再生风缸充风。当空气压缩机停止运转时，该吸附干燥过程结束。在此过程中，排泄电空阀失电，排泄阀口关闭。

② 再生过程。

如图 1-19（b）所示，当空气压缩机停止运转时，控制电路使排泄电空阀得电，再生风缸内压力空气进入排泄阀活塞上部，克服活塞弹簧反力，推动活塞及活塞杆下移，打开排泄阀口。这时，滤清筒、干燥筒以及空气压缩机出风口至干燥筒管道内的压力空气连同油、水分和尘埃、机械杂质经开放的排泄阀口，再经消音器排入大气。同时，再生风缸内的干燥压力空气通过干燥筒底部的节流孔膨胀成为接近大气压力的超干燥空气，并朝着与吸附干燥过程相反的流向通过吸附剂，将吸附剂吸附的水蒸气分子几乎全部带出，经排泄阀口、消音器排入大气，使吸附剂重新恢复干燥状态。当再生风缸内压力空气的压力降至约 30 kPa 时，排泄阀内的活塞弹簧推动活塞及活塞杆上移，关闭排泄阀口，再生过程结束。

5. 无负载起动电空阀

在主空气压缩机出风管与止回阀间接有起动放风管路。该起动放风管路受无负载起动电空阀控制，而该电空阀受主空气压缩机组控制电路的控制。无负载起动电空阀采用 TFK$_{1B}$ 型电空阀，其进风口接放风管，出风口通大气。

无负载起动电空阀用于在主空气压缩机起动之初，排放主空气压缩机出风管与止回阀之间的压力空气，以改善主空气压缩机的起动工况。即空气压缩机起动前，无负载起动电空阀得电，使止回阀前的一段管路一直与大气沟通；主空气压缩机起动后 3 s 内仍继续排空，待延时 3 s 后，无负载起动电空阀失电，关闭排风口。

五、辅助空气压缩机组

SS 系列电力机车设有辅助空气压缩机组，作为备用风源使用。辅助空气压缩机组由辅助空气压缩机、直流电动机（DC 110 V）及其安装底座等组成，其目的在于解决长期停放机车的总风缸或控制风缸在压力较低时不能可靠升起受电弓和闭合主断路器的用风问题。

如前所述，主空气压缩机组的供电电源为三相交流电（AC 380 V），而电力机车上的三相交流电是通过受电弓、主断路器从供电接触网引入，并经主变压器降压、劈相机分相后得到的，而且受电弓和主断路器的工作风压 ≥ 450 kPa。因此，对于长期停放的机车，由于空气管路系统的漏泄问题，难免造成风压不足，使机车无法升受电弓和合主断路器，导致机车不能正常工作。

在这种情况下，可通过机车蓄电池直流供电系统起动辅助空气压缩机组，为受电弓、主断路器提供压力空气，以确保机车投入正常工作。

SS_4改进型电力机车采用CA-10/Z_2-22型辅助空气压缩机组，SS_8型电力机车采用CY-252/Z_2-22型辅助空气压缩机组。它们的结构和作用原理基本相同，而参数有所差异。

CA-10/Z_2-22型辅助空气压缩机组主要由CA-10型空气压缩机和Z_2-22型直流电动机组成。其中，CA-10型空气压缩机为直立双缸一级压缩活塞式空气压缩机，当转速为1 350 r/min时，排气量大于42 L/min，工作气压为700 kPa，轴功率为1.1 kW。Z_2-22型直流电动机从机车蓄电池获取110 V直流电能，通过联轴器直接驱动CA-10型空气压缩机。CA-10型辅助空气压缩机结构如图1-25所示。

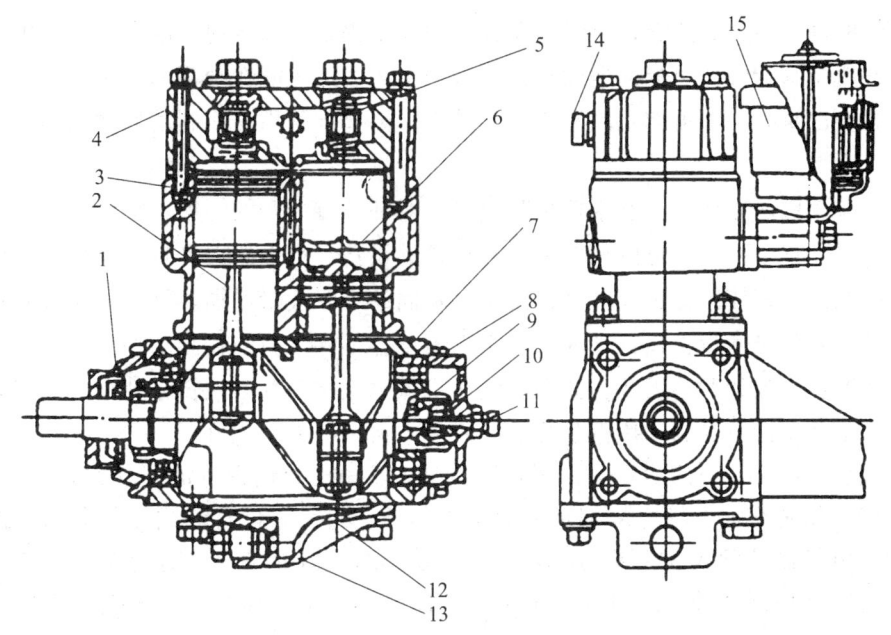

图1-25 辅助空气压缩机

1—油封；2—连杆；3—气缸体；4—气缸盖；5—气阀；6—活塞；7—曲轴箱；8—轴承；9—曲轴；
10—后盖；11—进油接头；12—底盖；13—回油接头；14—出气接头；15—滤尘器

CY-252/Z_2-22型辅助空气压缩机组主要由CY-252型空气压缩机和Z_2-22型直流电动机组成。其中，CY-252型空气压缩机为立式双缸单级压缩空气压缩机，转速为800~1 200 r/min，工作排气压力为700~900 kPa。Z_2-22型直流电动机从机车蓄电池获取110 V直流电能，通过联轴器直接驱动CY-252型空气压缩机。

辅助空气压缩机只作辅助性短时运转，采用附加油杯注油润滑。为保证辅助空气压缩机正常运转，应定期给连接进油接头的附加油杯注入足够的压缩机油，以便运转时利用曲轴转动，形成飞溅油滴进行润滑。

任务三 电制动

一、电制动的必要性和基本要求

1. 电制动

从能量的观点上看，制动的本质就是将列车已有的动能转移走。制动系统转移的动能的能力，称之为制动功率。现代化的交通车辆的速度都非常高，这样大的制动功率如果仅仅以一种机械制动的方式——摩擦方式——来承担，无论从哪方面看都是行不通的。

目前，最常采用的机械摩擦制动方式是闸瓦制动，又称为踏面制动。在制动时，将闸瓦压紧车轮的踏面，使车轮踏面与闸瓦之间发生滑动摩擦以使车轮产生制动力矩。列车动能通过轮瓦之间的摩擦转化成热能，再经过车轮、闸瓦和钢轨热导传递，散发到大气中去；但是热能散发速度与动能转化热能的速度相比要慢得多，因此热能在闸瓦和车轮踏面间积聚，温度急剧升高，严重时高温可熔化闸瓦或烧灼踏面。因此，采用踏面制动的制动功率是有一定的局限的。

闸瓦与车轮踏面摩擦后会产生粉尘和热量，对环境有严重的污染，特别是这些粉尘和热量集聚在通风条件不好的隧道内，对乘客和车辆的设备会产生严重影响。而且，频繁和过量地使用摩擦制动，将使闸瓦更换频繁，使车辆踏面的维修大量增加。这样不仅维修的成本非常高，车辆维修的时间也很长，车辆的使用寿命也会下降。与闸瓦制动相似的盘式制动对环境的污染情况也大致如此。因此，如果仅仅靠机械摩擦制动的方式转移列车的动能，将为其制造出的粉尘环境污染和制动执行装置的维修成本付出极大的代价。

为了减少摩擦制动，应尽量采用无污染的制动方式。目前最好的制动方式是电气制动。由于现代城市轨道交通车辆一般都是电力牵引的动车组，采用直流或交流电动机作为牵引动力，所以电气制动已成为主要制动方式。电动车组中既有动车又有拖车，除了拖车没有电动机而需要摩擦制动外，所有动车都可以采用电气制动，而且可以给拖车承担部分的制动力。

2. 电制动的基本要求

一个安全可靠的电制动（动力制动）系统应满足以下基本要求：

（1）应具有机械的稳定性。电制动时，如果列车速度增加，制动力也应随之增加。

（2）应具有电稳定性。电制动时，如果发生瞬时电流波动，系统应能自动恢复原来的平衡状态。

（3）各台电动机的制动力应相等。

（4）制动过程中无论外界条件有什么瞬时变化，如电网电压波动、黏着条件变化以及人为的调节等，都不应产生大电流的冲击和制动力的冲击。

（5）电气制动电路的设计力求简单。

3. 再生制动

（1）再生制动电路。

在各种形式的制动中，电气制动是一种较理想的动力制动方式，它是建立在电动机的工作可逆性基础上的。在牵引工况时，电动机从接触网吸收电能，将电能转换为机械能，产生牵引力，使列车加速或在上坡的线路上以一定的速度运行；在制动工况时，列车停止从接触网受电，电动机改为发电机工况，将列车运行的机械能转换为电能，产生制动力，使列车减速或在下坡线路上以一定的限速度运行。

车辆进行电气制动时，首先应该是再生制动，即向供电网反馈电能。如果触网电压过高或同一供电区段无其他车辆吸收反馈能量，则电路转为电阻制动，把能量消耗在电阻器上。

图 1-26 所示为上海地铁某线路直流制列车的再生制动示意图。该列车主电路采用直流斩波器调压和串接直流电动机方式。（直流斩波器调压和串接直流电动机的牵引方式将在列车牵引技术课程中讲述，这里只介绍制动工况。）

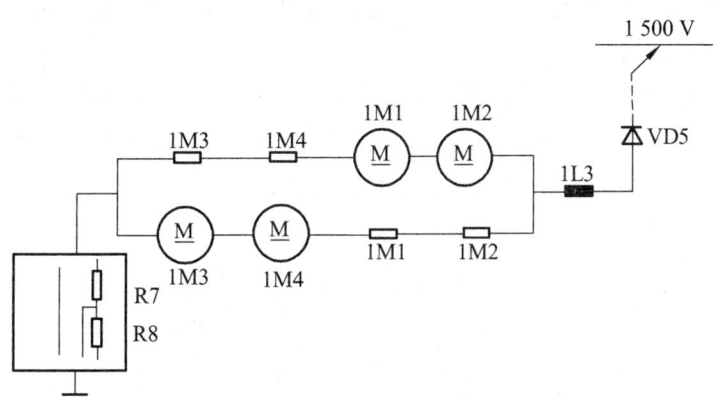

图 1-26　直流制列车的再生制动示意图

当一个直流斩波器控制的"两串两并"四个电动机的主电路由牵引工况转换成电制动工况时，原先的各自电枢和励磁绕组串联的两个支路现在转换成交叉励磁，也就是电动机自己的励磁绕组去激励另一支路的电动机电枢，而另一支路电动机的励磁绕组激励本机电枢。采用这种交叉励磁方法的目的是提高电路的电气稳定性。虽然这种交叉励磁电路看起来具有他励（对每一组的电枢绕组而言）的性质，但由于电动机型号和参数相同，实际上还是具有串励的特性，因为励磁绕组与电枢还是串联连接，只不过不是同一电动机。在制动回路中还需接入一个预励磁电路，因为当回路由牵引工况转为制动工况时，原先剩磁方向必须改变，为此必须对电动机预先他激励磁，以便使电动机建立起发电机工况的初始电压。

再生制动电路工作时，斩波器导通，制动电流流过各个电动机电枢、励磁线圈、平波电抗器（1L3）和制动电阻，使电动机建立起电枢电势，从而使平波电抗器也建立起感应电势；当斩波器关闭时，电路通过二极管（V5）续流，电枢电势与平波电抗器上的感应电势（此时感应电势的方向改变）叠加，向电网馈电。如果这时网上有负载（如本列车的辅助电源）或其他列车在附近，则可以作为负载吸收电能，再生制动成功；如果电网不吸收电能，网压太高，则再生制动失败，由制动电阻吸收电能，转为电阻制动。在最近的十几年，为了使城市轨道交通车辆乘坐舒适性的提高，列车客室空调消耗的能量已大大增加，客室内乘客服务设施（如报站显示器、广告电视屏）的耗能也日渐增多，使得列车辅助电源用量大为增加。因此，再生制动的能量被本车辅助电源消耗吸收的比例已占到80%左右，而反馈到电网上可供其他列车使用的能量已经很少了。这样一来，再生制动的节能效果非常明显，而由制动电阻消耗的能量也相对减少了。

从上述描述中可以看出，实施再生制动必须满足以下两个条件：

① 再生（反馈）电压必须大于电网电压。

② 再生电能可由本列车的辅助电源吸收，也可以由同一电网的其他列车吸收。这一条件不能由再生制动车辆自己创造，而取决于外界运行条件。

（2）电阻制动。

再生制动失败时，列车主电路会自动切断反馈电路，转入电阻制动电路。这时由列车运行动能转换成的电能将全部消耗在列车上的电阻器中，转变为热能散发到大气中去。因此，电阻制动又称为能耗制动。

图1-27所示为一个直流斩波控制电阻制动电路。斩波控制器（GTO）按制动控制指令不断改变导通角，调节制动电压和电流的大小。电路中的电阻（R7～R9）也根据制动电流调节需要，按照车速的逐步减低而逐级短接，最后全部切除。

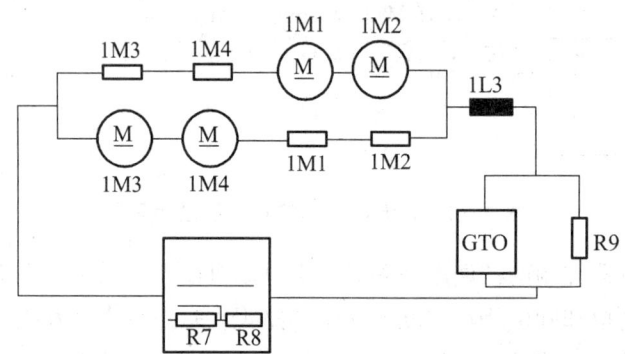

图1-27　直流制列车的直流斩波控制电阻制动电路

在常规电阻制动中，电动机的电枢电流随着机车速度的减小而减小，机车轮周制动力也随着机车的速度变化而变化。加馈电阻制动就是为提高机车在低速运行时的轮周制动力，从电网中吸收电能，补足到电动机的电枢电流中去，以获得理想的轮周制动力。其优点如下：一是加宽了调速范围，最大制动力可以延伸至接近零；二是能较方便地实现恒制动力控制。目前大部分电力机车都采用这种制动方式。

一般来说，相控机车上不另设加馈电源，而是使用牵引时的整流调压电路在制动工况作为加馈电源。

在加馈区制动时，只需调节半控整流电路中晶闸管的移相角即可调节加馈电源输出，及时补足制动电流，维持制动电流不变。

从理论上讲，加馈电阻制动可以使机车制停；而实际上由于牵引电动机整流器不允许静止不动而长时间通过额定电流，以防止整流器过热而烧毁。故机车速度低于一定值时，就切除加馈制动，改用空气制动制停机车。

一般每个动车都安装有制动电阻器箱，里面装有足够的制动电阻。电阻材料一般采用合金带钢条，这种合金带钢条不仅具有稳定的电阻率，而且具有相当大的热容性。电阻带分组安装在由电磁瓶绝缘的铁架上，电阻带之间留有很大的通风空间。为了尽快将电阻制动产生的热量散发出去，制动电阻器箱的一端装有大功率的通风机。通风机转速非常高，排风量很大。强迫风冷可以使电阻带的温度迅速下降，但是热量会散发到隧道中，使隧道中的温度升高，这对地下车站的空调环境很不利，夏季会大大增加通风和空调的电费支出。电阻制动会造成车辆能量和车站能量的双重浪费，而且，电阻带产生的高温明火会引起列车其他设备或者电缆的燃烧，给列车运行安全带来潜在危险，所以要尽量减少电阻制动，提高再生制动。

任务四　空气压缩机维护、压力控制器调整与调节

一、VF-3/9 型空气压缩机的维护与保养

运用过程中，要注意对 VF-3/9 型空气压缩机进行经常性的维护和保养。
（1）应经常检查润滑油油位，及时补充润滑油。
（2）每班在空气压缩机起动后检查润滑油压力，应为 150～350 kPa。
（3）新空气压缩机运转 50 h 后需更换全部润滑油，以后每运转 500 h 更换全部润滑油。
（4）每运转 500 h 检查并更换消声器中的纸质滤芯，检查并清洗气阀和滤油器，对易损零件片阀、弹簧、活塞环应及时更换。
（5）每运转 1 000 h 检查和清洗油泵。
（6）每班应开启中间冷却器的排水阀 2 次。
（7）润滑油应采用 N68、N100 号压缩机油或者 13$^{\#}$（冬季）、19$^{\#}$（夏季）压缩机油。
（8）应定期检查空气压缩机上的螺栓、螺母等紧固件有无松动，检查各处是否存在漏泄，并定期校验检查油泵油压表。

二、压力控制器的调整与使用

1. 安装与调整方法

（1）打开表盖，将压力控制器垂直安装在安装板上。严禁用手拨动或用工具碰撞拨臂。
（2）旋下接头，将外径为 6 mm 的金属导压管（6×1 紫铜管）的一端锡焊于接头体上，然后旋紧接头，使连接管密封，将被控压力空气经导压管通入波纹管室。
（3）将导线连接在接线端子上。如果被控压力空气的压力需下降至下限设定值时，电路切换连通，应接 1 和 3 点，否则应接 1 和 2 点。机车上使用的压力控制器导线应接 1 和 3 点。
（4）复查安装是否妥当，装好表盖，接通电源。

（5）取下锁紧螺帽，用一字螺丝刀旋动调节杆，使指针指在所需控制的下限设定值，然后拧紧锁紧螺帽。

（6）用手旋动差动旋钮以获得需要的切换差，即被控压力空气的压力上限设定值。

2．调整注意事项

（1）差动旋钮上的数字以及调节杆和指针在标尺牌上数值仅表示上、下限设定切换值的大小而非实际值，实际值由标准压力表（即司机室内总风压力表）读取。

（2）若欲控制压力空气不超过某一给定的压力范围，则应先调下限设定值（调整调节杆使指针在该压力值上），后调上限设定值（调整差动旋钮，使压力上升至该压力值时开关切换）。

（3）根据压力控制器的使用情况，进行定期校对调整。

3．调整示例

欲控制总风缸内压力空气的压力保持在 750～900 kPa，则应先接通空气压缩机组的控制与工作电源，并开通总风缸与波纹管室的气路。

旋动调节杆，使指针指示下限 0.75 MPa，闭合司机操纵台面上的空气压缩机按键，这时空气压缩机组应起动，压力空气的压力上升。当空气压缩机组自动停机后，设法降低总风缸内压力空气的压力，反复旋动调节杆，使空气压缩机组在总风缸内压力空气的压力为（750±20）kPa 时准确起动；当下限设定值调定在（750±20）kPa 时，再反复旋动差动旋钮，使空气压缩机组在总风缸内压力空气的压力达（900±20）kPa 时准确停机。这样反复旋动调节杆与差动旋钮，控制空气压缩机组的起动和停机，就能控制总风缸内压力空气的压力，使其保持在 750～900 kPa。

思考与练习

1. 电力机车风源系统由哪几部分组成？各部分的作用是什么？
2. SS_4 改进型和 SS_8 型电力机车的风源系统各有什么特点？
3. 简述 3W-1.6/9 型空气压缩机的结构和工作原理。
4. 简述辅助空气压缩机的作用和使用时机。
5. 简述压力控制器的结构和工作原理。
6. 简述空气干燥器的工作原理。
7. 空气压缩机有哪些附件？各有什么作用？

项目二 DK-1 型机车制动机的控制及阀类部件的维护与调试

【项目描述】

　　电空制动机是指以电信号作为控制指令,以压力空气作为动力源的制动机。在自动空气制动机的工作过程中,由于空气波和制动波的存在,不可避免地导致列车中各车辆制动的不同时性,从而造成列车制动时的纵向动力作用。特别是随着列车运行速度和牵引重量的大大提高,这一问题愈加突出,甚至已成为制约铁路运输发展的主要问题之一。电空制动机的问世,为解决和缓解这一矛盾开辟了新的途径。

　　DK-1 型电空制动机作为机车制动机应用于国产 SS 系列电力机车上,其工作过程满足自动空气制动机的基本作用原理,即"制动管充风→制动机缓解,制动管排风→制动机制动"。DK-1 型电空制动机的使用,虽然没有从根本上解决由于空气波和制动波的存在而造成的列车制动时纵向动力作用的问题,但是已能简便地与列车安全运行监控记录装置自动停车功能、动力制动系统等配合,并为列车的自动控制创造了条件。

　　本项目着重介绍 SS_4 改进型、SS_8 型电力机车 DK-1 型电空制动机,分为 5 个任务:机车制动缸压力变化的控制、制动管压力变化的控制、均衡风缸压力变化的控制、制动机的日常试验与列车制动系统的模拟操纵、制动系统故障的应急处理。

【学习目标】

（1）掌握分配阀均衡部的构造与容积室压力变化和机车制动缸压力变化的控制关系;
（2）掌握分配阀主阀部的构造与制动管压力变化和容积室压力变化的控制关系;
（3）掌握分配阀在各工作位置时各部件的动作和连通的气路;
（4）掌握紧急增压阀的构造和紧急增压作用;
（5）掌握空气制动阀的构造和在"电空位"时对容积室压力变化的控制作用;
（6）掌握双阀口式中继阀的构造与制动管变化和均衡风缸压力变化的控制关系;
（7）掌握总风遮断阀的构造与总风遮断阀对制动管风源的开关控制作用;
（8）掌握电动放风阀的构造和在紧急制动时的放风作用;
（9）掌握紧急阀的构造和紧急阀在各个工作位置时的作用;
（10）掌握压力开关的构造和作用;
（11）掌握电空阀的构造和工作原理及 DK-1 型电空制动机上各电空阀的功用;
（12）掌握电空制动控制器的构造和工作原理及电空制动控制器闭合表的识读;
（13）掌握紧急空气制动阀的构造和在各个工作位置时的作用;

（14）掌握自动制动作用各工作位置下制动系统的工作过程和产生的作用；

（15）掌握单独制动作用各工作位置下制动系统的工作过程和产生的作用；

（16）掌握"空气位"制动作用各工作位置下制动系统的工作过程和产生的作用；

（17）制动机的日常试验及列车制动系统的模拟操纵；

（18）DK-1型电空制动机操作运用故障的判别和处理及主要零部件故障的分析和处理。

【知识前导】

一、DK-1型电空制动机采用电信号传递控制指令和积木式结构，具有以下特点：

（1）双端（或单端）操纵。在双端操纵的一节式 SS_1、SS_3 及 SS_8 机车上设置一套完整的双端操纵制动系统；而在八轴两节重联式 SS_4 改进型电力机车上设置两套完整的单端操纵制动系统，每节机车可以单独使用，并且通过重联装置使两节机车或多节机车重联运行。

（2）非自动保压式。DK-1型电空制动机的制动减压量随着操纵手柄停留在"制动位"时间的增长而增加，直到过量减压。操作中，若不需要产生过量减压量，则当减压量达到所需减压量时，必须将手柄由"制动位"转换到"中立位"进行保压。

（3）失电制动。当电气线路或电器因故障而失电时，DK-1型电空制动机将立即进入常用制动状态而实施制动，以保证列车的运行安全。

（4）结构简单，便于维修。将DK-1型电空制动机主要阀类零部件的整体式的滑阀结构改成组合结构，使单件结构简化，通用件增多。

（5）与机车其他系统配合。目前，DK-1型电空制动机能够与列车运行监控装置、动力制动系统、速度分级控制系统等进行配合，以适应高速、重载列车运行的需要。

（6）控制车列电空制动机。随着车列电空制动机的装车使用，DK-1型电空制动机可以较方便地对车列电空制动机实施有效控制。

（7）兼有电空制动机和空气制动机两种功能。正常工作时，作为电空制动机使用；当电气线路发生故障时，由故障转换装置可将其转换成空气制动机使用，以维持机车故障运行。

二、DK-1型电空制动机的性能

DK-1型电空制动机具有良好的灵活性和适应性，其主要性能见表2-1~表2-3所示。

表2-1　单独制动性能

序号	项目	技术要求
1	全制动时制动缸最高压力（kPa）	300
2	制动缸压力自0 kPa升到280 kPa的时间（s）	≤4
3	在"缓解位"时，制动缸由300 kPa降至40 kPa的时间（s）	≤5

表 2-2　自动制动性能（制动管定压 500 kPa）

序号	项　目	技术要求
1	初制动制动管减压量（kPa）	40～50
2	在"运转位"时，制动管由 0 kPa 充至 480 kPa 的时间（s）	≤9
3	均衡风缸自 500 kPa 常用减压至 360 kPa 的时间（s）	5～7
4	常用全制动时，制动缸最高压力（kPa）	340～380
5	常用全制动时，制动缸升至最高压力的时间（s）	6～8
6	在"运转位"时，制动缸压力由最高缓解至 40 kPa 的时间（s）	≤7
7	在"紧急位"时，制动管压力由定压排至零的时间（s）	≤3
8	在"紧急位"时，制动缸最高压力（kPa）	≤450±10
9	在"紧急位"时，制动缸压力升至 400 kPa 的时间（s）	≤5

表 2-3　辅助性能

序号	项　目	技术要求
1	在"紧急位"时，切除动力	牵引手柄有级位切除，无级位不切除
2	列车分离（断钩、拉紧制动阀）保护	切除机车动力源，切除制动管补风，机车发生紧急制动
3	制动管折角塞门关闭的判断	可对机后 15 节以内车辆制动管的折角塞门关闭与否进行判断
4	失电	常用制动
5	自动停车	与机车自动停车功能配合，实施紧急制动
6	与动力制动协调配合	动力制动初始时，自动产生空气制动，制动管减压 40～50 kPa 左右，25～28 s 后，空气制动自动消除，机车保持动力制动，并可实现空电联合制动

三、DK-1 型电空制动机的组成

DK-1 型电空制动机由电气线路和空气管路两部分组成。根据 DK-1 型电空制动机的安装情况，可将其分为操纵台部分、电空制动屏柜部分及空气管路部分。

1. 操纵台

操纵台部分主要包括司机操纵台和副司机操纵台。
（1）司机操纵台。
在司机操纵台上设有电空制动控制器、空气制动阀、压力表、充气及消除按钮。
① 电空制动控制器（俗称大闸）：操纵部件，用来控制全列车的制动与缓解。

② 空气制动阀（俗称小闸）：操纵部件，在正常情况下，用来单独控制机车的制动与缓解。电控部分出现故障时，经相应转换后，空气制动阀可控制全列车的制动与缓解。

③ 压力表：在司机操纵台上设置有两块双针压力表，其一显示总风缸、均衡风缸的压力，其二显示制动管和制动缸的压力。

④ 充气及消除按钮：用于在开车前检查制动管折角塞门是否开通。SS_8型电力机车根据准高速客运机车的工作特点，取消了充气及消除按钮。

（2）副司机操纵台。

副司机操纵台设置有紧急停车按钮和手动放风塞门。

① 紧急停车按钮：设在副司机操纵台仪表架上，当副司机发现有危及行车安全和人身安全的情况，又来不及通告司机时，可直接按下紧急停车按钮，全列车产生紧急制动。该按钮为一蘑菇形按钮，松开后不能自动复位。

② 手动放风塞门（121或122）：设在司机室右侧壁附近的制动管支管上。当制动机失效时，可使用手动放风塞门直接排放制动管内的压缩空气，使列车紧急制动停车。

SS_8型电力机车副司机台上还设有"停放制动"按钮开关，用于控制机车弹簧止轮器的制动与缓解，防止机车溜行。

2. 电空制动屏柜

电空制动屏柜又称制动屏柜、气阀柜，主要安装有下列部件（见图2-1、图2-2）：

① 电空阀：中间控制部件，它接受电空制动控制器的电信号指令，控制中继阀、电动放风阀等相关部件，从而实现DK-1型电空制动机电气线路与空气管路的联锁作用，以接通或切断相应气路。

② 调压阀：用来调整来自总风缸的压缩空气，并稳定供给气动部件用风。

③ 双阀口式中继阀：根据均衡风缸的压力变化来控制制动管的压力变化，以实现列车的制动、缓解与保压作用。

④ 总风遮断阀：用来控制双阀口式中继阀的充风风源，以适应不同运行工况的要求。因此，也可将双阀口式中继阀和总风遮断阀统称为中继阀。

⑤ 分配阀：根据制动管压力变化来控制容积室和作用管的压力变化，或由空气制动阀直接控制容积室和作用管的压力变化，以实现机车的制动、缓解与保压作用。

⑥ 电动放风阀：当紧急电空阀94 YV得电时，使其迅速排放制动管压缩空气，以产生紧急制动作用。

⑦ 紧急阀：用于紧急制动时，加速制动管排风，同时联动电气联锁，以切除牵引工况下的机车动力。

⑧ 压力开关：气动电器。根据上下气室空气压力的变化实现相关电路的自动控制。

⑨ 电子时间继电器及中间继电器：用于实现电路的相关联锁和自动控制。

除此之外，制动屏柜内还设有初制风缸、工作风缸、过充风缸、均衡风缸、限制风堵、压力表及各种塞门等。

项目二 DK-1型机车制动机的控制及阀类部件的维护与调试

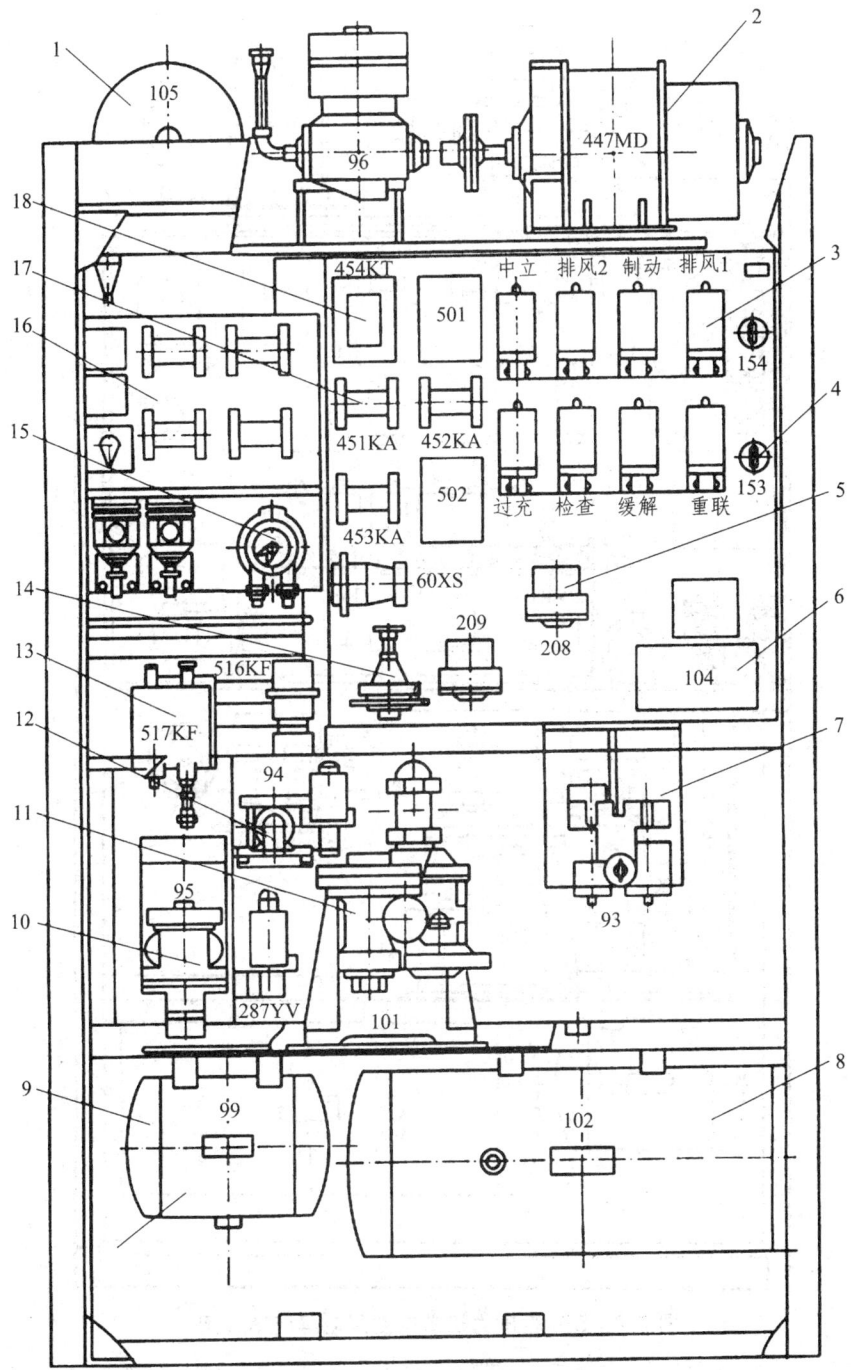

图 2-1 SS₄改进型电力机车电空制动屏柜结构图

1—辅助风缸；2—辅助压缩机组；3—电空阀；4—转换阀；5—压力开关；6—中继阀；7—重联阀；8—控制风缸；9—工作风缸；10—紧急阀；11—分配阀；12—电动放风阀；13—压力控制器；14—调压阀；15—双针压力表；16—空电联合制动板；17—中间继电器；18—电子时间继电器

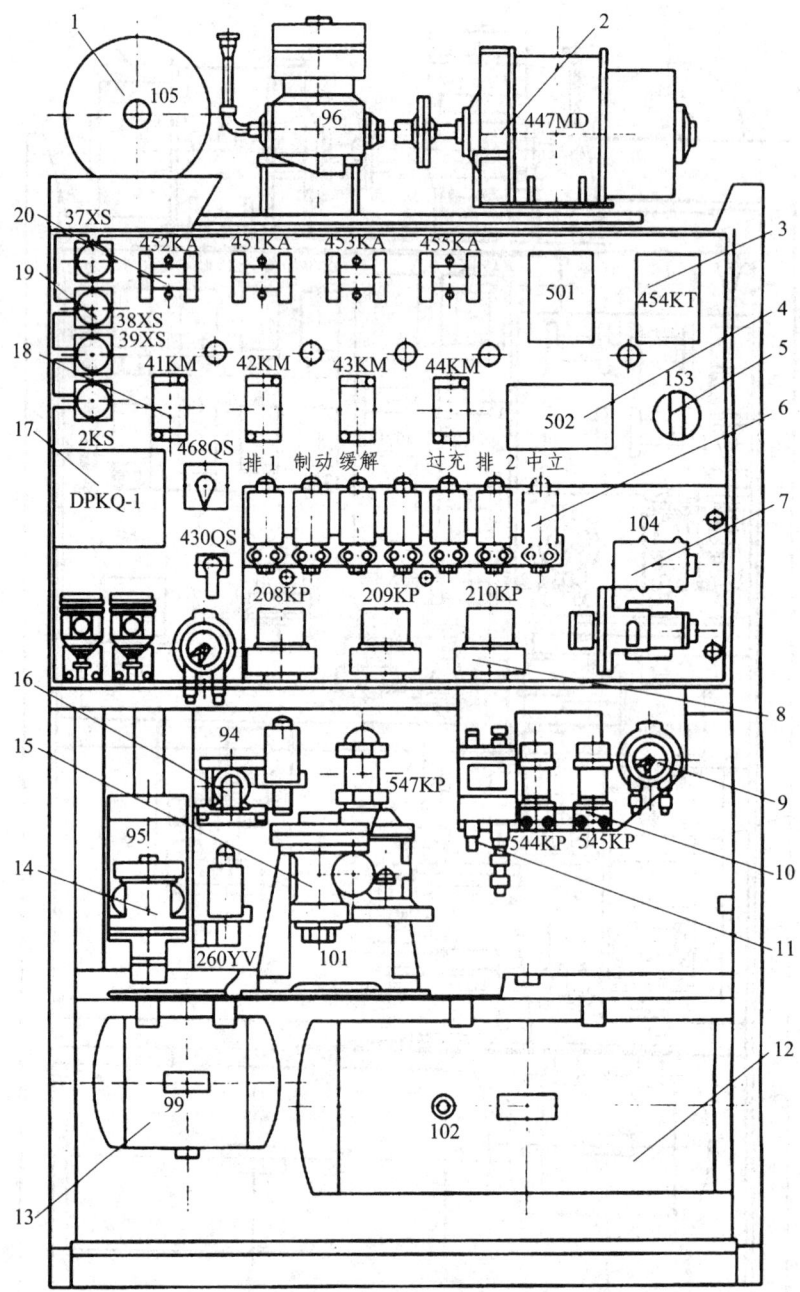

图 2-2 SS₈型电力机车电空制动屏柜结构图

1—辅助风缸；2—辅助压缩机组；3—电子时间继电器；4—组子开关；5—转换阀；6—电空阀；7—中继阀；
8—压力开关；9—双针压力表；10—风压继电器；11—压力控制器；12—控制风缸；13—工作风缸；
14—紧急阀；15—分配阀；16—电动放风阀；17—平稳控制器；
18—直流接触器；19—插座；20—中间继电器

3. 空气管路

空气管路性能的好坏决定着制动机能否正常、可靠地工作。空气管路主要包括：管道滤尘器、截断塞门、管路及管路连接件等。

四、DK-1 型电空制动机的控制关系

DK-1 型电空制动机的工作分为两种工况：在"电空位"（即正常位）工作时，通过操纵电空制动控制器（或空气制动阀）可以控制、实施全列车（或机车）的制动与缓解；在"空气位"（即"故障位"）工作时，通过操纵空气制动阀可控制、实施全列车的制动与缓解。其各主要部件的控制关系如下：

1. 电空位操纵

（1）控制全列车。

电空制动控制器→电空阀→均衡风缸→中继阀→制动管 ┬→机车分配阀→机车制动缸
　　　　　　　　　　　　　　　　　　　　　　　　　└→车辆制动机 。

（2）控制机车。

空气制动阀→作用管→机车分配阀→机车制动缸。

2. "空气位"操纵

（1）控制全列车。

空气制动阀→均衡风缸→中继阀→制动管 ┬→机车分配阀→机车制动缸
　　　　　　　　　　　　　　　　　└→车辆制动机 。

（2）控制机车。

空气制动阀（下压手柄）→作用管→机车分配阀→机车制动缸。

3. 重联机车操纵

本务机车制动缸→本务机车重联阀→平均管→重联机车重联阀→重联机车作用管→重联机车分配阀→重联机车制动缸。

【学习任务】

任务一　机车制动缸压力变化的控制

机车制动缸压力变化的控制关系是：

（1）制动管压力变化→分配阀→机车制动与缓解；

（2）作用管压力变化→分配阀的均衡部→机车单独制动与缓解。

DK-1 型电空制动机的分配阀采用 109 型机车分配阀。由 DK-1 型电空制动机控制关系可知，109 型机车分配阀不仅可以由电空制动控制器（或空气制动阀在"空气位"下）的操纵来控制，而且还可以由空气制动阀在"电空位"下的操纵来实现单独控制机车制动缸压力变化。

一、109 型机车分配阀

109 型分配阀由主阀部、均衡部、紧急增压阀、安全阀及阀座等部分组成，其中，主阀部、均衡部和紧急增压阀为 109 型分配阀的主要气动部分，且三者共用一个阀体，成为相互独立的组合体，如图 2-3、图 2-4 所示。

109 型分配阀的阀座即是分配阀的三阀组合体和安全阀的安装基座，且内设一个局减室（0.6 L）和一个容积室（1.85 L，并与作用管连通），又是分配阀与制动管、总风缸管、制动缸管、工作风缸管及作用管 5 条空气管路的连接基座。安全阀采用低压安全阀，用来限定紧急制动时容积室和作用管的最高压力为（450±10）kPa（机车无动力回送时为 200 kPa）。

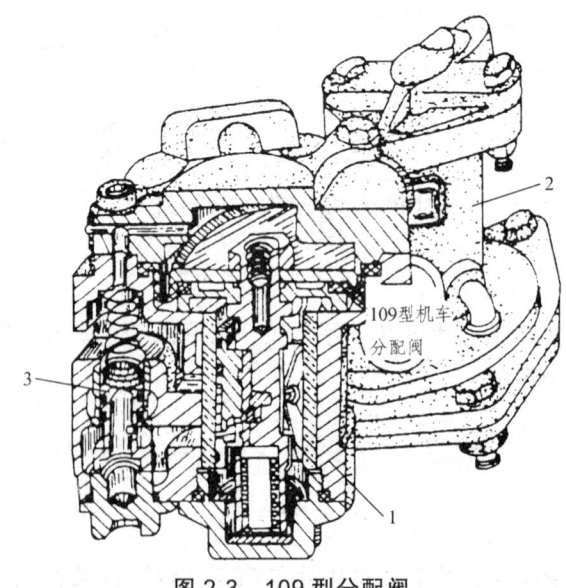

图 2-3　109 型分配阀

1—主阀部；2—均衡部；3—紧急增压阀

项目二　DK-1 型机车制动机的控制及阀类部件的维护与调试

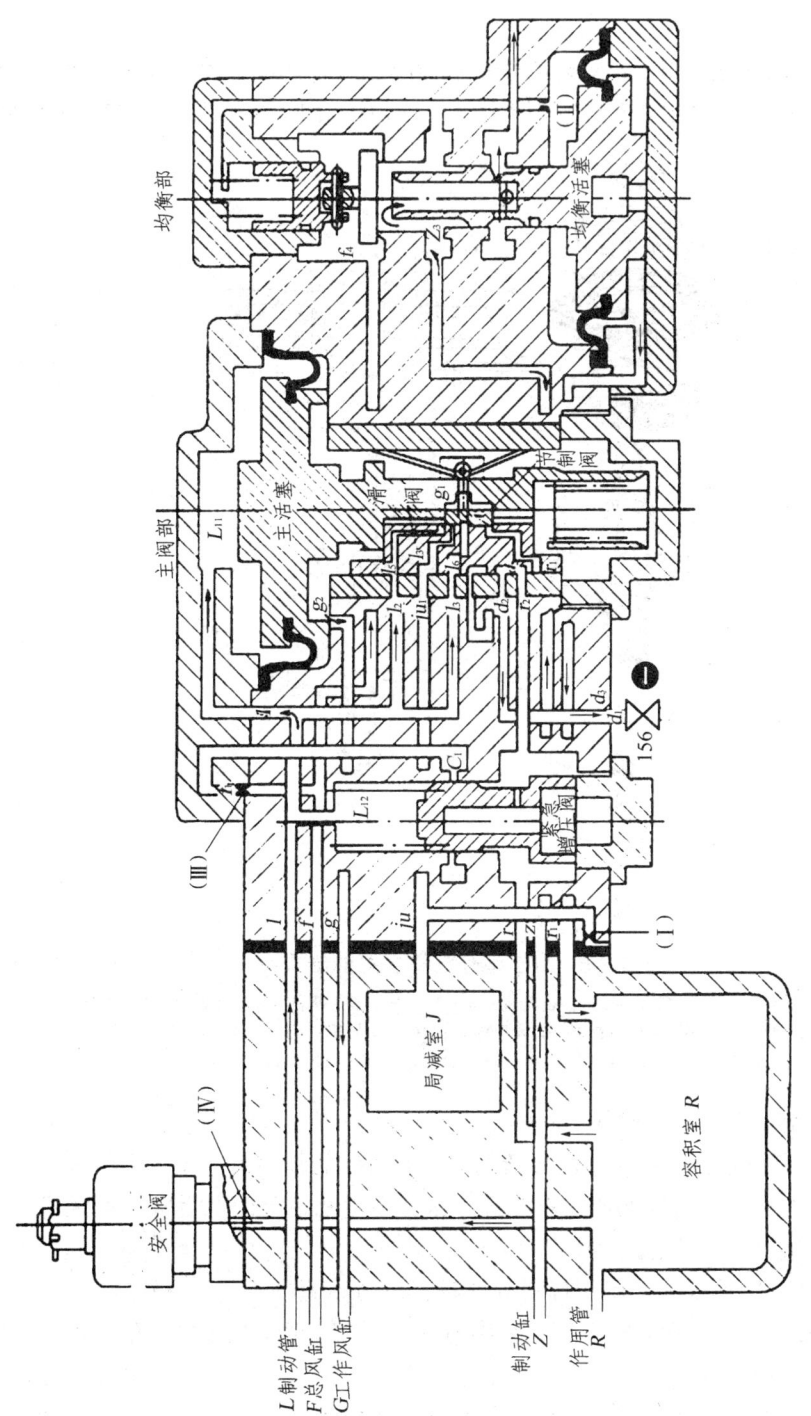

图 2-4　109 型分配阀剖面图

1. 主阀部

主阀部主要用于根据制动管的压力变化来控制容积室和作用管的充、排风。

（1）构造。

主阀部属于滑阀式空气阀。滑阀式空气阀的工作是通过滑阀座、滑阀和节制阀之间的相对移动，使它们各自的气孔、气槽相对应或相错位，来连通或切断相应气路的，如图2-5所示。

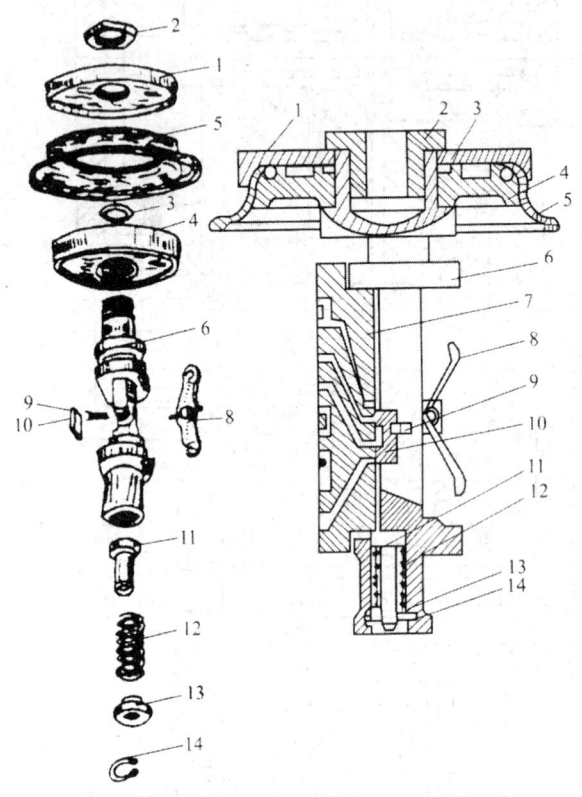

图2-5　109型分配阀主阀部结构图

1—上活塞；2—活塞压帽；3—密封圈；4—下活塞；5—膜板；6—活塞杆；7—滑阀；
8—滑阀弹簧；9—节制阀弹簧；10—节制阀；11—稳定杆；
12—稳定弹簧；13—稳定弹簧座；14—挡圈

主阀部主要由以下零部件组成：

① 主活塞：传感部件，用于感应主活塞上、下两侧的作用力之差，从而通过活塞杆带动滑阀、节制阀上下移动，以连通或切断相应气路。主活塞主要由上活塞、下活塞、橡胶膜板及橡胶密封圈等组成。

② 主活塞杆：传动零件，用于带动节制阀、滑阀等随主活塞上下移动。

③ 稳定装置：设在主活塞杆下端，又称递动装置，主要由稳定杆、稳定弹簧、稳定弹簧座及挡圈等组成，用于使主活塞具有一定的稳定性，以防止列车在运行中因制动管轻微漏泄或压力波动而引起意外自然制动，从而加强制动机在缓解状态时的稳定性。

④ 节制阀、滑阀及滑阀座：连通或切断气路的执行零件，如图2-6所示。节制阀、滑阀和滑阀座上设置相应的气路孔、槽，当主活塞通过主活塞杆带动节制阀相对于滑阀以及带动

滑阀相对于滑阀座移动时，分别使对应气路连通或切断。节制阀、滑阀和滑阀座各孔槽的用途如下：

a. 节制阀：其工作面上仅设有一个长方形槽 A，系滑阀的局减孔 l_6 和局减室入孔 l_7 的联络槽。

b. 滑阀：滑阀上设置下列孔槽：

充气孔 l_4、l_5——与滑阀顶面 g_1 孔相通，用于缓解状态时由制动管向工作风缸充风。

局减孔 l_6 和局减室入孔 l_7——用于局减状态时制动管向局减室降压。

孔 l_8、l_9——原为 104 型分配阀第二阶段局减用的局减阀孔和局减阀入孔，且两孔在滑阀内部由暗道相通；由于 109 型分配阀取消了局减阀，因此该两孔已无用。

缓解联络沟槽 d_1——用于缓解状态时容积室经排气孔 d_2 向大气排风（如果 156 塞门开放）。

孔 r_1——用于制动状态时由工作风缸向容积室充风。

c. 滑阀座：滑阀座设有下列孔槽。

充气孔 l_2——用于缓解状态时由制动管向工作风缸充风。

局减孔 l_3——用于局减状态时制动管向局减室降压。

孔 ju_1——通局减室。

排气孔 d_2——用于缓解状态时容积室向大气排风（如果 156 塞门开放）。

孔 r_2——用于制动状态时由工作风缸向容积室充风。

节制阀、滑阀与滑阀座的工作面（即接触面）需经研磨加工而成，以保证气路间的密封性。这样不仅增加了制造加工与维修的难度，而且增大了工作过程中三者间相对移动的阻力。这也是滑阀式空气阀的主要特点之一。

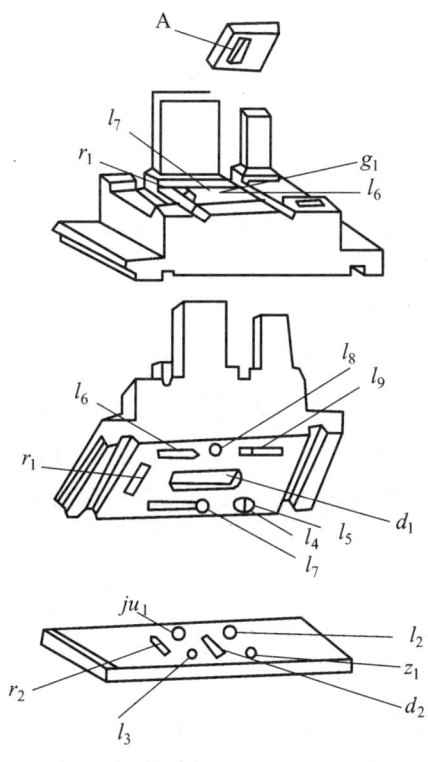

图 2-6 节制阀、滑阀及滑阀座

⑤ 其他零部件：包括滑阀弹簧、节制阀弹簧等。

主阀部除设在节制阀、滑阀和滑阀座上并由其相对移动而控制的气路外，还有两条重要的气路，这就是制动管经 l_1 孔与主活塞上侧空间连通和工作风缸经 g_2 孔与主活塞下侧空间连通，如图 2-4 所示。事实上，主活塞所产生的上、下作用力之差就是由制动管和工作风缸的压力空气对主活塞的相互作用而形成的。

（2）作用原理。

主阀部的基本作用原理是：根据制动管压力变化在主活塞上产生作用力之差，使主活塞通过主活塞杆带动节制阀或滑阀上下移动，连通或切断相应气路，从而实现容积室和作用管的充、排风。主阀部的工作过程包括以下 5 个状态：

① 缓解状态，如图 2-7 所示。

当制动管压力增加时，制动管压力空气经孔 l_1 充入主活塞上侧，使主活塞产生向下的作用力之差，并通过主活塞杆推动节制阀、滑阀一起下移到下端。此时，节制阀只连通孔 g_1 与孔 g_2 之间的通路；而滑阀则连通孔 l_2 与 l_5、孔 ju_1 与孔 l_7、孔 l_3 与 l_6，孔 d_2 经槽 d_1 与孔 r_1 之间的通路。所以连通两条气路：一是制动管向工作风缸充风的气路（制动管→l_2→l_5→g_1→g_2→工作风缸），最终使工作风缸充得与制动管相等的压力；二是容积室和作用管向大气排风的气路（容积室→r_2→d_1→d_2→d_3→156 塞门，设 156 塞门开放），最终使容积室内的空气压力排为零。

② 局减状态，如图 2-7 所示。

109 型分配阀主阀部局减状态是主阀部制动状态的过渡工作位置。当制动管正常减压时，工作风缸压力空气来不及（经 g_2→g_1→l_5→l_2）向制动管逆流，使主活塞产生向上的作用力之差，并通过主活塞杆带动节制阀上移，由于稳定装置作用于滑阀上所产生的向上的推力不足以克服滑阀与滑阀座之间的摩擦阻力，所以滑阀保持不动，并且随着主活塞杆的上移而压缩稳定弹簧。此时，滑阀连通的通路与缓解状态时的相同；而节制阀则关闭滑阀顶面的孔 g_1，并开启滑阀顶面的孔 r_1。因此连通两条气路：一是容积室向大气排风的气路；二是制动管向局减室降压的气路（制动管→l_3→l_6→槽 A→l_7z 7→ju_1→局减室），以实现局部减压作用。

所谓局部减压作用（简称局减作用）是指司机控制制动管减压时，由分配阀通过其自身局部减压性能的实现而自动产生的一定量的制动管减压量。分配阀局部减压作用的设置和实施，不仅改善了空气制动机工作中，由于制动管减压量传递损失而造成的后部车辆制动不足，甚至不制动的问题，而且增大了制动波速，提高了全列车制动的同时性，从而减小了列车制动的动力冲击作用。

③ 制动状态，如图 2-7 所示。

由于局部减压作用的实现而增大了主活塞向上的作用力之差，所以，主活塞继续上移，并通过主活塞杆带动节制阀、滑阀一起上移（经局减状态动作后，主活塞杆的下肩部已直接作用在滑阀下部，故推动滑阀上移。同时，主活塞杆的上肩部与滑阀脱离接触）。此时，节制阀连通的通路与局减状态时的相同；而滑阀则切断孔 l_2 与孔 l_5、孔 l_3 与孔 l_6 之间的通路；并

连通孔 r_2 与 r_1、孔 ju_1 与孔 l_7 之间的通路，因此连通一条气路：工作风缸向容积室充风的气路（工作风缸→g_2→r_1→r_2→容积室），从而使容积室压力升高而工作风缸压力降低。

④ 制动后保压状态，如图 2-7 所示。

当司机控制制动管停止减压，并且经主阀部制动状态动作使工作风缸压力下降到接近制动管压力时，在稳定装置的稳定弹簧及主活塞、主活塞杆自重作用下，推动节制阀下移，而滑阀保持不动。此时，滑阀连通的通路与制动状态时的相同；而节制阀则切断孔 l_7 经槽 A 与孔 l_6 之间的通路，并关闭滑阀顶面 r_1 孔，从而切断孔 r_1 与主活塞下侧之间的通路；由于节制阀开启滑阀顶面 g_1 孔，因而连通了孔 l_5 与孔 g_2 之间的通路，但因此时滑阀已切断孔 l_2 与 l_5 之间的通路，致使节制阀连通的孔 l_5 与孔 g_2 之间之间的通路无作用。由于 r_1 孔被关闭，工作风缸压力空气不再进入容积室，故制动机制动后呈保压状态。

综上所述，分配阀主阀部的局减、制动及制动后保压 3 个状态的动作是连续的，因此，可以将其合为一个工作状态——常用制动状态。

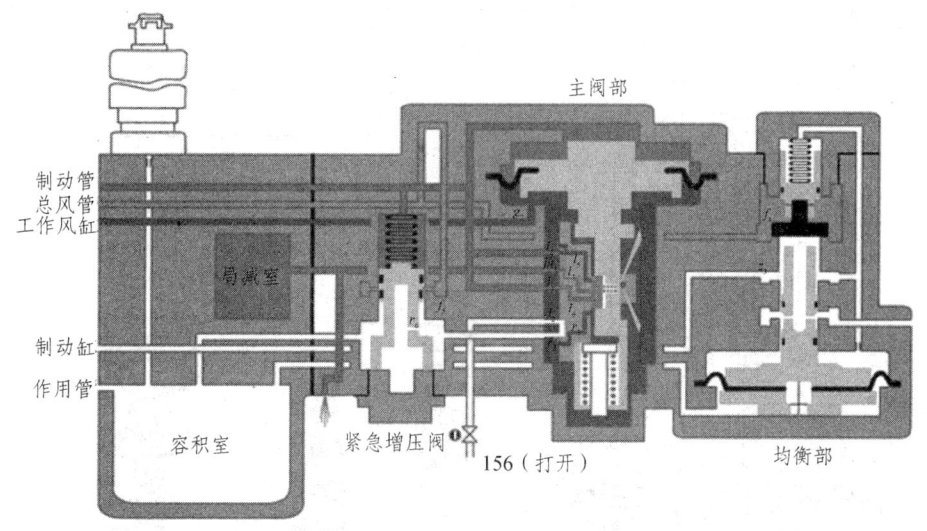

图 2-7 主阀部的基本作用原理

⑤ 紧急制动状态，如图 2-7 所示。

施行紧急制动时，制动管急剧减压至零，使主活塞产生较大的向上的作用力之差，并通过主活塞杆带动节制阀、滑阀，经过局减状态和制动状态工作位置后，迅速上移至上端。此时，节制阀连通孔 l_6 经槽 A 与孔 l_7 及孔 r_1 与主活塞下侧之间的通路；而滑阀则连通孔 d_2 与槽 d_1 及孔 r_2 与孔 r_1 之间的通路，因此连通一条气路——工作风缸向容积室迅速充风的气路（工作风缸→g_2→r_1→r_2→容积室，且 r_1 与 r_2 间的气路开通截面较大）。

2. 均衡部

均衡部用于根据容积室和作用管压力的增、减，来控制机车制动缸的充、排风。

（1）构造。

均衡部属于阀口式空气阀，如图 2-8 所示，主要由以下零部件组成。

① 均衡活塞。传感部件,用于感应均衡活塞上下两侧的作用力之差,从而带动空心阀杆上下移动,以开启或关闭供气阀口(或排气阀口),连通或切断机车制动缸的充、排风气路。均衡活塞主要由上活塞、下活塞、橡胶膜板及橡胶密封圈等组成。

② 空心阀杆。开启或关闭供、排气阀口的执行部件,主要由空心阀杆、O形圈等组成。

③ 供、排气阀机构。用于控制机车制动缸的充、排风气路,主要由供气阀、阀杆套、供气阀弹簧、供气阀导向杆及阀座等组成,其中,供气阀与阀座间构成供气阀口,空心阀杆上端与供气阀间构成排气阀口。

④ 其他零部件。包括缩堵、均衡上盖及均衡下盖等。

均衡部内部各空间分别与4条空气管路连通:

① 均衡活塞下侧与容积室连通;

② 均衡活塞上侧、空心阀杆外侧及供气阀导向杆上侧与机车制动缸连通;

③ 空心阀杆内侧与大气连通;

④ 供气阀上侧(供气室)与总风缸连通。

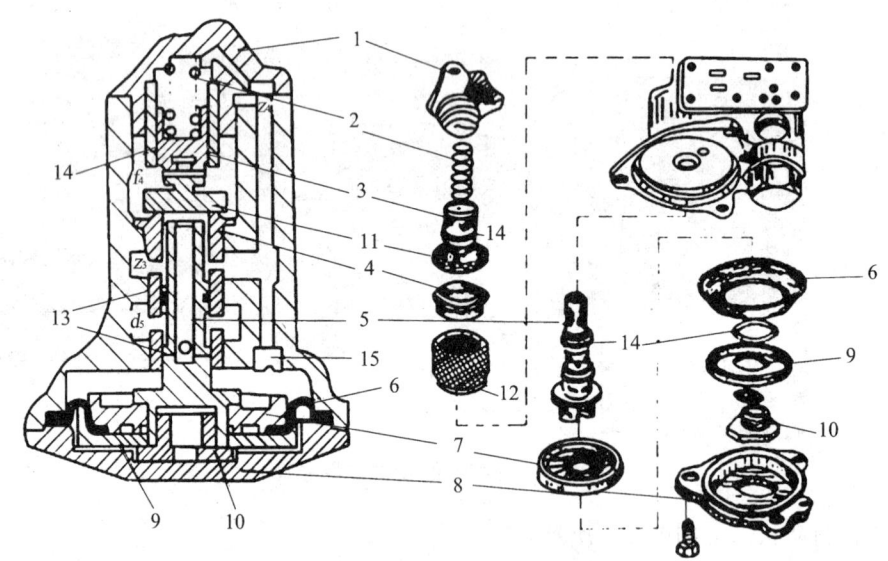

图 2-8 109 型分配阀均衡部结构图

1—均衡上盖;2—供气阀弹簧;3—供气阀导向杆;4—阀座;5—空心阀杆;6—膜板;7—上活塞;8—均衡下盖;9—下活塞;10—均衡活塞压帽;11—供气阀;12—滤网;13—阀杆套;14—密封圈;15—缩堵;$z_{3,4}$—通制动缸;f_4—通供气阀上方的供气室;d_5—大气孔

(2)作用原理。

均衡部的基本作用原理为:根据容积室和作用管压力变化在均衡活塞上所产生作用力之差,使均衡活塞带动空心阀杆上下移动,以开启或关闭供气阀口(或排气阀口),从而控制机车制动缸的充、排风,实现机车的制动、缓解及保压。均衡部的工作过程包括以下 4 个状态:

① 缓解状态，如图 2-8 所示。

当容积室压力降低时，均衡活塞产生向下的作用力之差，并带动空心阀杆下移使其脱离与供气阀的接触，从而开启排气阀口；同时，在供气阀弹簧和制动缸原有空气压力作用下，供气阀口关闭。连通机车制动缸向大气排风的气路，实现机车的缓解。

② 缓解后保压状态，如图 2-8 所示。

当机车制动缸压力下降到与容积室压力平衡时，由于空心阀杆占去一定面积致使均衡活塞下侧压力空气的作用面积大于上侧的，所以在均衡活塞上产生一定的向上的作用力之差，从而带动空心阀杆上移并关闭排气阀口，但不足以顶开供气阀口，停止机车制动缸的排风，而呈保压状态。

③ 制动状态，如图 2-8 所示。

当容积室压力升高时，均衡活塞产生向上的作用力之差，并带动空心阀杆上移，推动供气阀脱离与阀座的接触，从而开启供气阀口；同时，排气阀口关闭。连通总风向机车制动缸充风的气路，实现机车的制动。

④ 制动后保压状态，如图 2-8 所示。

当机车制动缸压力上升到与容积室压力平衡时，在供气阀弹簧及供气阀导向杆上侧压力空气的作用下，关闭供气阀口，但由于均衡活塞下侧的压力空气作用面积大于其上侧的空气作用面积而维持一定量的向上作用力之差，所以不能开启排气阀口，从而停止机车制动缸的充风，呈保压状态。

可见，机车制动缸压力随着作用管压力的变化而变化，并且变化的方向、大小都相同。那么，DK-1 型电空制动机为什么要设置容积室和作用管呢？容积室的设置目的是：第一，为机车制动缸的压力变化提供一个标准参量；第二，作为机车制动机，要求其制动缸压力变化既能够接受电空制动控制器的控制，又可以接受空气制动阀的控制。事实上，操纵空气制动阀单独控制机车的制动、缓解及保压就是通过直接控制容积室的压力变化来实现的。

3. 紧急增压阀

紧急增压阀用于紧急制动时，总风向容积室迅速充风，从而使机车制动缸压力迅速升高，以实现紧急制动。

（1）构造。

紧急增压阀属于柱塞式空气阀。柱塞式空气阀的工作是通过柱塞在柱塞套中轴向的移动，由柱塞上的凹槽来连通或切断相应气路的。对于 3 种基本类型的空气阀，应注意区别它们的工作特点。

紧急增压阀主要由增压阀柱塞（简称增压阀）、增压阀柱塞套（又称增压阀套）、增压阀弹簧及密封圈等组成，如图 2-9 所示。

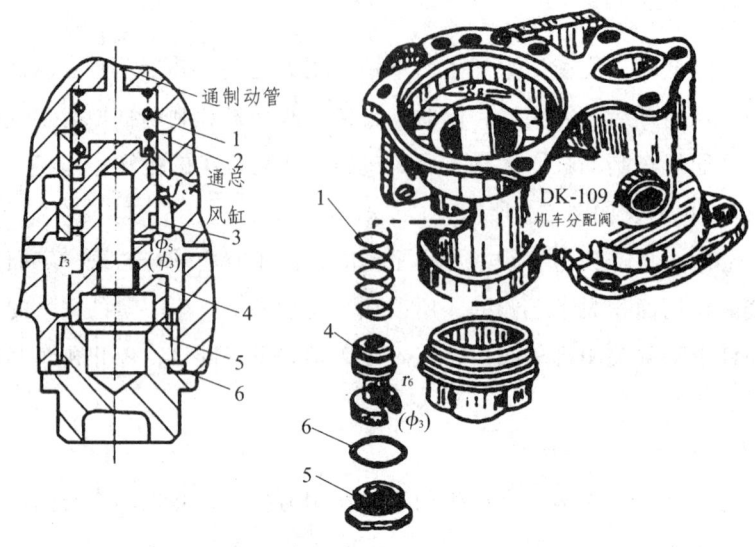

图 2-9　109 型分配阀紧急增压阀结构图

1—增压阀弹簧；2—增压阀套；3，6—密封圈；4—增压阀；5—增压阀盖

紧急增压阀内部各空间分别与 3 条空气管路连通。

① 增压阀上侧与制动管连通；

② 增压阀下侧及内侧与容积室连通；

③ 增压阀套上孔与总风连通。

（2）作用原理。

紧急增压阀的基本作用原理是：根据增压阀所受到的作用力之差，使增压阀在阀套中上、下移动，由柱塞凹槽连通或切断总风向容积室迅速充风的气路。紧急增压阀的工作过程包括以下两个状态：

① 紧急制动状态，如图 2-9 所示。

实施紧急制动时，制动管急剧减压至零，使增压阀受到向上的作用力之差的作用并上移至上端，由柱塞凹槽连通总风（750～900 kPa）向容积室迅速充风的气路，经低压安全阀工作将容积室压力限定在（450±10）kPa。

② 非紧急制动状态，如图 2-9 所示。

不实施紧急制动时，制动管压力不会急剧下降至零，使增压阀受到向下的作用力之差的作用并下移至下端，由柱塞凹槽切断总风向容积室迅速充风的气路。

任务二　制动管压力变化的控制

由本项目任务一可知，DK-1 型制动缸的压力变化是由 109 型机车分配阀控制的，109 型机车分配阀是由制动管压力的变化而动作，那么制动管压力变化的控制是怎么控制的呢？

一、双阀口式中继阀与总风遮断阀

由 DK-1 型电空制动机控制关系可知,双阀口式中继阀是操纵电空制动控制器(或"空气位"下操纵空气制动阀)时的中间控制部件,用来控制制动管充、排风;而总风遮断阀用来控制制动管的充风风源。

双阀口式中继阀和总风遮断阀通过阀座安装于制动屏柜上,并经阀座与总风缸管、制动管、均衡风缸管、过充风缸管、总风遮断阀管 5 条空气管路连接,因此,阀座既是安装基座,又是管路连接基座(简称管座)。

均衡风缸用于储存压缩空气,并以均衡风缸压力变化为控制信号来控制双阀口式中继阀的动作。

1. 双阀口式中继阀

双阀口式中继阀是用来根据均衡风缸的压力变化来控制制动管压力变化的。

(1)构造。

双阀口式中继阀属于阀口式空气阀。就空气阀的结构特点而言,包括阀口式、柱塞式和滑阀式空气阀 3 种基本类型,尽管无论哪种结构特点的空气阀都是以连通或切断被控制的气路为动作目的,但其结构特点不同,则其连通或切断气路的方式也不同。例如,阀口式空气阀就是通过控制阀与阀座之间所形成的阀口的开启或关闭来连通或切断气路的。

双阀口式中继阀主要由以下零部件组成,如图 2-10 所示。

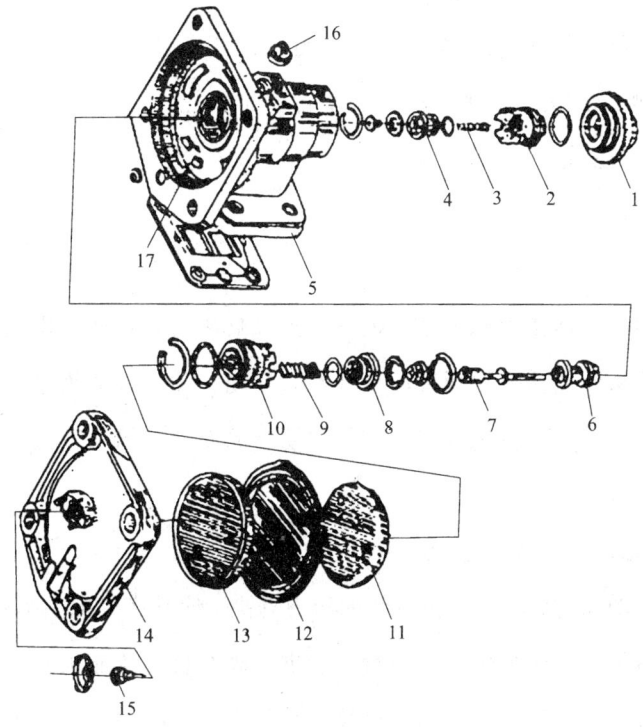

图 2-10 双阀口式中继阀结构图

1—螺盖;2—供气阀套;3—供气阀弹簧;4—供气阀;5—阀体;6—阀座;7—顶杆;8—排气阀;
9—排气阀弹簧;10—排气阀套;11—内活塞;12—膜板;13—外活塞;
14—过充盖;15—过充柱塞;16—排气堵;17—缩堵

① 活塞膜板（又称膜板活塞）：传感部件，用于感应不同压缩空气间的压力变化，从而带动顶杆左右移动，以开启或关闭排气阀口或供气阀口，最终实现连通或切断排、供气气路。活塞膜板由内、外活塞和橡胶膜板等组装而成。

② 供气阀机构：连通或切断供气气路的执行部件，主要由供气阀、供气阀套、供气阀弹簧及 O 形橡胶密封圈（简称 O 形圈）等组成。

③ 排气阀机构：连通或切断排风气路的执行部件，主要由排气阀、排气阀套、排气阀弹簧及 O 形圈等组成。

④ 顶杆：用来随活塞膜板移动并顶开供气阀口或排气阀口。

⑤ 阀座：为双向阀座结构，分别与供、排气阀形成供、排气阀口。

⑥ 过充柱塞："过充位"快速充风时，产生附加作用力并作用在活塞膜板上，以实现制动管的快速充风，并使制动管得到过充压力。

⑦ 其他零部件：包括阀体、端盖、缩堵、排气堵及橡胶密封件等。

双阀口式中继阀各内部空间分别与 5 条气路（即管路）连通：

① 过充柱塞左侧空间与过充风缸管连通；

② 活塞膜板左侧空间（称为中均室）与均衡风缸管连通；

③ 活塞膜板右侧及阀座中间的空间与制动管连通；

④ 排气室与大气连通；

⑤ 供气室与总风遮断阀通过总风缸管连通。

（2）作用原理。

双阀口式中继阀的基本作用原理是：根据均衡风缸压力变化使作用在活塞膜板两侧的作用力之差产生变化，从而使活塞膜板带动顶杆左右移动，顶开或关闭排气阀口或供气阀口，以连通或切断制动管的排风或供风气路，实现制动管的充、排风。双阀口式中继阀的工作过程包括以下 4 个动作状态：

① 充气缓解状态，如图 2-11 所示。

当均衡风缸压力增加时，活塞膜板左侧的压力升高，使其产生向右的作用力之差，因此，活塞膜板带动顶杆右移，并压缩供气阀弹簧推动供气阀右移，从而顶开供气阀口，则由总风遮断阀过来的总风缸压缩空气（以下简称总风，其压力为 750～900 kPa）经开启的供气阀口向制动管充风，同时总风经缩堵（$\phi1.0$）向活塞膜板右侧充风。

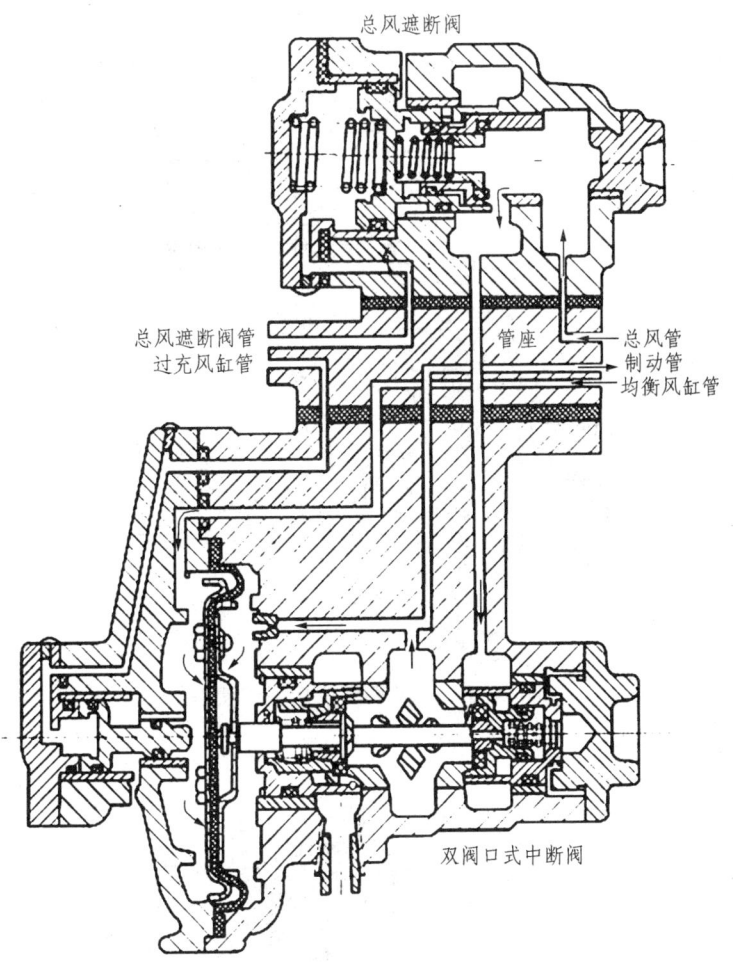

图 2-11 中继阀充气缓解状态

② 缓解后保压状态，如图 2-12 所示。

随着活塞膜板右侧和制动管压力的增加，逐渐平衡活塞膜板左侧压力，在供气阀弹簧作用下，使供气阀推动顶杆、活塞膜板左移，直到活塞膜板两侧压力平衡时，关闭供气阀口，从而切断制动管的充风气路。同时，顶杆、活塞膜板停止左移，不能打开排气阀口，使其处于供、排气阀口均不开启的保压状态。

当制动管发生泄漏时，双阀口式中继阀活塞膜板右侧的压力随之降低，在活塞膜板上产生向右的作用力之差，所以活塞膜板带动顶杆右移，顶开供气阀口，使总风向制动管内补风，同时活塞膜板右侧也得到补风；当活塞膜板右侧及制动管压力补充到与活塞膜板左侧压力平衡时，在供气阀弹簧作用下，关闭供气阀口，到此补风过程完成。可见，补风作用是随着制动管的泄漏而自动进行的。

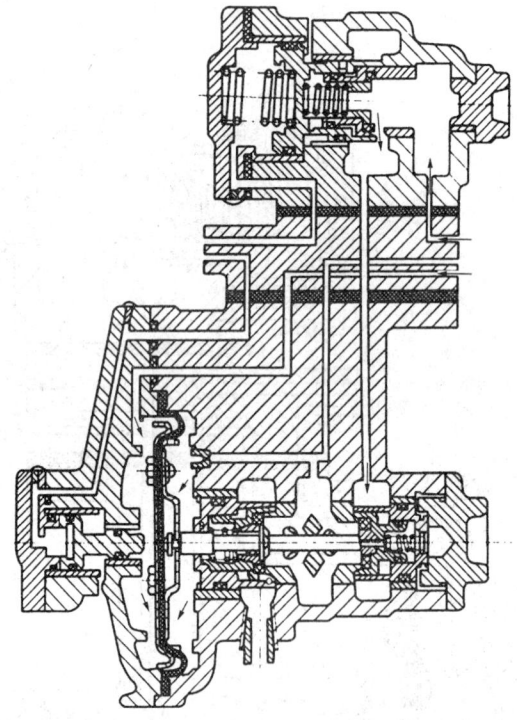

图 2-12 中继阀缓解后保压状态

③ 制动状态，如图 2-13 所示。

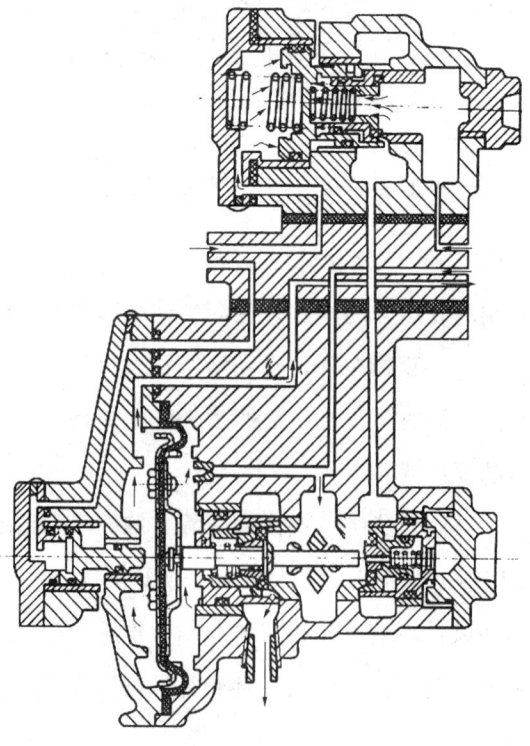

图 2-13 中继阀制动状态

当均衡风缸压力减小时，活塞膜板左侧的压力下降，使其产生向左的作用力之差。因此活塞膜板带动顶杆左移，并压缩排气阀弹簧推动排气阀左移，从而打开排气阀口，则制动管向大气排风；同时，膜板右侧的压缩空气经缩堵、排气阀口向大气排风。

④ 制动后保压状态，如图 2-14 所示。

随着活塞膜板右侧和制动管压力的降低，逐渐平衡活塞膜板左侧压力，在排气阀弹簧作用下，使排气阀推动顶杆、活塞膜板右移，直到活塞膜板两侧压力平衡时，关闭排气阀口，从而切断制动管的排风气路。同时，顶杆、活塞膜板停止右移，不能打开供气阀口，使其处于排、供气阀口均不开启的保压状态。

同样，当制动管发生泄漏时，双阀口式中继阀也将进行自动补风作用。由于目前我国绝大多数车辆制动机采用二压力机构分配阀，只具有一次缓解性能，故实际运用中，通过转换装置将自动补风作用切除，以避免发生自然缓解而危及行车安全。

可见，制动管压力随着均衡风缸压力变化而变化，并且变化的大小、变化的方向均相同。那么，为什么司机不直接控制制动管的充、排风，而是通过控制均衡风缸压力变化来控制动管的压力变化呢？

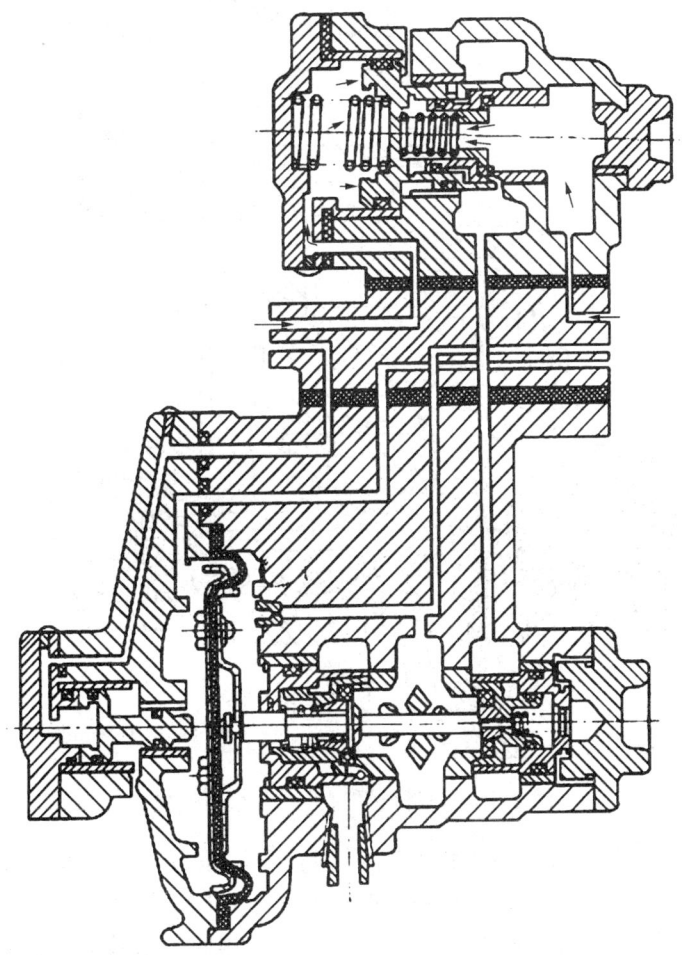

图 2-14　中继阀制动后保压状态

如前所述，又细又长的制动管贯穿于列车的首尾，其充、排风是由司机在机车上操纵实施的。而司机操纵台上反映制动管压力的压力表是连接在机车上的，因此该压力表只能即时反映机车附近的制动管压力，而不是全列车制动管压力的稳定值，如果司机通过直接控制制动管减压量来控制制动力大小来进行操纵，则容易造成失误。所以，在制动机工作过程中，需设一个较易准确、迅速控制的参量为标准量，使制动管压力依照该标准量的变化而变化，从而达到准确控制制动管减压量以控制列车制动力大小的目的。由于均衡风缸容积较集中，并且其容积较小（4 L），因此，均衡风缸压力变化很适合作为标准参量。可见，均衡风缸的设置目的是：以均衡风缸压力变化为标准参量，准确地控制制动管减压量，从而达到准确控制列车制动力的目的。

⑤"过充位"快速充风，如图 2-15 所示。

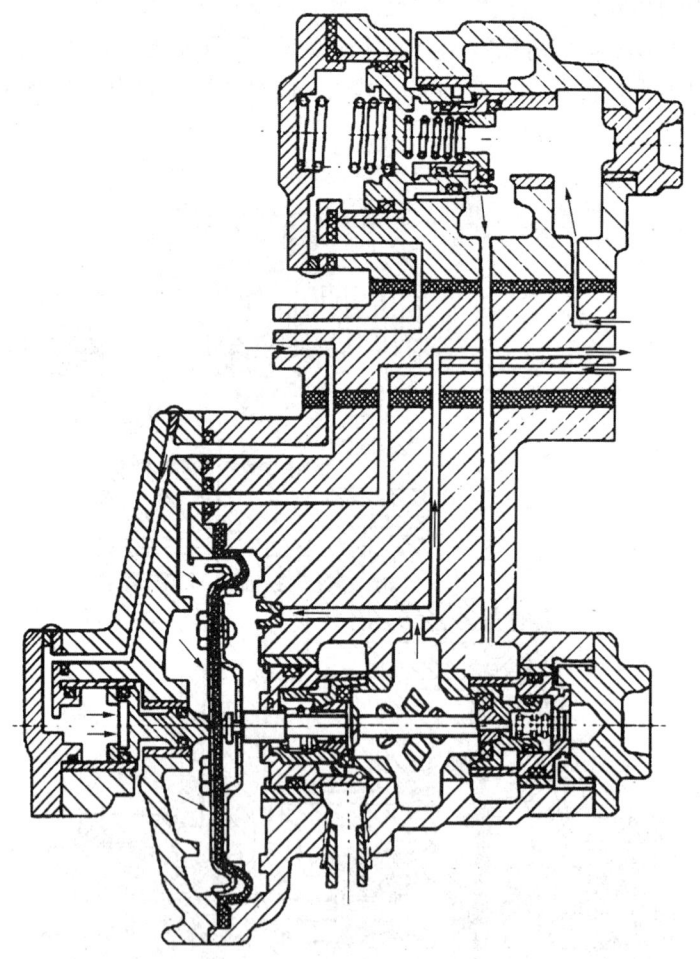

图 2-15　中继阀"过充位"快速充风

为了适应列车运行于长大坡道或长大列车运行时对缓解充风速度的要求，DK-1 型电空制动机设置了"过充位"操纵，以实现列车的快速充风。

当司机将电空制动控制器手柄置于"过充位"时，连通了总风向过充风缸充风的气路，即过充柱塞左侧压力升高，推动过充柱塞右移，并作用在活塞膜板上，该作用力的大小相当于 30~40 kPa 压缩空气所产生的作用力；同时，连通总风经调压阀 55（用于调整、限定均衡风缸的定压。所谓定压是指制动机工作过程中，均衡风缸的最高工作压力。有关标准规定，定压可选择 500 kPa 或 600 kPa）、缓解电空阀 258YV 向均衡风缸充风的气路，即活塞膜板左侧压力也升高。在二者共同作用下，活塞膜板带动顶杆迅速右移，顶开供气阀口，并且阀口开启较大，使总风迅速向制动管及活塞膜板右侧充风；当活塞膜板右侧压力及制动管压力与活塞膜板左侧压力平衡时，在供气阀弹簧作用下，关闭供气阀口。可见，当电空制动控制器手柄置于"过充位"时，经双阀口式中继阀动作，能够实现制动管的快速充风，并使制动管压力得到过充压力，即超过定压 30~40 kPa。

如欲消除过充压力，可将电空制动控制器手柄由"过充位"转换至"运转位"，此时，均衡风缸仍保持定压，而过充风缸内的压缩空气经过充风缸小孔（$\phi 0.5$）缓慢排向大气，过充柱塞慢慢左移，使双阀口式中继阀的活塞膜板产生向左的微弱压力差，活塞膜板带动顶杆缓慢左移，微微打开排气阀口，则制动管压缩空气缓慢排出，直到消除过充压力而保持定压为止，从而避免列车产生自然制动。

进一步分析发现：若使双阀口式中继阀活塞膜板两侧沟通，即均衡风缸与制动管沟通，则无法在活塞膜板上形成有效作用力之差，从而不能打开其供、排气阀口，即双阀口式中继阀此时处于自锁状态。显然，使双阀口式中继阀呈自锁状态的条件是使制动管与均衡风缸沟通。

2. 总风遮断阀

总风遮断阀用于控制总风能否通往双阀口式中继阀的供气室，即控制制动管的供气风源。
（1）构造。

总风遮断阀属于阀口式空气阀，如图 2-16 所示，主要由以下零部件组成：

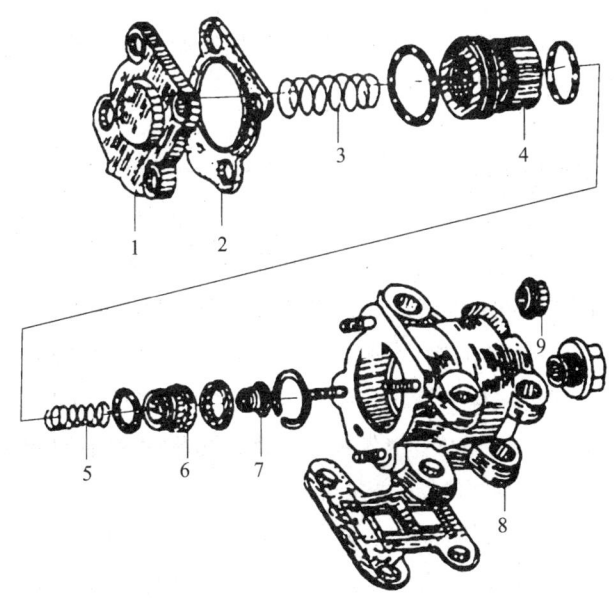

图 2-16 总风遮断阀结构图
1—遮断阀盖；2—盖胶垫；3—作用弹簧；4—遮断阀套；5—遮断阀弹簧；
6—遮断阀；7—遮断阀胶垫螺母；8—遮断阀体；9—阀座

① 遮断阀机构。用于连通或切断总风通往双阀口式中继阀供气室气路的执行部件。主要由遮断阀、遮断阀套、遮断阀弹簧及 O 形圈等组成，其中，遮断阀套为传感元件，用于感应其两侧的作用力之差，从而带动遮断阀左右移动，以开启或关闭遮断阀口。

② 阀座。单向阀座结构，与遮断阀形成遮断阀口。

③ 遮断活塞弹簧。简称作用弹簧，为遮断阀套的动作提供作用力。

④ 其他零部件。包括阀体、端盖、橡胶密封件等。

总风遮断阀各内部空间分别与 3 条管路连通：

① 阀座右侧空间与总风缸管连通，并经遮断阀中心孔通往遮断阀套右侧空间；

② 阀座左侧空间与双阀口式中继阀供气室连通；

③ 遮断阀套左侧空间与总风遮断阀管连通。

（2）作用原理。

总风遮断阀的基本作用原理是：根据总风遮断阀管压力变化，从而使遮断阀套带动遮断阀左右移动，开启或关闭遮断阀口，以连通或切断总风通往双阀口式中继阀供气室的气路。总风遮断阀的工作过程包括以下两个动作状态：

① 阀口关闭状态。

当中立电空阀 253YV 得电时，总风向总风遮断阀管充风，遮断阀套左侧压力升高，使其产生向右的作用力之差，并带动遮断阀右移而关闭遮断阀口，切断总风通往供气室的通路。

② 阀口开启状态。

当中立电空阀 253YV 失电时，总风遮断阀管向大气排风，遮断阀套左侧压力降低，使其产生向左的作用力之差，并带动遮断阀套及遮断阀左移而开启遮断阀口，连通总风通往供气室的通路。

综上所述，总风遮断阀与双阀口式中继阀共同控制制动管的充风气路，而制动管的排风气路则是由双阀口式中继阀单独控制的。

二、电动放风阀与紧急阀

紧急制动是确保行车安全，避免意外、突发性事故的一种可靠措施。通常情况下，就制动形式而言，包括常用制动和紧急制动。二者的共同点是都接受制动管减压量的控制，区别在于：① 控制和实施紧急制动的制动管减压速度远远大于常用制动的制动管减压速度，同时也提高了空气波速和制动波速，缩短了动作时间；② 紧急制动时的制动管减压量大于常用制动的制动管减压量，减小了由于空气波、制动波传播过程中的能量损失而造成的影响；③ 紧急制动时的制动力大于常用制动的制动力。

如前所述，中继阀用来控制制动管的充、排风，但所实现的制动管减压速度不能满足紧急制动的要求。因此，为确保行车安全，适应电空制动机的工作性能，并满足自动停车、车长阀制动及断钩保护的要求，DK-1 型电空制动机中设置了电动放风阀和紧急阀，用来迅速排放制动管压缩空气，提高空气波速和制动波速，可靠实现全列车的紧急制动。

1. 电动放风阀

DK-1 型电空制动机中设有一个电动放风阀,用来接受紧急电空阀 94YV 得电或失电的控制,经其动作后,连通或关断制动管的放风气路,从而控制紧急制动的实施。电动放风阀在 SS_4 改进型、SS_8 型机车上装设在制动屏柜内。

(1)构造。

电动放风阀属于阀口式空气阀,主要由橡胶膜板(简称膜板)、铜碗、芯杆、芯杆套、放风阀(简称阀)、放风阀弹簧、阀座等组成,如图 2-17、图 2-18 所示。

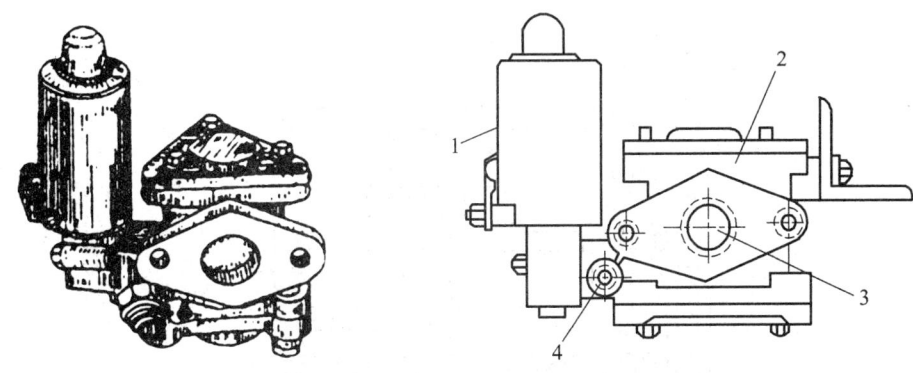

图 2-17 电动放风阀

1—紧急电空阀 94YV;2—阀体;3—制动管接管孔;4—总风缸接管孔

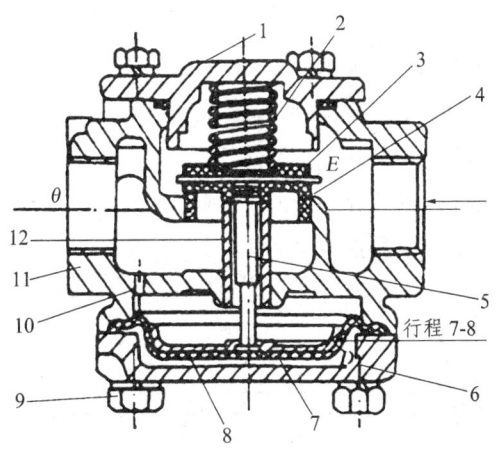

图 2-18 电动放风阀结构图

1—上盖;2—放风阀弹簧;3—放风阀;4—阀座;5—芯杆;6—下盖;7—橡胶膜板;8—铜碗;9—螺钉;10—小孔;11—阀体;12—芯杆套

电动放风阀各内部空间分别与 3 条气路(管路)连通:

① 放风阀上侧空间经阀体孔($\phi 25.4$ mm)与制动管连通;
② 放风阀下侧及铜碗上侧空间经阀体孔($\phi 25.4$ mm)与大气连通;
③ 铜碗及膜板下侧空间与紧急电空阀 94YV 的控制气路连通。

(2)作用原理。

电动放风阀的基本作用原理是:根据紧急电空阀 94YV 的得、失电来控制电动放风阀铜碗及膜板下侧空间的充、排风，使橡胶膜板和铜碗带动芯杆上、下移动，以顶开或关闭放风阀口，从而控制制动管放风气路的连通与关断。电动放风阀的工作过程包括以下两个动作状态：

① 紧急制动状态，如图 2-19 所示。

当紧急电空阀 94YV 得电时，连通总风经紧急电空阀 94YV 向电动放风阀铜碗及膜板下侧空间充风的气路，橡胶膜板、铜碗推动芯杆上移而压缩放风阀弹簧，顶开放风阀口，连通制动管向大气放风的气路，使制动管压力迅速降低，实现全列车的紧急制动。

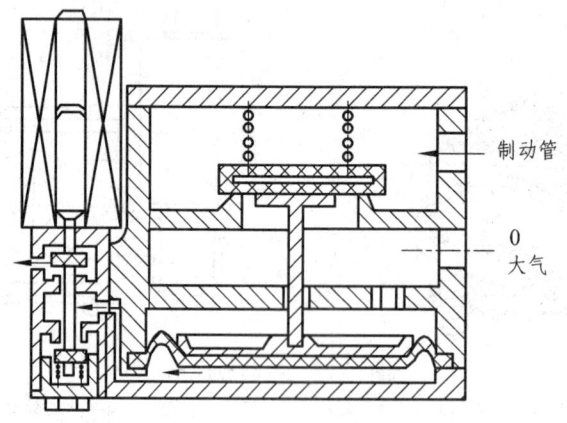

图 2-19　电动放风阀紧急制动状态

② 非紧急制动状态，如图 2-20 所示。

当紧急电空阀 94YV 失电时，连通电动放风阀铜碗及膜板下侧空间经紧急电空阀 94YV 向大气排风的气路，在放风阀弹簧作用下，放风阀推动芯杆、铜碗、橡胶膜板下移，关闭放风阀口，切断制动管向大气放风的气路。此时，制动管的压力变化主要由户继阀控制，实现全列车制动系统的缓解、保压或常用制动。

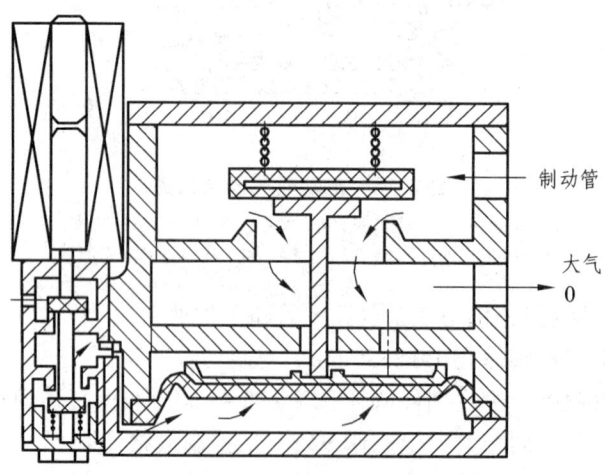

图 2-20　电动放风阀非紧急制动状态

根据当前行车运用情况，电动放风阀的橡胶膜板容易破损而使制动系统失去紧急制动作用，这一点有待改进。但在没有改进前，运用中应注意其放风性能的检查和维修。

另外，为防止紧急制动初期，由于紧急电空阀 94YV 突然失电而造成断钩事故，一部分 SS 机车在电动放风阀上增设有延时风缸。延时风缸与电动放风阀铜碗及膜板下侧空间相通，其容积为：a. 组合式为 1.0 L，且缸体上设有 ϕ0.6 mm 的排风缩堵；b. 分散式为 1.5 L，且缸体上设有 ϕ0.8 mm 的排风缩堵。这样，当紧急制动时，即使紧急电空阀 94YV 突然失电，也不会立即将电动放风阀铜碗及膜板下侧空间及延时风缸内的压缩空气全部排出。即放风阀口不会立即关闭而停止制动管的放风，从而在一定程度上避免了断钩事故的发生。

2. 紧急阀

紧急阀用来接受制动管压力迅速下降的控制，经其动作后，连通制动管的另一条放风气路，从而加速制动管的放风，提高制动波速，并且实现 DK-1 型电空制动机与自动停车、列车分离、车长阀制动、121（122）塞门制动的配合。同时，它与电力机车电气线路联锁，用来切除牵引工况机车的动力源，使紧急制动作用更为可靠。紧急阀在 SS_4 改进型、SS_8 型机车上装设在制动屏柜内。

（1）构造。

紧急阀由紧急阀阀体与阀座两部分组成，如图 2-21 所示。阀座又称管座，其内部设有一个空腔——紧急室（1.5 L）。

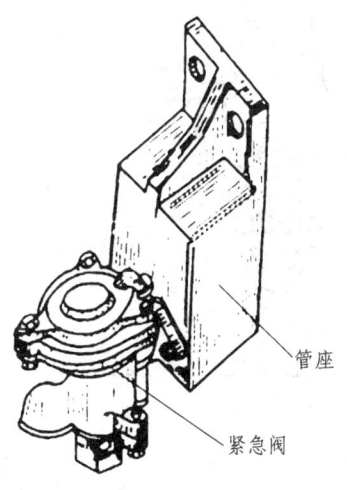

图 2-21 紧急阀

紧急阀属于阀口式空气阀，如图 2-22 所示，主要由以下零部件组成：

① 活塞膜板：传感部件，主要由上活塞、下活塞、橡胶膜板等组成，用于感应作用在活塞膜板上、下两侧的作用力之差，从而带动活塞杆上下移动，以关闭或开启放风阀口，切断或连通制动管的放风气路；同时，联动微动开关 95SA 断开或闭合电路 838-839。

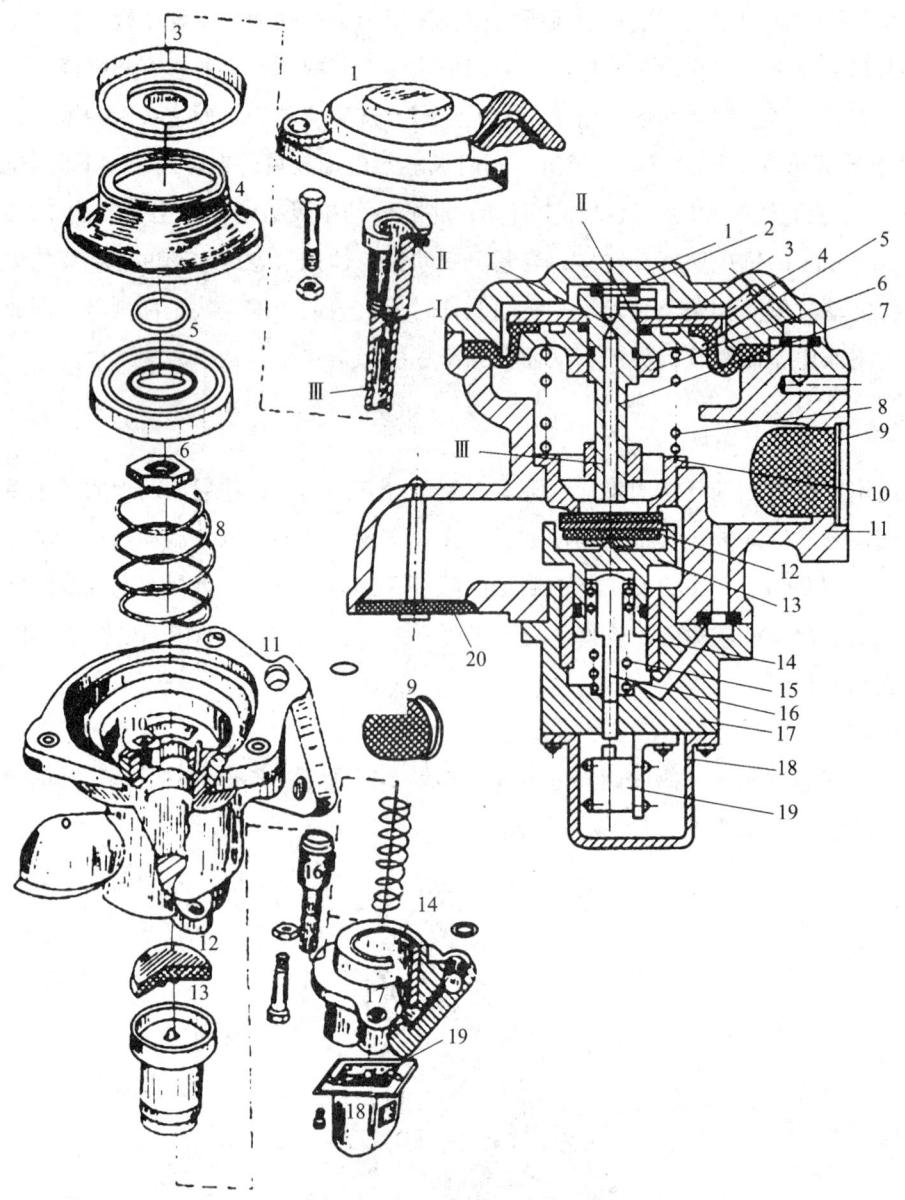

图 2-22 紧急阀结构图

Ⅰ—缩孔（$\phi1.8$ mm）；Ⅱ—缩孔（$\phi0.5$ mm）；Ⅲ—缩孔（$\phi1.0$ mm）；1—阀盖；2—密封圈；3—上活塞；4—膜板；5—下活塞；6—螺母；7—活塞杆；8—安定弹簧；9—滤尘罩；10—放风阀座；11—阀上体；12—放风阀；13—放风阀导向杆；14—放风阀套；15—放风阀弹簧；16—顶杆；17—阀下体；18—罩；19—双断点微动开关；20—排风口罩

② 活塞杆：随活塞膜板上下移动，关闭或顶开放风阀口。值得注意的是，活塞杆轴向中心开一通孔，并设 3 个缩孔：缩孔Ⅰ（$\phi1.8$ mm）、缩孔Ⅱ（$\phi1.0$ mm），缩孔Ⅲ（$\phi0.5$ mm），用来限制紧急室的充、排风速度。缩孔Ⅰ是在常用制动时，控制紧急室向制动管逆流速度的；缩孔Ⅱ是在充气缓解时，控制制动管向紧急室的充风速度的；缩孔Ⅲ是在紧急制动时，控制紧急室向大气排风速度的。

③ 放风阀机构：是连通或切断制动管放风气路并联动微动开关 95SA 的执行部件。主要由放风阀、放风阀座、放风阀导向杆、放风阀套、放风阀弹簧、顶杆等组成。

④ 微动开关：为双断点微动开关，代号为 95SA，用来控制电路 838-839 的闭合与断开。

⑤ 其他零部件：包括安定弹簧、滤尘罩、排风口罩、密封圈等。

紧急阀各内部空间分别与 3 条气路连通：

① 活塞膜板上侧空间与紧急室连通；

② 活塞膜板下侧及放风阀弹簧侧的空间与制动管连通；

③ 放风阀下侧空间经排气口与大气连通。

（2）作用原理。

紧急阀的基本作用原理是：根据制动管的压力变化，使作用在活塞膜板上、下两侧的作用力之差产生变化，从而使活塞膜板带动活塞杆上下移动，关闭或顶开放风阀口，以切断或连通制动管的放风气路；同时，联动微动开关 95SA 断开或闭合电路 838-839。由于紧急室经活塞杆上的 3 个缩孔与制动管相通，使紧急室压力随制动管压力变化而变化，那么，活塞膜板是如何形成向下的作用力之差，从而带动活塞杆下移，顶开放风阀口的呢？

如前所述，3 个缩孔的作用是限制紧急室的充、排风速度，所以，尽管紧急室压力随制动管压力变化而变化，但其变化速度小于制动管压力变化的速度，故必然在活塞膜板上产生作用力之差，且该作用力之差正比于制动管压力变化的速度。因此，当制动管压力迅速下降时，在活塞膜板上产生足够的向下的作用力之差，并带动活塞杆下移，顶开放风阀口。紧急阀的工作包括以下 3 个动作状态：

① 缓解状态，如图 2-23 所示。

当制动管压力升高时，活塞膜板下侧压力上升的速度大于上侧的，即活塞膜板产生向上的作用力之差，并带动活塞杆上移至上端，关闭放风阀口，从而切断制动管的放风气路；同时，顶杆不压缩微动开关 95SA，使其断开电路 838-839。与此同时，制动管经缩孔Ⅰ、Ⅱ向紧急室缓慢充风，直至两者压力相等为止。

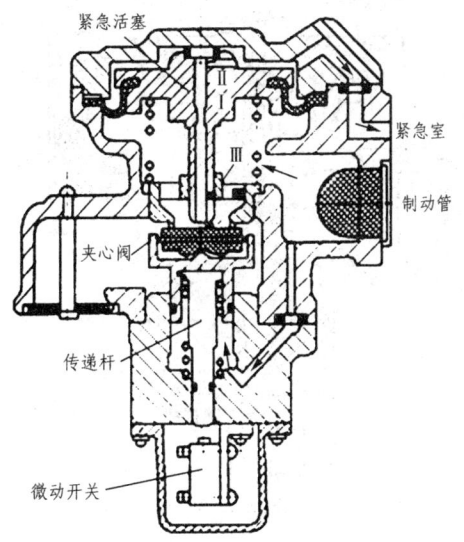

图 2-23　紧急阀缓解状态

② 常用制动状态，如图 2-24 所示。

当制动管正常减压时，活塞膜板下侧压力下降的速度大于上侧的，即活塞膜板产生向下的作用力之差，并带动活塞杆下移，但不足以压缩放风阀弹簧而保持放风阀口关闭，且微动开关 95SA 断开电路 838-839。同时，紧急室经缩孔 I 向制动管逆流，直至两者压力相等，并且在安定弹簧作用下，使活塞膜板带动活塞杆重新上移至上端。

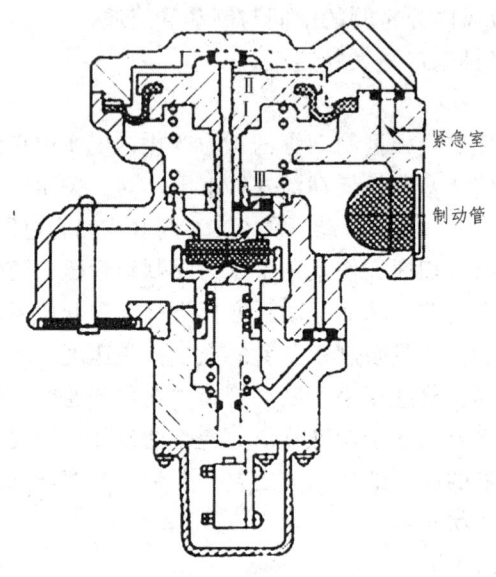

图 2-24 紧急阀常用制动状态

③ 紧急制动状态，如图 2-25 所示。

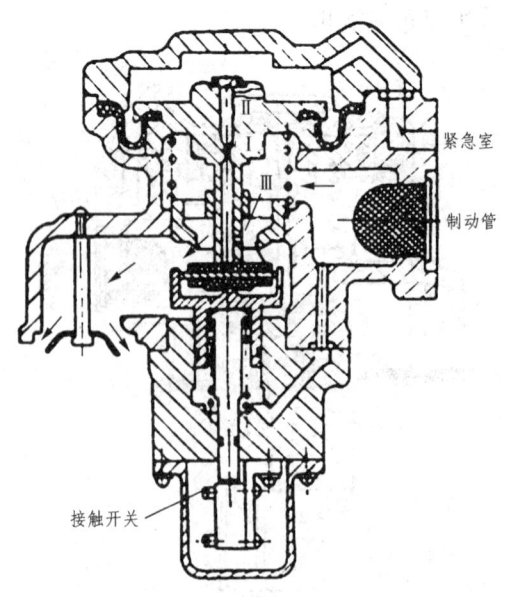

图 2-25 紧急阀紧急制动状态

当制动管急剧减压时，活塞膜板下侧压力下降的速度远远大于上侧的，即活塞膜板产生较大的向下的作用力之差，并带动活塞杆下移，压缩放风阀弹簧而顶开放风阀口，从而连通制动管的放风气路；同时，推动顶杆下移并压缩微动开关95SA，使其闭合电路838-839。与此同时，紧急室经缩孔Ⅰ、Ⅲ向大气排风，当紧急室压力降到某一压力值时，在安定弹簧、放风阀弹簧作用下，使活塞膜板、活塞杆重新上移至上端，并且放风阀、顶杆也一起上移，关闭放风阀口，切断制动管的放风气路，使微动开关95SA重新断开电路838-839。

可见，紧急阀是根据制动管和紧急室的充、排风速度不同而进行工作的，并且由制动管的压力变化来控制。其放风阀口的开启和微动开关95SA闭合电路838-839仅保持一定时间。该时间参数主要取决于缩孔Ⅲ孔径的大小，正常工作时调整为15 s。

通过前面的分析可知，紧急阀放风阀口开启和微动开关95SA闭合电路838-839的保持时间取决于紧急室压力的排风速度。而紧急室是通过缩孔Ⅰ、Ⅲ进行排风的，并且缩孔Ⅲ的孔径小于缩孔Ⅰ，因此，改变缩孔Ⅲ孔径的大小，即可达到调整放风阀口开启及微动开关95SA闭合电路838-839时间的目的。

此外，紧急制动后15 s内，若司机进行缓解操纵，则DK-1型电空制动机不能可靠实现缓解。这是因为，缓解时制动管是由总风经双阀口式中继阀的供气阀口得到充风的，而紧急制动后15 s内，紧急阀放风阀口开启所连通的制动管放风气路大于双阀口式中继阀供气阀口开启所连通的制动管充风气路，所以，若此时进行缓解操纵，则制动管不能得到可靠充风，即制动系统不能实现可靠缓解。

任务三　均衡风缸压力变化的控制

由本项目任务二可知，双阀口式中继阀是操纵电空制动控制器（或"空气位"下操纵空气制动阀）时的中间控制部件，以均衡风缸压力变化为控制信号来控制双阀口式中继阀的动作，从而控制制动管充、排风。那么均衡风缸的压力变化是怎么控制的呢？

一、电空制动控制器

电空制动控制器俗称"大闸"，是DK-1型电空制动机的操纵部件。当司机操纵电空制动控制器时，通过控制相关电路的闭合与断开，即产生电信号来控制全列车制动系统进行制动、缓解与保压。其基本结构、作用原理与司机控制器相似。

1. 构　造

电空制动控制器主要由操纵手柄、凸轮轴组装、静触头组及定位机构等组成，如图2-26所示。

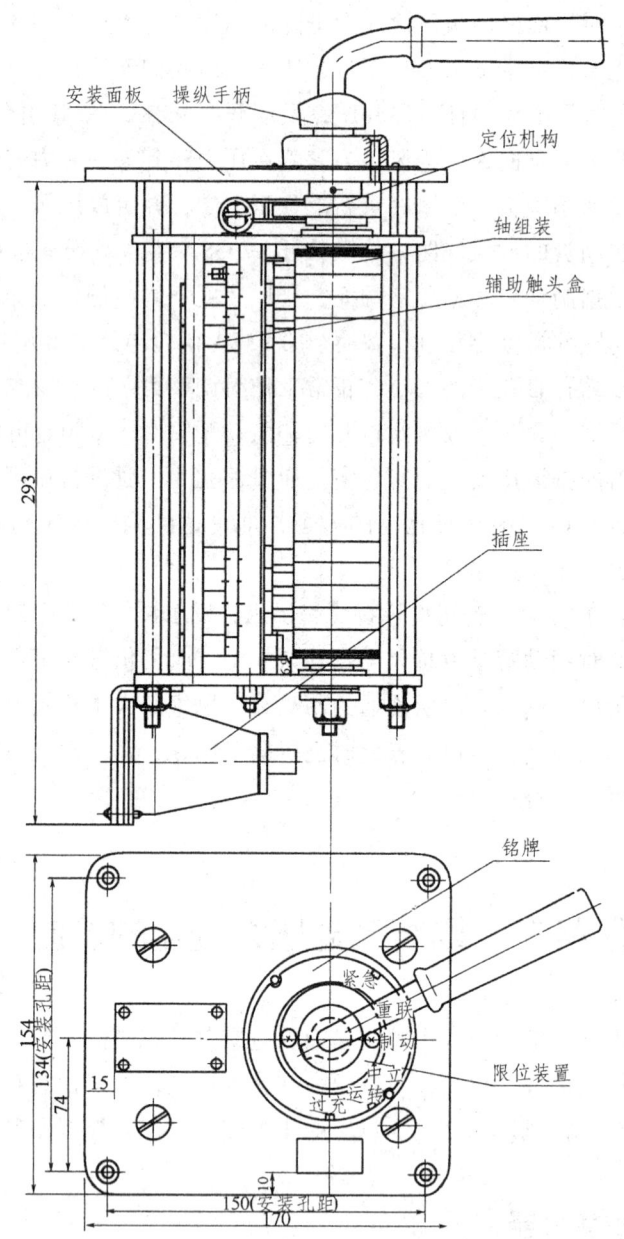

图 2-26 电空制动控制器结构

（1）操纵手柄。

电空制动控制器操纵手柄共设 6 个工作位置，按逆时针排列顺序为："过充位"、"运转位"、"中立位"、"制动位"、"重联位" 及 "紧急位"，并且唯 "重联位" 方可取出或装入手柄。对于双端操纵的机车，两个电空制动控制器只配备一个操纵手柄，以确保行车安全。

（2）凸轮轴组装。

用于随操纵手柄进行同步转动，以控制和实现相应电路的闭合与断开，主要由转轴、轴承、调速垫圈、隔板、动触头等组成。由于该控制器的工作范围小于 180°，因此一个凸轮动触头可以与两个对应的静触头构成两对独立的触头组,既减少了凸轮动触头个数,又使其结构紧凑。电空制动控制器共设 9 个动触头——2 个圆形动触头和 7 个凸轮状动触头,并且这些动触头表面镀银 7 μm,以提高其导电性能,如图 2-27 所示。

图 2-27 电空制动控制器凸轮轴组装

(3)静触头组。

静触头组包括 18 个静触头,每个静触头均由触头座、触指、出线座及辅助连接片等组成。18 个静触头分两列安装在一个触头座上,一个凸轮动触头分别与一个或两个静触头构成一对或两对触头组。该电空制动控制器还预留几对触头没有接线,以供今后发展旅客列车电空制动使用。当操纵电空制动控制器手柄在不同工作位置时,凸轮动触头分别与相关静触头接触或分离,从而使相应的电路闭合或开断,如图 2-28 所示。

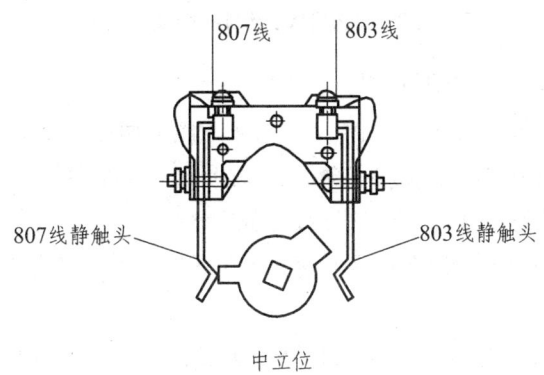

图 2-28 动接触头接触与分离

通常情况下,用触头闭合表来表示不同手柄位置下相应电路的闭合与断开情况,如图2-29所示。

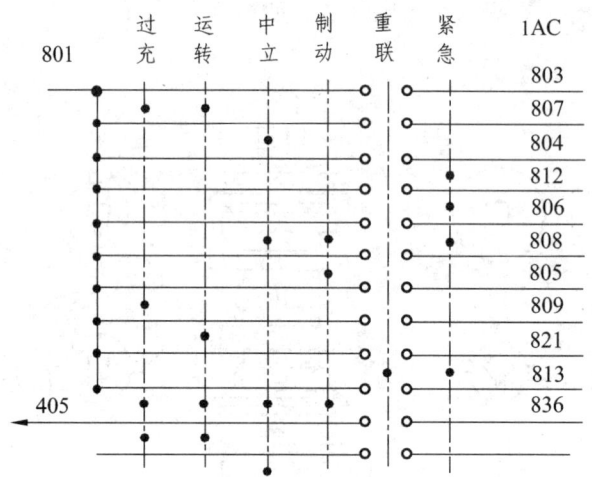

(a) SS$_4$改进型机车触头闭合表

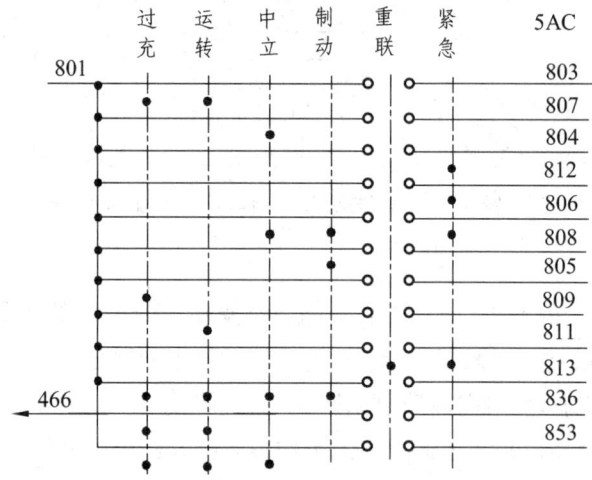

(b) SS$_8$型机车触头闭合表（Ⅰ端）

图2-29 电空制动控制器触头闭合表

识读触头闭合表的要领有以下几点：

① 某一手柄位置下某一对触头组闭合时,则在该手柄位置下方及相应触头组下侧加注"●"表示；不闭合的触头组,不加注"●"。

② 静触头连接导线的线号标注在该导线上侧。

由图2-29可知,当电空制动控制器手柄在各位置时,其工作结果见表2-4。

(4) 定位机构。

定位机构主要由棘轮、杠杆、滚轮及弹簧等组成,用来固定电空制动控制器手柄在某一手柄位置上,使其不能轻易滑动而改变手柄的工作位置,避免造成误动作。

2. 作 用

电空制动控制器 6 个手柄位置的作用见表 2-4。

表 2-4　电空制动控制器各位置手柄下电路工作情况及作用

手柄位置	得 电 导 线		作 用
	SS₄ 改进型机车	SS₈ 型机车	
过充位	803、805、813、836（经 405）	803、805、813、836（经 466）、853	车辆快速缓解，机车保压
运转位	803、809、813、836（经 405）	803、809（Ⅱ端：819）、813、836（经 466）、853	正常运行位，全列车缓解
中立位	807、806、813	807、806、813、853	全列车保压
制动位	806、808、813	806、808、813	常用制动位，全列车制动
重联位	821	811（Ⅱ端：811 与 821 连接）	换端操纵、重联（加补）机车位，不控制列车制动系统
紧急位	804、812、806、821	804、812、806、811（Ⅱ端：811 与 821 连接）	紧急制动位，全列车紧急制动

二、空气制动阀

空气制动阀俗称"小闸"，是 DK-1 型电空制动机的操纵部件。在"电空位"下时，单独控制机车的制动、缓解与保压；在"空气位"下时，控制全列车的制动、缓解与保压。

1. 构 造

空气制动阀由阀体部分、凸轮盒部分及阀座等组成，如图 2-30 所示。

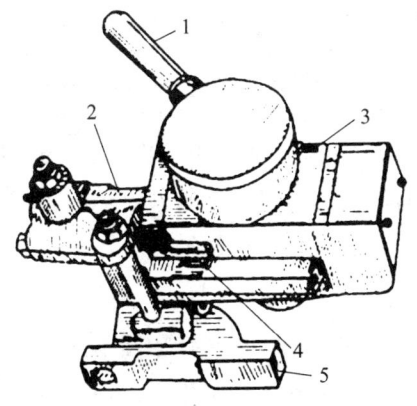

图 2-30　空气制动阀

1—操纵手柄；2—阀体；3—凸轮盒；4—电空转换扳钮；5—阀座（管座）

（1）阀座及凸轮盒部分。

① 阀座。

阀座既是空气制动阀的安装基座，又是空气制动阀与制动系统中经调压阀 53（或 54）通过来的总风管（简称调压阀管）、作用管、均衡风缸管3条管路的连接基座。

② 凸轮盒部分。

凸轮盒部分主要由操纵手柄、凸轮机构、单独 缓解阀及微动开关、接线座等部分组成，如图2-31所示。

a. 操纵手柄与凸轮机构。操纵部件，司机通过操纵其手柄在不同的工作位置，实现对机车（或全列车）制动、缓解与保压的控制。

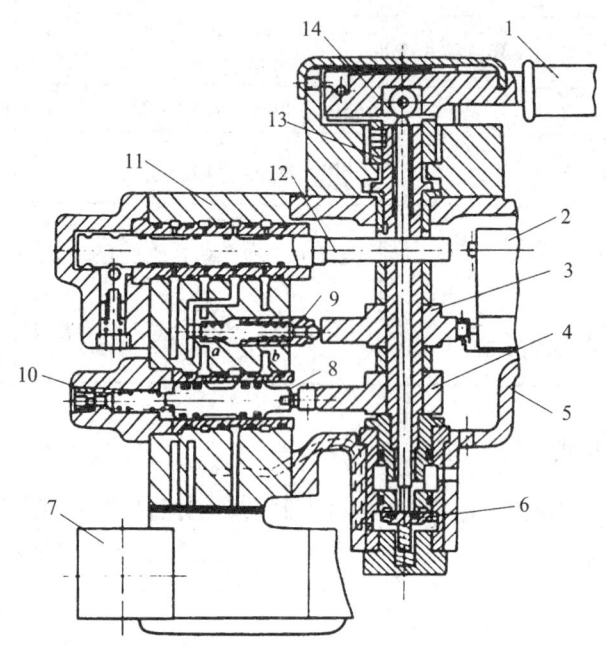

图2-31　空气制动阀剖面图

1—操纵手柄；2—联锁微动开关组；3—定位凸轮；4—作用凸轮；5—凸轮盒；6—单缓阀；
7—管座；8—作用柱塞；9—定位柱塞；10—排风堵；11—阀体；
12—电空转换柱塞；13—转轴；14—顶杆

操纵手柄简称手柄或小闸手柄。手柄设有4个工作位置，按逆时针排列顺序为："缓解位"、"运转位"、"中立位"和"制动位"，并且唯"运转位"可取出或装入手柄。工作中，手柄需插入手柄座内，并通过手柄座与凸轮机构的转轴连接，以便在转动手柄时通过转轴带动凸轮一起转动。

凸轮机构用于随手柄转动而转动，以实现对作用柱塞阀和单断点微动开关的控制，并完成定位作用；此外，当下压手柄时，推动顶杆下移，以顶开单独缓解阀阀口。凸轮机构主要由转轴、顶杆、定位凸轮和作用凸轮等组成，如图2-32所示。其中，转轴为空心轴，使顶杆贯穿其中。定位凸轮一方面利用定位工作曲面与定位柱塞配合，实现手柄定位；另一方面，根据定位凸轮与单断点微动开关配合的工作曲面，联动该单断点微动开关，以闭合或断开相应电路。作用凸轮用于根据其工作曲面的变化来控制作用柱塞阀的工作。

项目二 DK-1 型机车制动机的控制及阀类部件的维护与调试 69

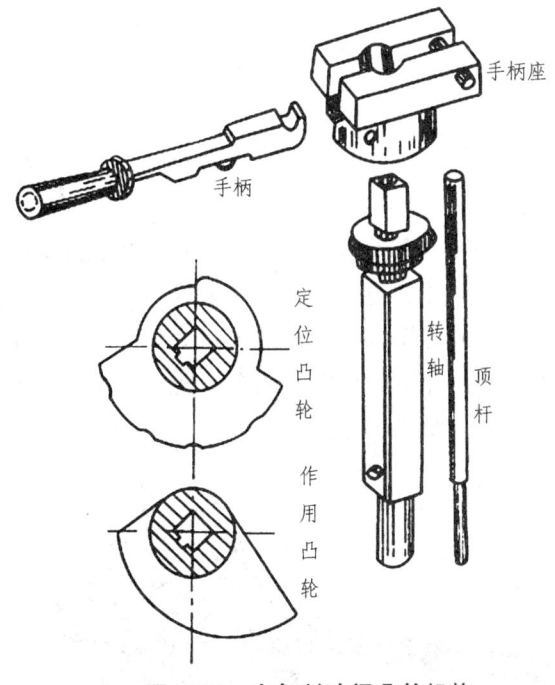

图 2-32 空气制动阀凸轮机构

b. 单独缓解阀：简称单缓阀，主要由单独缓解阀、单独缓解阀座套及单独缓解阀弹簧等组成，其中，单独缓解阀与其座套构成该阀的阀口。当下压手柄时，推动顶杆下移并顶开单缓阀阀口，从而连通作用管向大气排风的气路，以实现机车的单独缓解；当不下压手柄时，在单缓阀弹簧作用下，关闭单缓阀阀口，从而切断作用管向大气排风的气路。

c. 接线座与微动开关：空气制动阀与 DK-1 型电空制动机电气线路的联锁部件。司机操纵空气制动阀时，联动微动开关并改变 DK-1 型电空制动机的工作电路，使其满足不同工况的需要。

接线座主要由接线底板和接线端子等组成，其中接线端子分别与导线 818、899、801、800（SS_8 机车 II 端：819、899、802、800）连接。

微动开关包括双断点微动开关和单断点微动开关。其中，双断点微动开关用来控制电空制动控制器电源电路 899-801（SS_8 机车 II 端：899-802。下同）与制动电空阀 257YV 单独得电电路 899-800 的转换，其电器代号为 3SA1（SS_8 机车 II 端：4SA1。下同）。双断点微动开关的工作由电空转换阀转换柱塞联动，当电空转换阀处于"电空位"时，转换柱塞脱离与微动开关 3SA1 的接触，使其闭合电路 899-801，并断开 899-800；当电空转换阀处于"空气位"时，转换柱塞压缩微动开关 3SA1，使其闭合电路 899-800，并断开电路 899-801。单断点微动开关作为串联联锁用来控制排风 1 电空阀 254YV 得电电路 809-818（SS_8 机车 II 端：819-818。下同）的闭合与断开，其电器代号为 3SA2（SS_8 机车 II 端：4SA2。下同）。单断点微动开关由定位凸轮的相应工作曲面联动，当空气制动阀手柄处于"缓解位"或"运转位"时，定位凸轮相应工作曲面较低且不压缩微动开关 3SA2，使其闭合电路 809-818；当空气制动阀手柄处于"中立位"或"制动位"时，定位凸轮相应工作曲面较高且压缩微动开关 3SA2，使其断开电路 809-818。

（2）阀体部分。

阀体部分主要包括电空转换阀、作用柱塞阀及定位柱塞等，如图 2-33 所示。

① 电空转换阀。

电空转换阀用于控制"电空位"与"空气位"之间的转换，以实现 DK-1 型电空制动机"正常运行-故障运行"的转换。

电空转换阀属于柱塞式空气阀，主要由电空转换柱塞、电空转换柱塞阀套、定位机构及 O 形圈等组成，如图 2-33 所示。其中，电空转换柱塞上设有电空转换扳钮，由司机单独操纵以实现"电空位"与"空气位"的转换；定位机构主要由定位柱塞、弹簧等组成，用于电空转换阀转换柱塞的定位；电空转换柱塞阀套简称阀套，其轴向 4 个位置上设有径向通孔，从左向右依次与均衡风缸管、a 管、作用管和 b 管等 4 条气路连通。

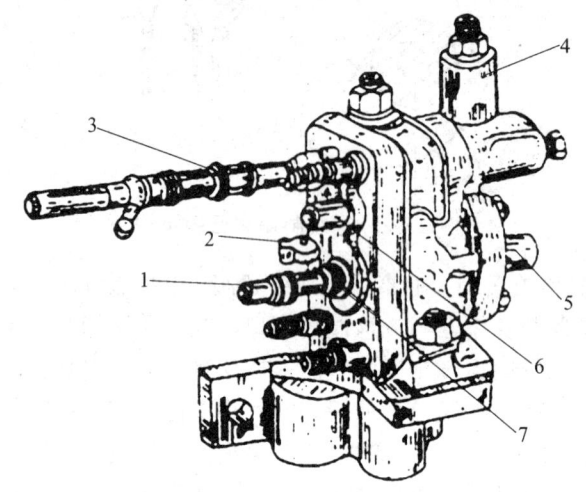

图 2-33　空气制动阀阀体部分
1—作用柱塞；2—支承；3—转换柱塞；4—转换柱塞定位机构；
5—作用柱塞端盖；6—定位柱塞；7—作用柱塞套

电空转换阀由司机扳动电空转换扳钮而使转换柱塞左右移动，并通过柱塞凹槽连通或切断相应气路，同时联动微动开关 3SA1 切换电路。其工作位置包括：

a. 电空位：当司机将电空转换扳钮置于"电空位"时，转换柱塞左移到左端，由柱塞凹槽连通作用管与 b 管之间的气路；同时，转换柱塞右端不压缩微动开关 3SA1，使其闭合电路 899-801，并断开电路 899-800。

b. 空气位：当司机将电空转换扳钮置于"空气位"时，转换柱塞右移至右端，由柱塞凹槽连通均衡风缸与 a 管之间的气路；同时，转换柱塞右端压缩微动开关 3SA1，使其闭合电路 899-800，并断开电路 899-801。

② 作用柱塞阀。

作用柱塞阀用于通过控制 a 管或 b 管的充、排风，来间接控制均衡风缸或作用管的充、排风，以实现空气制动阀在"空气位"下控制全列车（或在"电空位"下单独控制机车）的缓解、制动与保压。

项目二 DK-1型机车制动机的控制及阀类部件的维护与调试

作用柱塞阀属于柱塞式空气阀,主要由作用柱塞、作用柱塞阀套、作用柱塞弹簧及O形圈等组成。其中,作用柱塞阀套简称阀套,其轴向3个位置上设有径向通孔,从左向右依次与a管、调压阀管、b管3条气路连通,并且作用柱塞两端与大气连通。

作用柱塞阀是通过司机操纵空气制动阀手柄,由作用凸轮工作曲面的变化使作用柱塞左右移动,经柱塞凹槽来连通或切断相应气路的。由于作用凸轮和定位凸轮的转动是同步的,并且微动开关3SA2由定位凸轮联动,所以,通常在分析作用柱塞阀工作时,应同时分析微动开关3SA2的动作,以免遗漏。作用柱塞阀的工作取决于空气制动阀手柄位置。

a. 缓解位:如图2-34(a)所示,当空气制动阀手柄置于"缓解位"时,作用凸轮工作曲面半径最大,所以推动作用柱塞弹簧左移至左端,由柱塞凹槽连通调压阀管与a管、b管与大气的气路;同时,定位凸轮相应工作曲面不压缩微动开关3SA2,使其闭合电路809-818。

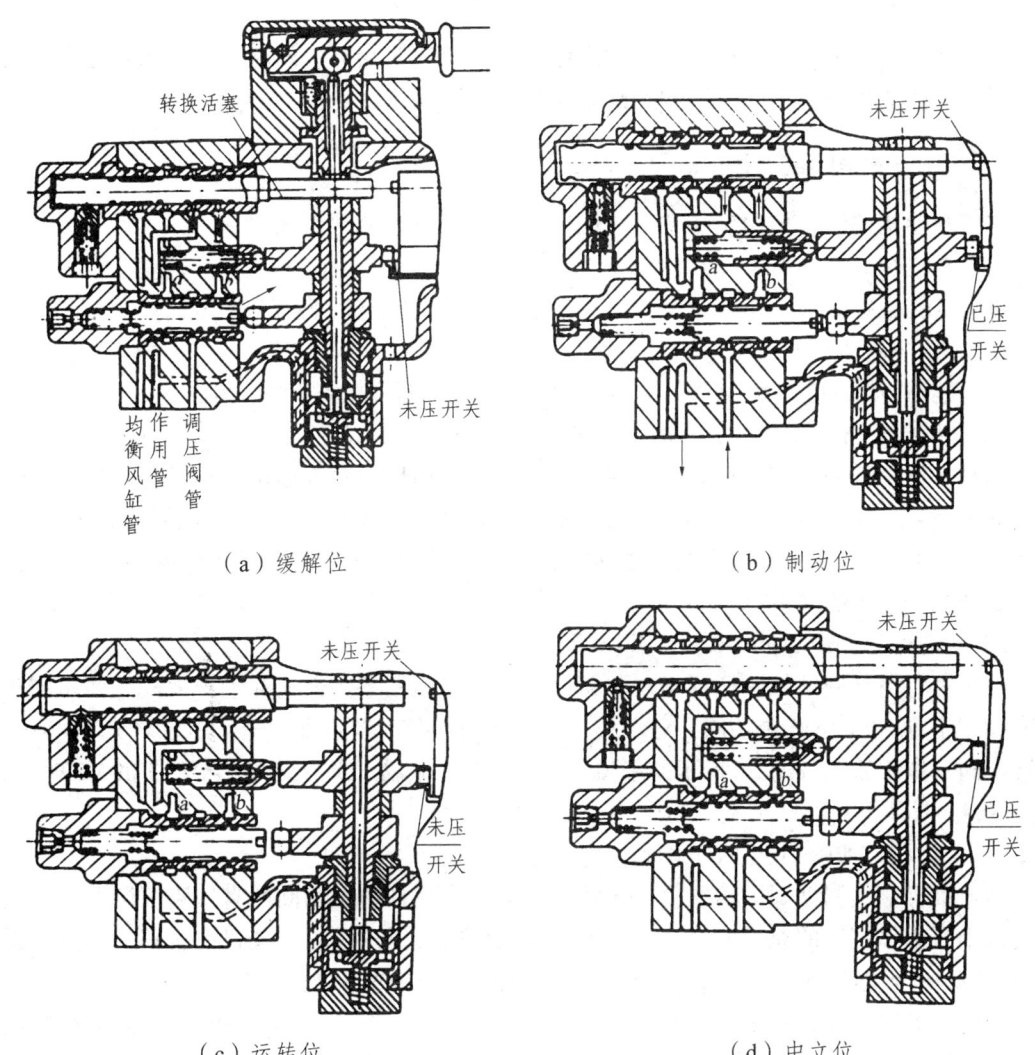

(a)缓解位　　　　　　　　　　(b)制动位

(c)运转位　　　　　　　　　　(d)中立位

图2-34　空气制动阀作用原理图——电空位

b. 制动位：如图 2-34（b）所示，当空气制动阀手柄置于"制动位"时，作用凸轮工作曲面半径最小，在作用柱塞弹簧作用下，作用柱塞移至右端，由柱塞凹槽连通调压阀管与 b 管、a 管与大气的气路；同时，定位凸轮相应工作曲面压缩微动开关 3SA2，使其断开电路 809-818。

c. 运转位：如图 2-34（c）所示，当空气制动阀手柄置于"运转位"时，作用凸轮工作曲面居中，在作用柱塞弹簧作用下，作用柱塞处于中间位置，由柱塞凹槽切断所有气路；同时，定位凸轮相应工作曲面不压缩微动开关 3SA2，使其闭合电路 809-818。

d. 中立位：如图 2-34（d）所示，当空气制动阀手柄置于"中立位"时，作用凸轮工作曲面半径与"运转位"时相同，在作用柱塞弹簧作用下，作用柱塞处于中间位置，由柱塞凹槽切断所有气路；同时，定位凸轮相应工作曲面压缩微动开关 3SA2，使其断开电路 809-818。

③ 定位柱塞。

定位柱塞工作端设有钢珠，并嵌在阀体内的定位柱塞端部；同时定位柱塞与定位凸轮的定位工作曲面相配合，实现空气制动阀手柄的定位作用。

2. 空气制动阀综合作用

空气制动阀的综合作用包括"电空位"和"空气位"两种工况。

（1）电空位。

将电空转换扳钮扳于"电空位"时，由电空转换阀实现以下两个作用：
- 转换柱塞凹槽连通作用管与 6 管的气路；
- 联动微动开关 3SA1 动作，闭合电路 899-801，断开电路 899-800。

① 缓解位，如图 2-34（a）所示。

当司机将空气制动阀手柄置于"缓解位"时，作用柱塞阀连通调压阀管与 a 管、b 管与大气的气路。所以，空气制动阀开通了作用管的排风气路（作用管→电空转换阀→b 管→作用柱塞阀→大气），实现了机车的单独缓解；同时，微动开关 3SA1 闭合电路 899-801，微动开关 3SA2 闭合电路 809-818。

② 制动位，如图 2-34（b）所示。

当司机将空气制动阀手柄置于"制动位"时，作用柱塞阀连通 a 管与大气、调压阀管与 b 管的气路。所以，空气制动阀开通了作用管的充风气路（调压阀管→作用柱塞阀→b 管→电空转换阀→作用管），实现了机车的单独制动；同时，微动开关 3SA1 闭合电路 899-801，微动开关 3SA2 断开电路 809-818。

③ 运转位，如图 2-34（c）所示。

当司机将空气制动阀手柄置于"运转位"时，作用柱塞阀切断所有气路。所以，空气制动阀既不开通作用管的充风气路，也不开通作用管的排风气路，实现机车缓解；同时，微动开关 3SA1 闭合电路 899-801，微动开关 3SA2 闭合电路 809-818。

此时，若电空制动控制器手柄在"运转位"，则经"899→3SA1→801→电空制动控制器触头→809→3SA2→818→排风 1 电空阀 254YV 得电"，而开通另一条作用管排风气路，亦可实现机车缓解。

④ 中立位，如图 2-34（d）所示。

当司机将空气制动阀手柄置于"中立位"时，作用柱塞阀切断所有气路。所以，空气制动阀不开通作用管的充、排风气路，实现机车的保压；同时，微动开关 3SA1 闭合电路 899-801，微动开关 3SA2 切断电路 809-818。

⑤ 下压手柄，如图 2-34（d）所示。

当司机下压空气制动阀手柄（通常是在"中立位"下）时，推动顶杆压缩单缓阀弹簧下移，并顶开单缓阀口，从而连通作用管向大气排风的气路（作用管→单缓阀口→大气），实现机车的单独缓解。

综上所述，当司机在"电空位"下操纵空气制动阀时，通过控制作用管或分配阀容积室的压力变化来控制 109 型分配阀均衡部的动作，最终实现机车的单独制动、缓解与保压。

（2）空气位。

将电空转换扳钮置于"空气位"时，由电空转换阀实现以下两个作用：

- 转换柱塞凹槽连通均衡风缸管与 a 管的气路；
- 联动微动开关 3SA1 动作，闭合电路 899-800，单独使制动电空阀 257YV 得电；同时，断开电路 899-801，从而切断电空制动控制器电源电路。此时，经电空制动控制器控制的所有电路处于无电状态，而微动开关 3SA2 闭合与否都将使排风 1 电空阀失电。因此，在"空气位"下分析空气制动阀工作时，不必考虑微动开关 3SA2 的闭合与断开。

① 缓解位，如图 2-35（a）所示。

当司机将空气制动阀手柄置于"缓解位"时，作用柱塞阀连通调压阀管与 a 管、b 管与大气的气路。所以，空气制动阀开通了均衡风缸的充风气路（调压阀管→作用柱塞阀→a 管→电空转换阀→均衡风缸管），经中继阀动作使制动管充风，最终实现车辆缓解而机车保压。

② 制动位，如图 2-35（b）所示。

当司机操纵空气制动阀手柄置于"制动位"时，作用柱塞阀连通 a 管与大气、调压阀管与 b 管的气路。所以，空气制动阀开通了均衡风缸的排风气路（均衡风缸管→电空转换阀→a 管→作用柱塞阀→大气），经中继阀动作使制动管排风，最终实现全列车的制动。

③ 中立位、运转位，如图 2-35（c）所示。

根据"电空位"的分析可知，空气制动阀"中立位"与"运转位"的区别在于微动开关 3SA2 的工作不同。由于此时这一区别已失去意义，因此，"空气位"下空气制动阀"中立位"与"运转位"的作用相同。当司机操纵空气制动阀手柄置于"中立位"或"运转位"时，作用柱塞阀切断所有气路。所以，空气制动阀不开通均衡风缸的充、排风气路，使全列车保压。

④ 下压手柄，如图 2-35（d）所示。

其过程同"电空位"下压手柄。

综上所述，当司机在"空气位"下操纵空气制动阀时，通过控制均衡风缸的压力变化来控制中继阀的动作，最终实现全列车的制动、缓解与保压；并且下压空气制动阀手柄时，通过控制作用管的排风来控制 109 型分配阀均衡部的动作，以实现机车的单独缓解。

无论是在"电空位"下操纵，还是在"空气位"下操纵，作用管或均衡风缸都是由调压阀管充风的，但两者的充风压力不同。"电空位"时，调压阀的调整值为 300 kPa；"空气位"时，调压阀的调整值为 500 kPa 或 600 kPa。这一问题将在后面作进一步介绍。

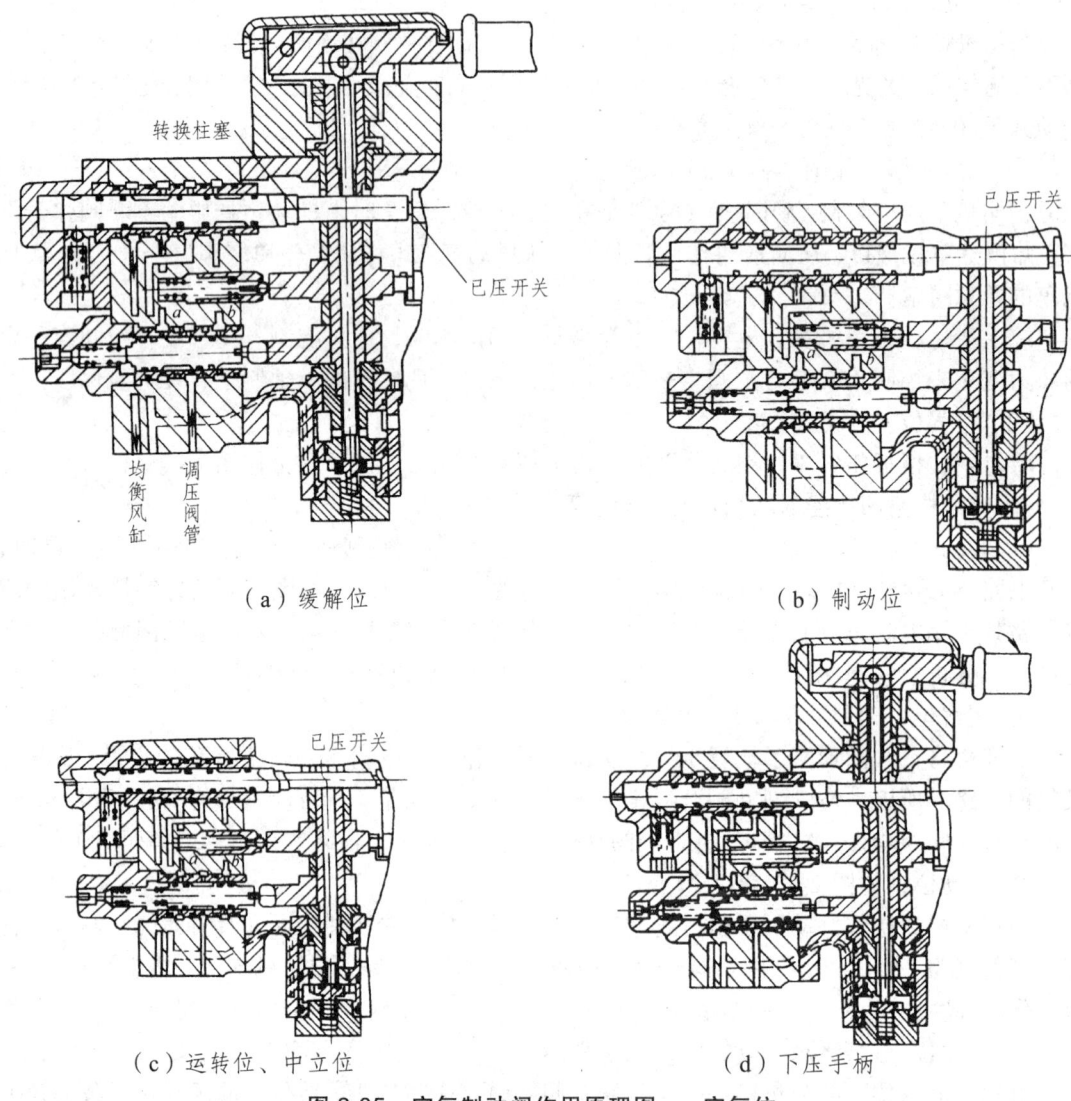

图 2-35 空气制动阀作用原理图——空气位

三、电空阀

电空阀是通过电磁力来控制空气管路的连通或切断，从而实现远距离控制气动装置的电器。应用于电力机车上的电空阀种类较多：按电磁铁的形式不同可分为拍合式和螺管式；按组装方式不同可分为立式和卧式；按作用原理不同可分为开式和闭式。目前，国产 SS 系列电力机车上统一装用螺管式电磁铁、立式安装的闭式电空阀。

1. 构造及作用原理

DK-1 型电空制动机除采用传统的 TFK_{1B} 型电空阀外，为满足系统的性能还装用 TFK 型电空阀（习惯称三通电空阀）。无论哪个种类的电空阀，均由电磁机构和气阀两部分组成。

（1）TFK$_{1B}$型电空阀。

TFK$_{1B}$型电空阀主要由电磁机构部分的励磁线圈、动铁心、铁心座、磁轭、接线座及气阀部分的阀座、上阀门、下阀门、弹簧、阀杆等组成。其中上、下阀门与阀座分别构成上、下阀口，如图 2-36 所示。气阀部分被上、下阀口分成 3 个气室，且各气室分别与外部连通。一般地，下气室与风源连接，称为输入口；中气室通向控制对象，称为输出口；上气室与大气连通，称为排气口。

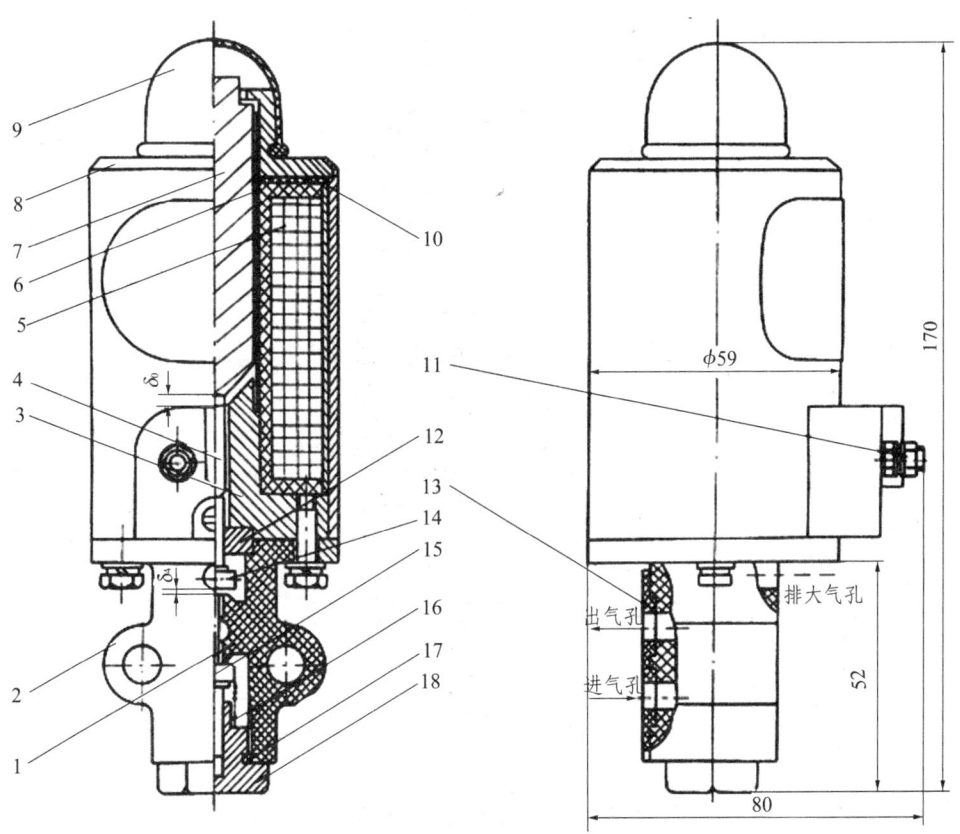

图 2-36　TFK$_{1B}$电空阀结构原理图

1—阀杆；2—阀座；3—静铁心；4—心杆；5—线圈；6—铜套；7—动铁心；8—磁轭；9—橡皮防尘帽；10—橡胶垫；11—接线柱；12—滑块；13—密封垫；14—上阀门；15—下阀门；16—复原弹簧；17—O 形圈；18—下盖；δ_A—阀门行程；δ_B—铁心气隙

TFK$_{1B}$型电空阀的工作过程包括以下两个状态：

① 失电状态。

当励磁线圈失电时，励磁线圈内不产生电磁力，在弹簧作用下，推动下阀门、阀杆、上阀门、心杆、动铁心上移，从而关闭下阀口，并开启上阀口，连通输出口与排气口间的气路。

② 得电状态。

当励磁线圈得电时，励磁线圈所产生的电磁力推动动铁心、心杆、上阀门、阀杆、下阀门压缩弹簧下移，从而关闭上阀口，并开启下阀口，连通输入口与输出口间的气路。

可见，所谓闭式电空阀是指作用原理为得电时上阀口关闭而下阀口开启，失电时上阀口开启而下阀口关闭的电空阀；而开式电空阀的作用原理正好与此相反。

（2）TFK 型电空阀。

TFK 型电空阀是 TFK$_{1B}$ 型电空阀的派生产品，其结构和作用原理与 TFK$_{1B}$ 型电空阀相似，只是对阀体、上阀杆等零件作了少量改动，如图 2-37 所示。

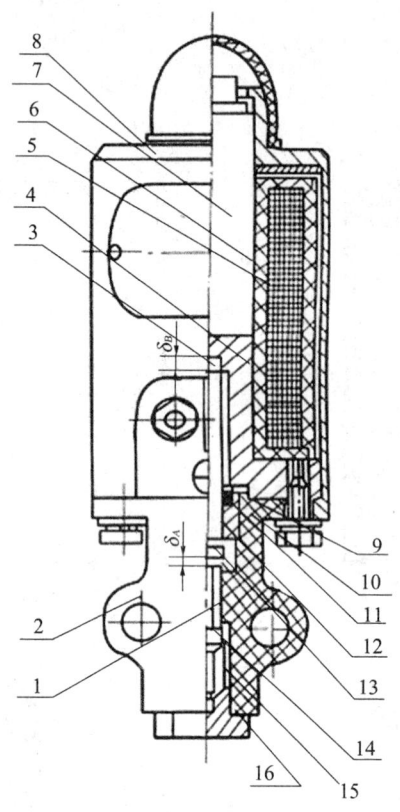

图 2-37 TFK 型电空阀结构图

1—阀杆；2—阀座；3—心杆；4—静铁心；5—线圈；6—紫铜套；7—动铁心；8—磁轭；9—压圈；10、11—O 形圈；12—密封套；13—上阀门；14—下阀门；15—复原弹簧；16—下盖；δ_A—阀门行程；δ_B—铁心气隙

TFK 型电空阀与 TFK$_{1B}$ 型电空阀的区别在于：前者可在排气口处集中引出，并根据需要接管或加堵，以实现三通的要求；而后者则无法在排气口处集中引出，且由于上阀门与滑道间有间隙，所以无法保证上气室的气密性。

2. DK-1 型电空制动机中电空阀的功用

DK-1 型电空制动机共使用 13 个闭式电空阀，各电空阀空气管路连接情况及其功用如下：

（1）撒砂电空阀。

撒砂电空阀共 4 个，代号分别为 251YV、241YV、250YV、240YV。输入口接总风管，输出口经止回阀与撒砂器连接，排气口通大气。当电空制动控制器操纵紧急制动时，使其得电以完成自动撒砂，防止车轮在制动时滑行。

（2）过充电空阀。

过充电空阀代号为 252YV。输入口接总风管，输出口接过充风缸管，排气口被堵。当电空制动控制器置于"过充位"时，使其得电并连通总风向过充风缸充风的气路，以控制双阀口式中继阀动作，使制动管快速充风，并得到过充压力。

（3）中立电空阀。

中立电空阀代号为 253YV。输入口接总风管，输出口接总风遮断阀管，排气口通大气。当操纵电空制动控制器使其得电时，连通总风向总风遮断阀管充风的气路，以关闭总风遮断阀口，切断制动管供气风源；而其失电时，则开通制动管的供气风源。

（4）排风1电空阀。

排风1电空阀代号为 254YV。输入口接作用管，输出口和排气口通大气。当其得电时，连通作用管向大气排风的气路，以实现机车的缓解；而其失电时，则切断该排风气路。

（5）检查电空阀。

检查电空阀代号为 255YV。输入口接总风管，输出口接均衡风缸管，排气口被堵。当按下"充气按钮"使其得电时，连通总风向均衡风缸充风的气路，以完成制动管折角塞门开通状态的检查。

SS_8机车取消了检查电空阀。

（6）排风2电空阀。

排风2电空阀代号为 256YV。输入口被堵，输出口接过充风缸管，排气口通大气。当其失电时，加快过充风缸的排风。

（7）制动电空阀。

制动电空阀代号为 257YV。输入口被堵，输出口与初制风缸和缓解电空阀 258YV 的排气口连接，排气口通大气。当其失电时，连通初制风缸和缓解电空阀 258YV 排气口向大气排风的气路；而其得电时，则切断该气路。

（8）缓解电空阀。

缓解电空阀代号为 258YV。输入口经止回阀 203、调压阀 55 接总风管，输出口接均衡风缸管，排气口与初制风缸和制动电空阀 257YV 输出口连接。当其得电时，连通总风经调压阀 55 向均衡风缸充风的气路，并使其得到定压，以实现制动管的正常充风；而其失电时，则连通均衡风缸与初制风缸、制动电空阀 257YV 输出口的气路。

可见，只有当制动电空阀 257YV、缓解电空阀 258YV 同时失电时，才连通均衡风缸向大气排风的气路。

（9）重联电空阀。

重联电空阀代号为 259YV。输入口接制动管，输出口接均衡风缸管，排气口被堵。当其得电时，连通均衡风缸与制动管之间的气路，以实现中继阀自锁；而其失电时，则切断该气路。

（10）紧急电空阀。

紧急电空阀代号为 94YV。输入口接总风管，输出口与电动放风阀铜碗及膜板下侧连通，排气口通大气。当其得电时，连通总风向电动放风阀铜碗及膜板下侧充风的气路，以控制电动放风阀开放制动管的放风气路；而其失电时，则连通电动放风阀铜碗及膜板下侧向大气排风的气路，以控制电动放风阀切断制动管的放风气路。

（11）停放制动电空阀。

SS₈机车设有停车制动电空阀，代号为260YV。输入口接总风管，输出口与弹簧止轮器制动缸连通，排气口通大气。当其得电时，连通总风向弹簧止轮器制动缸充风的气路，以使弹簧止轮器不起作用；而其失电时，则连通弹簧止轮器制动缸向大气排风的气路，以使弹簧止轮器起作用，防止机车溜行。

各电空阀的管路连接及其功用见表2-5。

表2-5 各电空阀的管路连接及其功用

名称	代号	配管			功用
		输入口	输出口	排气口	
撒砂	251YV 241YV 250YV 240YV	总风管	撒砂管	大气	紧急制动时得电，自动撒砂防滑
过充	252YV	总风管	中继阀过充管	不通	"过充位"得电，使制动管得到过充压力（定压30～40 kPa）
中立	253YV	总风管	总风遮断阀管	大气	"中立位""制动位""重联位""紧急位"得电，切断中继阀的制动管供风风源
排风1	254YV	作用管	大气	大气	得电时，排放作用管的压缩空气，以实现机车制动机的缓解
检查	255YV	总风管	均衡风缸管	不通	与检查按钮配合，用于发车前检查判断制动管开通状态
排风2	256YV	不通	过充风缸管	大气	"中立位""制动位""重联位""紧急位"失电，加速排放过充风缸的压缩空气，以免影响中继阀的作用
制动	257YV	不通	初制风缸管	大气	失电时，排放初制风缸的压缩空气；得电时，关闭该气路
缓解	258YV	55调压阀管	均衡风缸管	初制风缸管	"缓解位"、"过充位"得电，使总风经调压阀55向均衡风缸充风；失电时，连通均衡风缸与初制风缸的气路
重联	259YV	制动管	均衡风缸管	不通	"重联位"、"紧急位"得电，连通制动管与均衡风缸的气路，使中继阀自锁
紧急	94YV	总风管	电动放风阀膜板下侧	大气	"紧急位"得电，以控制电动放风阀开放制动管的放风气路；失电时，关闭该气路
停放制动	260YV	总风管	弹簧止轮器制动缸	大气	按下"停车制动"按钮时，使其失电，使弹簧止轮器起作用，防止机车溜行

注：SS₈型电力机车取消了检查电空阀255YV。

项目二　DK-1型机车制动机的控制及阀类部件的维护与调试

任务四　制动机的日常试验与列车制动系统的模拟操纵

通常情况下,DK-1型电空制动机的作用原理是根据电空制动控制器、空气制动阀手柄置于不同手柄位置的操纵,来确定机车、车辆实施制动、缓解与保压的协调作用。所以,下面就在电空制动控制器、空气制动阀各手柄位置下,对SS_4改进型、SS_8型电力机车DK-1型电空制动机的工作过程逐一进行介绍。

需要注意的是,对于双端操纵的SS_8型电力机车,其不同操纵端的操纵方法完全一致,因此以Ⅰ端操纵为例进行分析。

其作用过程如附图2所示。

一、"电空位"操纵

将电空转换扳钮扳至"电空位",则有:
① 气路:作用管与b管连通。
② 电路:微动开关3SA1闭合电路899—801,断开电路899—800,即闭合电源电路。

1. 空气制动阀手柄在"运转位"时,电空制动控制器手柄在各位的作用

该工况一般称为自动制动作用工况,即通过电空制动控制器来操纵全列车的制动、缓解与保压。

当空气制动阀手柄在"运转位"时,则有:
① 气路:不连通a、b管的充、排风气路。
② 电路:微动开关3SA2闭合电路809—818,即为排风1电空阀254YV得电作准备。
(1) 运转位。
① 电空制动控制器:使导线803、809、813得电。

a. 导线803得电,经中间继电器451KA常闭联锁、中间继电器452KA常闭联锁、455KA常闭联锁,使缓解电空阀258YV、排风2电空阀256YV得电。一方面连通总风经调压阀55(输出压力为定压)向均衡风缸充风的气路,即均衡风缸压力升高;另一方面关断过充风缸经256YV的排风气路。

b. 导线809得电,经微动开关3SA2使导线818得电,再经中间继电器451KA常闭联锁、中间继电器452KA常闭联锁、455KA常闭联锁,使排风1电空阀254YV得电,连通作用管向大气排风的气路,即作用管压力降低。

c. 导线813得电,为实现DK-1型电空制动机与列车分离、制动管断裂、车长阀(或121、122塞门)制动及列车安全运行监控记录装置自动停车功能的配合做准备。
② 中继阀:包括两部分动作。

a. 总风遮断阀:由于中立电空阀253YV失电而连通总风遮断阀管向大气排风的气路,所以,遮断阀左移并打开遮断阀口,使总风充入双阀口式中继阀的供气室内。

b. 双阀口式中继阀：随着均衡风缸压力升高，活塞膜板带动顶杆右移而顶开供气阀口，连通总风向制动管及活塞膜板右侧充风的气路，即制动管压力升高；当活塞膜板右侧及制动管压力升高至与均衡风缸压力平衡时，在供气阀弹簧作用下，关闭供气阀口，且不打开排阀口，即停止制动管充风。

③ 分配阀：包括 3 部分动作。

a. 主阀部：随着制动管压力升高，主活塞通过主活塞杆带动滑阀、节制阀下移，连通制动管向工作风缸充风的气路；同时，尽管连通作用管通往 156 塞门的气路，但由于 156 塞门的关断（电空位下，156 塞门关断），故 156 不开通作用管排大气的气路。

b. 紧急增压阀：随着制动管的压力升高，增压阀柱塞保持在下端，切断总风向作用管充风的气路。

c. 均衡部：随着排风 1 电空阀 254YV 得电而使作用管压力降低，均衡活塞带动空心阀杆下移，打开排气阀口，连通机车制动缸及均衡活塞上侧向大气排风的气路，即机车制动缸压力降低；当均衡活塞上侧及机车制动缸压力降低至与作用管压力平衡时，均衡活塞带动空心阀杆上移而关闭排气阀口，且不顶开供气阀口，即停止机车制动缸的排风。

可见，机车制动机实现缓解作用。同时，随着制动管压力升高，车辆制动机也进行缓解。

由于我国车辆制动机通常采用一次缓解性能的分配阀或三通阀，故车辆制动机产生完全缓解。

④ 紧急阀：制动管压力升高，使活塞膜板及活塞杆保持在上端，而不开启放风阀口，制动管压缩空气经缩孔Ⅰ、Ⅱ向紧急室充风，以备紧急制动时使用。

综上所述，该操纵可实现全列车的缓解。因此，用于制动管正常充风及列车正常运行状态。

实际运行中，禁止"偷风"操纵。所谓"偷风"是指列车制动保压时，人为地将大闸手柄由"中立位"短时间地移至"运转位"或"过充位"，再移回"中立位"的操纵方法。因为车辆制动机通常为一次缓解型的，不具备阶段缓解性能，即当制动管充风时，不论是否充到定压，一次缓解型制动机均进行完全缓解，所以，偷风操纵会使列车部分或全部车辆完全缓解，而导致列车制动力不足，极易造成人为行车事故，故严禁"偷风"操纵。

（2）过充位。

① 电空制动控制器：使导线 803、805、813 得电。

a. 导线 803 得电，经中间继电器 451KA 常闭联锁、中间继电器 452KA 常闭联锁、455KA 常闭联锁，使缓解电空阀 258YV、排风 2 电空阀 256YV 得电：一方面连通总风经调压阀 55（输出压力为定压）向均衡风缸充风的气路，即均衡风缸压力升高；另一方面关断过充风缸经 256YV 的排风气路。

b. 导线 805 得电，使过充电空阀 252YV（SS_8 机车：经中间继电器 455KA 常闭联锁）得电：连通总风向过充风缸充风的气路，即过充风缸压力升高。

c. 导线 813 得电，为实现 DK-1 型电空制动机与列车分离、制动管断裂、车长阀（或 121、122 塞门）制动及列车安全运行监控记录装置自动停车功能的配合做准备。

② 中继阀：包括两部分动作。

a. 总风遮断阀：由于中立电空阀 253YV 失电而连通总风遮断阀管向大气排风的气路，所以，遮断阀左移而打开遮断阀口，使总风充入双阀口式中继阀的供气室内。

b. 双阀口式中继阀：随着均衡风缸和过充风缸压力的升高，活塞膜板带动顶杆迅速右移而顶开供气阀口，并且其开度较大，连通总风向制动管及活塞膜板右侧迅速充风的气路，即制动管压力迅速升高；当活塞膜板右侧及制动管的作用力升高至与活塞膜板左侧作用合力平衡时，在供气阀弹簧作用下，关闭供气阀口，且不打开排气阀口，即停止制动管充风。

③ 分配阀：包括3部分动作。

a. 主阀部：随着制动管压力迅速升高，主活塞通过主活塞杆带动滑阀、节制阀迅速下移，连通制动管向工作风缸充风的气路；同时，尽管连通作用管通往156塞门的气路，但由于塞门156的关断，故塞门156不连通作用管排大气的气路。

b. 紧急增压阀：随着制动管压力迅速升高，增压阀柱塞保持在下端，切断总风向作用管充风的气路。

c. 均衡部：由于作用管压力不变，所以，均衡部保持不动，即处于其供、排气阀口均不开启的保压状态。

可见，机车制动机保压。同时，随着制动管压力迅速升高，车辆制动机进行快速缓解。

④ 紧急阀：制动管压力迅速升高，使活塞膜板及活塞杆保持在上端而不开启放风阀口，制动管压缩空气经缩孔Ⅰ、Ⅱ向紧急室充风，以备紧急制动时使用。

综上所述，该操纵可实现车辆制动机快速缓解，而机车制动机保压。因此，用于列车初充风或再充风。

通过上述分析可知：在"电空位"下操纵时，电空制动控制器手柄在"运转位"和"过充位"均可实现充风缓解，但两者是有区别的。前者使制动管正常充风并得到定压（500 kPa 或 600 kPa），以实现全列车制动系统的正常缓解；而后者则使制动管快速充风，并得到过充压力（定压 30~40 kPa），以实现车辆制动系统的快速缓解，并且保持机车制动。

显然，当电空制动控制器手柄由"过充位"移至"运转位"时，制动管由过充压力降至定压，即产生 30~40 kPa 的减压量，而该减压量足以使列车制动系统产生有效制动作用。那么，这一作用岂不与"运转位"的作用相矛盾吗？造成"运转位"和"过充位"制动管充风速度、大小不同的根本原因在于："过充位"时使过充风缸得到充风。所以，当电空制动控制器手柄由"过充位"移至"运转位"时，均衡风缸压力保持定压不变，而过充风缸由于过充电空阀 252YV 的失电而关断其充风气路；同时，过充风缸内原有的压缩空气经风缸小孔（$\phi 0.5$ mm）向大气缓慢排风，即过充风缸压力缓慢降低。因此，双阀口式中继阀活塞膜板上缓慢形成向左的压力差，使其微微开启排气阀口，制动管缓慢排风，即制动管压力缓慢降低。对于分配阀（以109型分配阀为例）而言，随着制动管缓慢减压，在主活塞上产生微小的向上的压力差，但其不足以带动节制阀、滑阀克服阻力上移，即保持制动管与工作风缸连通的气路，因此，工作风缸向制动管逆流，致使主活塞不能产生足够向上的压力差而使其保持原缓解状态。随着过充风缸压缩空气的缓慢排出，当制动管压力缓慢降低到与均衡风缸压力平衡时，双阀口式中继阀关闭排气阀口，使制动管停止减压，而工作风缸也随之停止减压，并且保持在定压。可见，当电空制动控制器手柄由"过充位"移至"运转位"时，既消除了制动管的过充压力，使其恢复到定压，又避免了列车制动系统产生制动（称为自然制动）。事实上，当电空制动控制器手柄移至运转位时，由于排风1电空阀 254YV 得电，还要使机车进行缓解。

（3）制动位。

① 电空制动控制器：使导线 806、808、813 得电。

a. 导线 806 得电，经转换开关 463QS 使中立电空阀 253YV 得电：连通总风向总风遮断阀管充风的气路，即总风遮断阀管压力升高。

b. 导线 808 得电，为自动控制过量减压量做准备。

c. 导线 813 得电，为实现 DK-1 型电空制动机与列车分离、制动管断裂、车长阀（或 121、122 塞门）制动及列车安全运行监控记录装置自动停车功能的配合做准备。

此时，由于缓解电空阀 258YV 和制动电空阀 257YV 同时失电，所以连通了均衡风缸向初制风缸 58 降压及向大气排风的气路，即均衡风缸减压。若电空制动控制器手柄一直置于"制动位"，则当均衡风缸减压 190～230 kPa 时，压力开关 208 动作，并联动微动开关 208SA 闭合电路 808-800，使制动电空阀 257YV 得电，切断均衡风缸排大气的气路，即停止均衡风缸减压，使其获得 190～230 kPa 的过量减压量。同时，排风 2 电空阀 256YV 失电，连通过充风缸经 256YV 排风的气路。

此外，因初制风缸的设置，使得均衡风缸产生一个确保全列车制动系统可靠制动的最小为 45～55 kPa 的较快减压量，以使后部车辆中较迟钝的三通阀或分配阀也能起制动作用。

② 中继阀：包括两部分动作。

a. 总风遮断阀：由于中立电空阀 253YV 得电而连通总风向总风遮断阀管充风的气路，所以，遮断阀右移而关闭遮断阀口，切断总风充往双阀口式中继阀供气室的气路。

b. 双阀口式中继阀：随着均衡风缸压力的降低，活塞膜板带动顶杆左移并打开排气阀口，连通制动管及活塞膜板右侧向大气排风的气路，即制动管压力降低；当制动管及活塞膜板右侧压力降低到与均衡风缸压力平衡时，在排气阀弹簧作用下，关闭排气阀口，且不打开供气阀口，即停止制动管排风。

③ 分配阀：包括 3 部分动作。

a. 主阀部：随着制动管压力降低，主活塞通过主活塞杆带动节制阀上移，连通制动管向局减室降压的气路，以实现局部减压作用；随着制动管压力的进一步降低，主活塞通过主活塞杆带动节制阀、滑阀继续上移，连通工作风缸向作用管充风的气路，即作用管压力升高，而工作风缸压力降低；当工作风缸压力降低至与制动管压力平衡时，在自重及稳定弹簧作用下，主活塞通过主活塞杆带动节制阀下移，切断工作风缸向作用管充风的气路，即作用管停止充风。

b. 紧急增压阀：随着制动管压力降低，增压阀柱塞仍保持在下端，切断总风向作用管充风的气路。

c. 均衡部：随着作用管压力升高，均衡活塞带动空心阀杆上移，顶开供气阀口，连通总风向机车制动缸及均衡活塞上侧充风的气路，即机车制动缸压力升高；当机车制动缸及均衡活塞上侧压力升高至与作用管压力平衡时，在供气阀弹簧作用下，均衡活塞和空心阀杆下移，关闭供气阀口，且不打开排气阀口，即停止机车制动缸的充风。

可见，机车制动机实现制动作用。同时，随着制动管压力降低，车辆制动机也进行制动。

④ 紧急阀：制动管压力降低，使活塞膜板带动活塞杆下移，但不足以顶开放风阀口，紧急室经缩孔 Ⅰ 向制动管逆流，直至紧急室压力与制动管压力平衡时为止；在安定弹簧作用下，活塞膜板带动活塞杆上移到上端。

综上所述，该操纵可实现全列车的常用制动，并能自动控制制动管过量减压量（190~230 kPa）。因此，用于列车调速或停车。

实际运行中，既可进行"一段制动法"操纵，又可进行"两段制动法"操纵。所谓"一段制动法"是指施行制动后不再进行缓解，根据列车减速情况追加减压，使列车停于预定地点的操纵方法；而"两段制动法"则是指进站前施行制动，待列车速度降至所需要的速度时进行缓解，充风后再次施行制动，使列车停于预定地点的操纵方法。

当在制动位实施追加制动时，须待第一次减压排风完成后，再施行追加减压。这是因为如果减压排风未完成就进行追加减压，就相当于施行了一次大减压，列车会因制动力过强而增加冲击，也容易使后部车辆产生紧急制动作用。同时，追加减压量不应超过第一次减压量，否则会因列车制动力急剧增加，不利于平稳操纵。

在"制动位"下，还可以进行"长波浪式制动"和"短波浪式制动"。所谓"长波浪式制动"是指减压量小、列车减速慢、制动距离长的制动操纵方法。"长波浪式制动"的优点是列车在较长的距离内，基本保持匀速减速运行，且用风量小，使空气压缩机工作量小；缺点是闸瓦与轮箍摩擦时间长，易发热，因此在使用时，应注意制动距离不宜过长，以免闸瓦过热而使制动失效，或轮箍过热驰缓。另外，在起伏坡道的线路上，也可用小闸调整机车的制动力。所谓"短波浪式制动"是指减压量大（一般在100 kPa以上）、列车减速快、制动距离短的制动操纵方法。"短波浪式制动"的优点是闸瓦不易过热；缺点是制动频繁，空气压缩机工作量大，因此，使用时，应掌握好缓解时机，防止因缓解过早而使列车速度剧增，并且严防充风不足，错过下一次制动时机，而造成超速或放飚事故。

（4）中立位。

电空制动控制器：使导线806、807、813得电。

a. 导线806得电，经转换开关463QS使中立电空阀253YV得电，连通总风向总风遮断阀管充风的气路，即总风遮断阀管充入总风。

b. 导线807得电，经二极管262V（SS_8机车经455KA常闭联锁262V）使制动电空阀257YV得电，切断初制风缸或均衡风缸向大气排风的气路。

c. 导线813得电，为实现DK-1型电空制动机与列车分离、制动管断裂、车长阀（或121、122塞门）制动及列车安全运行监控记录装置自动停车功能的配合做准备。

同时，缓解电空阀258YV失电，切断总风经调压阀55向均衡风缸充风的气路，所以，均衡风缸既不充风，也不排风，即均衡风缸压力不变。导致中继阀、分配阀及车辆制动机、紧急阀均不动作而保持原状态，相应的制动管、工作风缸、紧急室、作用管、机车制动缸压力均不变，即全列车制动系统呈保压状态。

实际使用中，电空制动控制器手柄置于"中立位"，通常有两种情况：一种为制动前置于"中立位"，即由"运转位"移至"中立位"；另一种是制动后置于"中立位"，即由"制动位"移至"中立位"。对于前者，由于电空制动控制器手柄在"运转位"时，均衡风缸得到充风并达到定压，压力开关209联动微动开关209SA闭合电路807-827，所以，当电空制动控制器手柄移至中立位时，由得电导线807经微动开关209SA、二极管263V、中间继电器451KA常闭联锁、中间继电器452KA常闭联锁、455KA常闭联锁（SS_8机车：不经此联锁），使缓解电空阀258YV维持得电，保持均衡风缸压力为定压，完成制动前的准备工作。而对于后者，由于电空制动控制器手柄在制动位时，均衡风缸减压40 kPa以上，使压力开关209联动微动开关 209SA 闭合电路 822-800，并断开电路 807-827，所以，当电空制动控制器手柄移至"中立位"时，使缓解电空阀 258YV 失电，从而切断均衡风缸的充、排风气路，实现制动系统制动后的保压。

（5）紧急位。

① 电空制动控制器：使导线 812、806、821（SS_8 机车：811）、804 得电。

a. 导线 812 得电，经 107QPF（SS_8 机车：1YVF）使撒砂电空阀 251YV、241YV 得电，连通总风向撒砂器充风的气路，完成自动撒砂作用，以防止制动滑行。

b. 导线 806 得电，经转换开关 463QS 使中立电空阀 253YV 得电，连通总风向总风遮断阀管充风的气路。

c. 导线 821 得电，对于 SS_8 机车，经Ⅱ端电空制动控制器"重联位"使导线 821 得电，使 3 个电空阀得电：

• 经二极管 260V 使中立电空阀 253YV 得电，作用同上。

• 经二极管 264V（SS_8 机车：经 264V、273V）使制动电空阀 257YV 得电，切断初制风缸及均衡风缸的排风气路；同时，因缓解电空阀 258YV 失电，故切断均衡风缸的充风气路。

• 使重联电空阀 259YV 得电，连通均衡风缸与制动管之间的气路，从而实现双阀口式中继阀自锁，以保证制动管压力不再受该双阀口式中继阀动作的控制。

同时，排风 2 电空阀 256YV 失电：连通过充风缸向大气排风的气路，从而快速排空过充风缸，以保证紧急制动时制动管压力迅速下降。

d. 导线 804 得电，此时有两方面作用：一方面，若机车有级位，即机车处于牵引工况，零位继电器 558KA（SS_8 机车：10KA）失电，则导线 804 经 558KA（SS_8 机车：10KA）常闭联锁，最终引起控制电路工作，使主断路器跳闸，切除机车牵引动力，保证机车由牵引工况转变为制动工况；另一方面，导线 804 得电，使紧急电空阀 94YV 得电，连通总风向电动放风阀铜碗及膜板下侧充风的气路，即铜碗及膜板下侧压力升高。

② 电动放风阀：随着铜碗及膜板下侧压力的升高，膜板、铜碗推动心杆上移，顶开放风阀口，连通制动管向大气放风的气路，即制动管压力迅速降低。

③ 紧急阀：随着制动管压力的迅速降低，活塞膜板带动活塞杆迅速下移而顶开放风阀口，连通制动管向大气放风的气路，即加速制动管放风；同时，联动微动开关 95SA 闭合电路 838-839。待 15 s 后，因紧急室压缩空气经缩孔Ⅰ、Ⅲ排风使其压力与制动管压力趋于一致时，在弹簧作用下，关闭放风阀口，同时，联动微动开关 95SA 断开电路 838-839。

④ 中继阀：一方面因中立电空阀 253YV 得电使遮断阀口关闭，以切断制动管的供气风源；另一方面，由于重联电空阀 259YV 的得电使双阀口式中继阀处于自锁状态，并且排风 2 电空阀 256YV 失电而排放过充风缸内的压缩空气，使其失去对制动管压力变化的控制作用。

⑤ 分配阀：包括三部分动作。

a. 主阀部：随着制动管压力迅速下降，主活塞通过主活塞杆带动节制阀、滑阀迅速上移至上端，连通工作风缸向作用管充风的气路，并且气路的开启程度较大，即作用管压力迅速升高。

b. 紧急增压阀：随着制动管压力迅速下降及作用管压力迅速升高，增压阀柱塞迅速上移至上端，从而连通总风向作用管充风的气路，即作用管压力迅速升高，并且由低压安全阀将其压力限定在 450 kPa。

c. 均衡部：随着作用管压力迅速升高，均衡活塞带动空心阀杆迅速上移而顶开供气阀口，并且其开启程度较大，连通总风向机车制动缸及均衡活塞上侧充风的气路，即机车制动缸压力迅速升高；当机车制动缸压力及均衡活塞上侧压力迅速升高至与作用管压力（450 kPa）平衡时，在供气阀弹簧作用下，关闭供气阀口，且不打开排气阀口，停止机车制动缸的充风。

可见，机车制动机实现紧急制动作用。同时，随着制动管压力迅速下降，车辆制动机也进行紧急制动。

综上所述，该操纵可实现全列车的紧急制动（又称非常制动），并伴随自动撒砂及切除牵引工况机车的机车动力源，以确保列车的运行安全。因此，用于列车运行过程中当产生危及行车安全或人身安全的紧急情况。值得注意的是：紧急制动后，需15 s后再充风缓解。

（6）重联位。

① 电空制动控制器：导线821得电，对于SS_8机车，经Ⅱ端电空制动控制器重联位使导线821得电。使3个电空阀得电：

a. 经二极管260 V使中立电空阀253YV得电，使总风遮断阀口关闭。

b. 经二极管264V（SS_8机车：经264V、273V）使制动电空阀257YV得电，切断初制风缸及均衡风缸的排风气路；同时，因缓解电空阀258YV失电，故切断均衡风缸的充风气路。

c. 使重联电空阀259 YV得电：连通均衡风缸与制动管之间的气路，从而实现双阀口式中继阀的自锁，以保证制动管压力不再受该双阀口式中继阀动作的控制。

同时，排风2电空阀256YV失电：连通过充风缸向大气排风的气路，从而快速排空过充风缸，以保证紧急制动时制动管压力迅速下降。

可见，均衡风缸既不充风，也不排风，即其压力不变。

② 中继阀：一方面因中立电空阀253 YV的得电而使遮断阀口关闭，以切断制动管的供气风源；另一方面，由于重联电空阀259YV的得电使双阀口式中继阀处于自锁状态，再加上排风2电空阀256YV失电而排放过充风缸内的压缩空气，所以使中继阀失去对制动管压力变化的控制作用。

③ 中继阀：分配阀由于制动管压力不变，故使其保持不动而维持原状态。同时，车辆制动机也保持原状态。

④ 紧急阀：因制动管压力不变，故使其保持原状态。

综上所述，该操纵使电空制动控制器失去对全列车制动系统的控制作用。因此，用于重联机车、补机、无动力回送机车及本务机车非操纵端；此时，全列车制动系统由本务机车操纵端进行控制。

2. 电空制动控制器手柄在"运转位"时，空气制动阀手柄在各位的作用

该工况一般称为单独制动作用，即通过空气制动阀来单独操纵机车的制动、缓解与保压。

当电空制动控制器手柄在运转位时，则有：导线803和导线809得电，使机车、车辆制动机保持缓解。

（1）制动位。

① 空气制动阀：作用柱塞在其凸轮和弹簧作用下右移至右端，开通a管与大气、总风经调压阀53与b管的气路，则连通总风向作用管充风的气路（总风→53→作用柱塞阀→b管→

电空转换阀→作用管）；同时，微动开关 3SA2 断开电路 809-818，使排风 1 电空阀 254YV 失电，从而切断作用管向大气排风的气路。所以，作用管压力升高。

② 分配阀均衡部：随着作用管压力的升高，均衡活塞带动空心阀杆上移，并顶开供气阀口，连通总风向机车制动缸及均衡活塞上侧充风的气路，即机车制动缸压力升高。当机车制动缸及均衡活塞上侧压力升高至与作用管压力平衡时，在供气阀弹簧作用下，关闭供气阀口，且不打开排气阀口，停止机车制动缸的充风。

综上所述，该操纵可实现机车的单独制动。

（2）中立位。

① 空气制动阀：作用柱塞在其凸轮和弹簧作用下处于中间位置，切断 a 管、b 管、调压阀管及大气间的气路，使作用管既不通大气，也不与调压阀管连通；同时，微动开关 3SA2 断开电路 809-818，使排风 1 电空阀 254YV 失电，从而切断作用管向大气排风的气路。所以，作用管压力不变。

② 分配阀均衡部：由于作用管压力不变，使均衡部保持不动而维持原状态，所以，机车制动缸压力不变。

综上所述，该操纵可实现机车的单独保压。因此，用于机车单独制动前的准备及制动后的保压。

（3）缓解位。

① 空气制动阀：作用柱塞在其凸轮和弹簧作用下左移至左端，开通 b 管与大气、总风经调压阀 53 与 a 管的气路，则连通作用管向大气排风的气路（作用管→电空转换阀→b 管→作用柱塞阀→大气）；同时，微动开关 3SA2 闭合电路 809-818，使排风 1 电空阀 254YV 得电，从而连通另一条作用管向大气排风的气路。所以，作用管压力降低。

② 分配阀均衡部：随着作用管压力降低，均衡活塞带动空心阀杆下移，打开排气阀口，连通机车制动缸及均衡活塞上侧向大气排风的气路，即机车制动缸压力降低。当机车制动缸及均衡活塞上侧压力降低至与作用管压力平衡时，均衡活塞带动空心阀杆上移，关闭排气阀口，且不顶开供气阀口，停止机车制动缸的排风。

综上所述，该操纵可实现机车的单独缓解，并且其缓解速度较空气制动阀在运转位的缓解速度快。

（4）运转位。

① 空气制动阀：作用柱塞在其凸轮和弹簧作用下处于中间位置，切断 a 管、b 管、调压阀管及大气间的气路。同时，微动开关 3SA2 闭合电路 809-818，使排风 1 电空阀 254YV 得电，从而连通作用管向大气排风的气路，所以，作用管压力下降。

② 分配阀均衡部：随着作用管压力降低，均衡活塞带动空心阀杆下移，打开排气阀口，连通机车制动缸及均衡活塞上侧向大气排风的气路，即机车制动缸压力降低。当机车制动缸及均衡活塞上侧压力降低至与作用管压力平衡时，均衡活塞带动空心阀杆上移，关闭排气阀口，且不打开供气阀口，停止机车制动缸的排风。

综上所述，该操纵可实现机车的单独缓解。

事实上，空气制动阀运转位实现机车的单独缓解是在电空制动控制器"运转位"的前提下进行的。若电空制动控制器手柄不在"运转位"，则导线 809 失电，致使排风 1 电空阀 254YV

失电，因此，即使空气制动阀手柄在"运转位"，也不能实现机车的单独缓解。这一点，与空气制动阀在"缓解位"有根本的区别。

（5）下压手柄。

① 空气制动阀：当下压空气制动阀手柄时，推动转轴内的顶杆下移，从而顶开单缓阀口，连通作用管向大气排风的气路，即作用管压力降低。

② 分配阀均衡部：随着作用管压力降低，均衡活塞带动空心阀杆下移，打开排气阀口，连通机车制动缸及均衡活塞上侧向大气排风的气路，即机车制动缸压力降低。当机车制动缸及均衡活塞上侧压力降低至与作用管压力平衡时，均衡活塞带动空心阀杆上移，关闭排气阀口，且不打开供气阀口，停止机车制动缸的排风。

综上所述，该操纵可实现机车的单独缓解。

下压手柄操纵，通常是在空气制动阀"中立位"下进行。

3. 电空制动控制器手柄在"制动位"或制动后的"中立位"时，空气制动阀手柄在缓解位或下压手柄的作用

该工况一般称为电空制动控制器制动，空气制动阀单独缓解作用，即在全列车制动系统制动时，由空气制动阀单独缓解机车制动。

通过前面的讨论可以知道，若电空制动控制器手柄在制动位或制动后的中立位，则使制动管获得一定的减压量，即全列车制动系统进行常用制动。

当空气制动阀手柄移至缓解位（或下压手柄）时，由作用柱塞阀（或单缓阀）连通作用管向大气排风的气路，即作用管→电空转换阀→b 管→作用柱塞阀→大气（或作用管→单缓阀口→大气），则作用管压力降低，导致分配阀均衡部的均衡活塞带动空心阀杆下移而打口排气阀口，连通机车制动缸向大气排风的气路，即机车制动缸压力降低；待机车制动缸压力与作用管压力平衡时，关闭排气阀口，停止机车制动缸的排风。

可见，该操纵可实现保持车辆制动的同时，单独缓解机车制动。但在操纵过程中，应避免"大劈叉制动"。所谓"大劈叉制动"是指电空制动控制器减压的同时，将空气制动阀手柄移至"缓解位"（或下压手柄），这种车辆制动而机车不产生制动的操纵方法称为"大劈叉制动"，也叫"拉弓闸"。"大劈叉制动"使用不当时，极易损伤甚至拉断车钩，同时因机车不制动，会使列车制动力下降。

二、空气位操纵

为确保行车安全可靠，DK-1 型电空制动机特设置"空气位操纵"。"空气位操纵"只是作为 DK-1 型电空制动机电气线路部分故障后的一种应急补救操纵措施，以避免在区间造成"途停"而影响线路的正常通过。因此，空气位操纵时，不具备"电空位"操纵那样齐全的性能，而只保证控制列车制动和缓解的基本功能。

空气位操纵就是将电空制动机转换成空气制动机，并且由空气制动阀来操纵全列车制动系统的制动、缓解与保压。空气位操纵时，需进行如下基本转换：

（1）将电空转换扳钮扳至"空气位"，则有：
① 气路：连通均衡风缸与 a 管的气路。
② 电路：微动开关 3SA1 断开电路 899-801，即切断电源电路，并且闭合电路 899-800，使制动电空阀 257YV 单独得电，以保证空气位正常操纵。
（2）调整调压阀 53（SS_8 机车：53、54），使其整定值达到定压。
（3）将转换阀 153 置于"空气位"。

由于微动开关 3SA1 已切断电源电路，所以，微动开关 3SA2 闭合电路 809-818 与否均不能使排风 1 电空阀 254YV 得电。可见，在分析其工作过程中，不必考虑微动开关 3SA2 的工作状态，以简化分析过程。

1. 缓解位

① 空气制动阀：作用柱塞在其凸轮及弹簧作用下左移至左端，开通总风经调压阀 53 与 a 管、b 管与大气的气路，则连通总风向均衡风缸充风的气路（总风→调压阀 53→作用柱塞阀→a 管→电空转换阀→均衡风缸），即均衡风缸压力升高。

② 中继阀：包括两部分动作。

a. 总风遮断阀：由于中立电空阀 253YV 失电而连通总风遮断阀管向大气排风的气路，所以，遮断阀左移而打开遮断阀口，使总风充入双阀口式中继阀的供气室内。

b. 双阀口式中继阀：随着均衡风缸压力升高，活塞膜板带动顶杆右移而顶开供气阀口，连通总风向制动管及活塞膜板右侧充风的气路，即制动管压力升高；当活塞膜板右侧及制动管压力升高至与均衡风缸压力平衡时，在供气阀弹簧作用下，关闭供气阀口，且不打开排气阀口，即停止制动管充风。

③ 分配阀：包括 3 部分动作。

a. 主阀部：随着制动管压力升高，主活塞通过主活塞杆带动滑阀、节制阀下移，连通制动管向工作风缸充风的气路；同时，尽管连通作用管通往 156 塞门的气路，但由于 156 塞门关断（空气位下，156 塞门关断），故 156 不开通作用管排大气的气路，即作用管压力不变。

b. 紧急增压阀：随着制动管的压力升高，增压阀柱塞保持在下端，切断总风向作用管充风的气路。

c. 均衡部：作用管压力不变，均衡部不动作，即机车制动缸压力不变。

可见，机车制动机实现保压作用。同时，随着制动管压力升高，车辆制动机进行缓解。由于我国车辆制动机通常采用一次缓解性能的分配阀或三通阀，故车辆制动机产生完全缓解。

④ 紧急阀：随着制动管压力升高，使活塞膜板及活塞杆保持在上端，而不开启放风阀口，制动管压缩空气经缩孔 Ⅰ、Ⅱ 向紧急室充风，以备紧急制动时使用。

综上所述，该操纵可实现车辆缓解、机车保压。

2. 制动位

① 空气制动阀：作用柱塞在其凸轮及弹簧作用下右移至右端，开通 a 管与大气、总风经调压阀 53 与 b 管的气路，则连通均衡风缸向大气排风的气路（均衡风缸→电空转换阀→a 管→作用柱塞阀→大气），即均衡风缸压力降低。

② 中继阀：包括两部分动作。

a. 总风遮断阀：由于中立电空阀 253YV 失电而连通总风遮断阀管的排风气路，所以，遮断阀左移而开启遮断阀口，连通总风充往双阀口式中继阀供气室的气路。

b. 双阀口式中继阀：随着均衡风缸压力的降低，活塞膜板带动顶杆左移并打开排气阀口，连通制动管及活塞膜板右侧向大气排风的气路，即制动管压力降低；当制动管及活塞膜板右侧压力降低到与均衡风缸压力平衡时，在排气阀弹簧作用下，关闭排气阀口，且不打开供气阀口，即停止制动管排风。

③ 分配阀：包括 3 部分动作。

a. 主阀部：随着制动管压力降低，主活塞通过主活塞杆带动节制阀上移，连通制动管向局减室降压的气路，以实现局部减压作用；随着制动管压力进一步降低，主活塞通过主活塞杆带动节制阀、滑阀继续上移，连通工作风缸向作用管充风的气路，即作用管压力升高，而工作风缸压力降低；当工作风缸压力降低至与制动管压力平衡时，在自重及稳定弹簧作用下，主活塞通过主活塞杆带动节制阀下移，切断工作风缸向作用管充风的气路，即作用管停止充风。

b. 紧急增压阀：随着制动管压力降低，增压阀柱塞仍保持在下端，切断总风向作用管充风的气路。

c. 均衡部：随着作用管压力升高，均衡活塞带动空心阀杆上移，顶开供气阀口，连通总风向机车制动缸及均衡活塞上侧充风的气路，即机车制动缸压力升高；当机车制动缸及均衡活塞上侧压力升高至与作用管压力平衡时，在供气阀弹簧作用下，均衡活塞和空心阀杆下移，关闭供气阀口，且不打开排气阀口，即停止机车制动缸的充风。

可见，机车制动机实现制动作用。同时，随着制动管压力降低，车辆制动机也进行制动。

④ 紧急阀：随着制动管压力降低，使活塞膜板带动活塞杆下移，但不足以顶开放风阀口，紧急室经缩孔 I 向制动管逆流；当紧急室压力降低至接近制动管压力时，在安定弹簧作用下，活塞膜板带动活塞杆上移到上端。

综上所述，该操纵可实现全列车的常用制动，因此，用于列车减速或停车。

空气制动阀手柄如果一直保持在"制动位"，可使均衡风缸和制动管减压到零，但在实际操纵中，不允许将空气制动阀手柄长时间停放"制动位"，以免引起制动管过量减压而延误缓解时机。

3."中立位"或"运转位"

对于空气制动阀，作用柱塞在其凸轮及弹簧作用下处于中间位置，切断 a 管、b 管、调压阀及大气间的气路，即均衡风缸压力不变。

所以，均衡风缸既不充风，也不排风，即均衡风缸压力不变。导致中继阀、分配阀及车辆制动机、紧急阀均不动作而保持原状态，相应的制动管、工作风缸、紧急室、作用管、机车制动缸压力均不变，即全列车制动系统呈保压状态。

4. 下压手柄

① 空气制动阀：当下压空气制动阀手柄时，推动转轴内的顶杆下移，从而顶开单缓阀口，连通作用管向大气排风的气路，即作用管压力降低。

② 分配阀均衡部：随着作用管压力降低，均衡活塞带动空心阀杆下移，打开排气阀口，

连通机车制动缸及均衡活塞上侧向大气排风的气路，即机车制动缸压力降低。当机车制动缸及均衡活塞上侧压力降低至与作用管压力平衡时，均衡活塞带动空心阀杆上移，关闭排气阀口，且不打开供气阀口，停止机车制动缸的排风。

综上所述，该操纵可实现机车的单独缓解。下压手柄操纵通常在是空气制动阀"中立位"进行。

三、DK-1 型电空制动机与机车其他系统配合作用

由于 DK-1 型电空制动机是建立在电控的基础上而又采用积木式结构，这就不仅有利于扩展其制动机自身的功能，而且也为与机车其他系统的协调配合提供了极为有利的条件。有理由相信，随着 DK-1 型电空制动机在运用中的不断完善和改进，其配合的内容也将会逐渐增多。

本节以 SS_4 改进型、SS_8 型电力机车 I 端操纵为例，分析 DK-1 型电空制动机与机车其他系统的配合作用。

其作用过程如附图 1、附图 2 所示。

1. 列车分离保护（车长阀、121 塞门制动）

DK-1 型电空制动机与列车分离的配合用于防止列车分离（或制动管断裂）时造成再次断钩事故的发生；而与车长阀制动的配合则用于当车长阀制动时，DK-1 型电空制动机随之产生紧急制动，以保证列车首尾运行状态的一致性，防止断钩等事故的发生，提高行车的安全性。

无论是制动管断裂、列车分离、车长阀制动，还是 121 塞门制动，都是直接开通制动管放风气路，从而使制动管压力迅速下降。因此，其与 DK-1 型电空制动机的配合过程相同。

设电空制动控制器手柄在"过充位"、"运转位"、"中立位"或"制动位"，即机车处于牵引工况（或惰行工况、制动工况制），则有导线 813 得电。当制动管断裂（或列车分离、车长阀制动、121 塞门制动）时，制动管迅速放风。

（1）紧急阀。

随着制动管压力迅速下降，紧急活塞带动活塞杆迅速下移而顶开其放风阀口，连通制动管的放风气路；同时，联动微动开关 95SA 闭合电路 838-839。待 15 s 后，因紧急室压缩空气经缩孔 I、III 排风使其压力与制动管压力趋于一致时，在弹簧作用下，关闭放风阀口；并且联动微动开关 95SA 断开电路 838-839。

（2）电路部分。

导线 813→464QS→95SA→中间继电器 451KA 得电，其常开联锁闭合而常闭联锁断开：

① 451KA 常开联锁闭合，导线 813→464QS→451KA→451KA 自持。

② 451KA 常闭联锁断开，使缓解电空阀 258YV 失电，从而切断均衡风缸的充风气路；同时，排风 2 电空阀 256 YV 失电。

③ 451KA 常闭联锁断开，使排风 1 电空阀 254YV 失电，从而切断作用管的排风气路。

④ 451KA 常开联锁闭合，导线 813→二极管 261 V→451KA→导线 821→二极管 264V（SS_8 机车：二极管 264V、273V）→导线 800→制动电空阀 257YV 得电，从而切断均衡风缸和初制风缸的排风气路。同时，经导线 821 也使 253 YV、259 YV 得电，以保证紧急制动可靠实施。

⑤ 451KA 常开联锁闭合,导线 813→451KA→导线 804 得电。此时产生两方面作用：一方面,若机车有级位,即机车处于牵引工况,零位继电器 558KA（SS_8 机车：10 KA）失电,则导线 804 经 558KA（SS_8 机车：10 KA）常闭联锁,最终引起控制电路工作,使主断路器跳闸,切除机车牵引动力,保证机车由牵引工况转变为制动工况；另一方面,由导线 804 得电,使紧急电空阀 94YV 得电,连通总风向电动放风阀铜碗及膜板下侧充风的气路,即铜碗及膜板下侧压力升高。

（3）电动放风阀。

随着铜碗及膜板下侧压力的升高,膜板、铜碗推动心杆上移,顶开放风阀口,连通制动管向大气放风的气路,即制动管压力迅速降低。

（4）中继阀：包括两部分动作。

① 总风遮断阀：因中立电空阀 253YV 得电而使遮断阀口关闭,以切断制动管的供气风源。

② 双阀口式中继阀：重联电空阀 259YV 的得电,使双阀口式中继阀处于自锁状态,并且排风 2 电空阀 256YV 失电后排放过充风缸的压缩空气,使其失去对制动管压力变化的控制作用。

（5）分配阀：包括 3 部分动作。

① 主阀部：随着制动管压力的迅速下降,主活塞通过主活塞杆带动节制阀、滑阀迅速上移至上端,连通工作风缸向作用管充风的气路,即作用管压力迅速升高。

② 紧急增压阀：随着制动管压力迅速下降及作用管压力迅速升高,增压阀柱塞迅速上移至上端,从而连通总风向作用管充风的气路,即作用管压力迅速升高,并且由低压安全阀将其压力限定在 450 kPa。

③ 均衡部：随着作用管压力迅速升高,均衡活塞带动空心阀杆迅速上移而顶开供气阀口,连通总风向机车制动缸及均衡活塞上侧充风的气路,即机车制动缸压力迅速升高；当机车制动缸压力及均衡活塞上侧压力迅速升高至与作用管压力平衡时,在供气阀弹簧作用下,关闭供气阀口,且不打开排气阀口,停止机车制动缸的充风。

可见,机车制动机实现紧急制动作用。同时,随着制动管压力迅速下降,车辆制动机也进行紧急制动。

综上所述,可以得到如下结论：

① 当列车分离,制动管断裂及车长阀、121 塞门制动时,DK-1 型电空制动机与之配合协调动作,产生紧急制动作用,并切除牵引工况机车的动力,以保证列车运行的安全。

② 制动管断裂,列车分离和车长阀、121 塞门制动引起紧急制动后,若要继续运行,则须将电空制动控制器手柄先移至"重联位",再移回"运转位",使中间继电器 451KA 失电解锁,待制动系统恢复正常后方能重新发车。

2. 与列车安全运行监控记录装置自动停车功能的配合

该配用于列车安全运行监控记录装置自动停车功能起作用时,自动控制 DK-1 型电空制动机进行紧急制动,以确保行车安全。

设电空制动控制器手柄在"过充位""运转位""中立位"或"制动位",即机车处于牵引工况（或惰行工况、制动工况）,则有导线 813 得电。

（1）电路部分。

当列车安全运行监控记录装置自动停车功能起作用时,使继电器 391KA 得电动作,其常开联锁闭合，则导线 813→464QS→导线 838→391KA 常开联锁（闭合）→导线 839→中间继电器 451 KA 得电，其常闭联锁断开而常开联锁闭合：

① 451 KA 常开联锁闭合，导线 813→464QS→451KA→451 KA 自持。

② 451KA 常闭联锁断开，使缓解电空阀 258YV 失电，从而切断均衡风缸的充风气路；同时，排风 2 电空阀 256YV 失电。

③ 451KA 常闭联锁断开，使排风 1 电空阀 254 YV 失电，从而切断作用管的排风气路。

④ 451KA 常开联锁闭合，导线 813→二极管 261V→451KA→导线 821→二极管 264V（SS_8 机车：二极管 264Y、273V）→导线 800→制动电空阀 257YV 得电，从而切断均衡风缸和初制风缸的排风气路。同时，经导线 821 也使 253 YV、259 YV 得电，以保证紧急制动可靠实施。

⑤ 451KA 常开联锁闭合，导线 813→45→导线 804 得电。此时产生两方面作用：一方面，若机车有级位，即机车处于牵引工况，零位继电器 558KA（SS_8 机车：10 KA）失电，则导线 804 经 558KA（SS_8 机车：10 KA）常闭联锁，最终引起控制电路工作，使主断路器跳闸，切除机车牵引动力，保证机车由牵引工况转变为制动工况；另一方面，由导线 804 得电，使紧急电空阀 94YV 得电，连通总风向电动放风阀铜碗及膜板下侧充风的气路，即铜碗及膜板下侧压力升高。

（2）电动放风阀。

随着铜碗及膜板下侧压力的升高，膜板、铜碗推动心杆上移，顶开放风阀口，连通制动管向大气放风的气路。

（3）紧急阀。

随着制动管压力的迅速降低，紧急活塞带动活塞杆迅速下移而顶开紧急阀放风阀口，连通制动管向大气放风的气路，加速制动管放风；同时，联动微动开关 95SA 闭合电路 838-839。待 15 s 后，因紧急室压缩空气经缩孔Ⅰ、Ⅲ风使其压力与制动管压力趋于一致时，在弹簧作用下，关闭放风阀口；同时，联动微动开关 95SA 断开电路 838-839。

（4）中继阀：包括两部分动作。

① 总风遮断阀：因中立电空阀 253YV 得电使遮断阀口关闭，以切断制动管的供气风源。

② 双阀口式中继阀：因重联电空阀 259YV 得电而使双阀口式中继阀处于自锁状态，并且排风 2 电空阀 256YV 失电而排放过充风缸的压缩空气，使其失去对制动管压力变化的控制作用。

（5）分配阀：包括 3 部分动作。

① 主阀部：随着制动管压力迅速下降，主活塞通过主活塞杆带动节制阀、滑阀迅速上移至上端，连通工作风缸向作用管充风的气路，即作用管压力迅速升高。

② 紧急增压阀：随着制动管压力迅速下降及作用管压力迅速升高，增压阀柱塞迅速上移至上端，从而连通总风向作用管充风的气路，即作用管压力迅速升高，并且由低压安全阀将其压力限定在 450 kPa。

③ 均衡部：随着作用管压力迅速升高，均衡活塞带动空心阀杆迅速上移而顶开供气阀口，连通总风向机车制动缸及均衡活塞上侧充风的气路，即机车制动缸压力迅速升高；当机

车制动缸压力及均衡活塞上侧压力迅速升高至与作用管压力平衡时，在供气阀弹簧作用下，关闭供气阀口，且不打开排气阀口，停止机车制动缸的充风。

可见，机车制动机实现紧急制动作用。同时，随着制动管压力迅速下降，车辆制动机也进行紧急制动。

综上所述，可以得到如下结论：

① 当列车安全运行监控记录装置自动停车功能起作用时，DK-1 型电空制动机与之配合协调动作，产生紧急制动作用，并切除牵引工况机车的动力，以保证列车运行的安全。

② 列车安全运行监控记录装置自动停车功能引起紧急制动后，若要继续运行，则须扳动恢复自动停车信号电器屏上的恢复开关，使继电器 391 KA 失电，待自停系统和制动系统恢复正常后方能重新发车。

当 391KA 或自停系统发生故障时，可用转换开关 464QS 进行切除，以免影响制动机正常工作。

3. 与动力制动的配合

动力制动是电传动机车采用的又一种较为可靠的制动形式。为使空气制动与动力制动能协调作用，充分利用动力制动的效能，保证列车既安全又经济地运行，DK-1 型电空制动机设置了与动力制动联锁配合的功能。

1）动力制动前微量空气制动的投入与消除。

又称电空联锁性能。当实施动力制动时，其制动力通过机车牵引电机电磁反转矩产生于机车动轮踏面与轨道之间。因此，动力制动的制动力集中在机车部分，即机车动轮对轨道产生较大的反作用力。特别是在曲线下坡道上施用动力制动时，该反作用力的横向分力将加剧轨道的横移而不利于列车的正常行车。为了改善列车在曲线下坡道运行施用动力制动时，造成轨道横移的不良影响，在动力制动初始阶段，DK-1 型电空制动机自动产生 40～50 kPa 减压量的空气制动，并保持 25 s 左右后，该空气制动自动消除。

设电空制动控制器手柄在"运转位"或"过充位"，空气制动阀手柄在"运转位"，即机车处于牵引工况或惰行工况，则有：

① 导线 803、809（或 805）、813 得电；

② 均衡风缸充有定压，制动管充有定压或过充压力，即全列车实现缓解或仅保持机车制动。

（1）列车空气制动的自动产生。

① 电路部分。

对于 SS$_4$ 改进型电力机车，当司机将司机控制器换向手柄置于"制动位"时，导线 405 得电。一方面经控制电路使励磁接触器得电，其常开联锁 91KM 闭合；同时使风速时间继电器 530KT 常开联锁闭合。另一方面经电空制动控制器使导线 836 得电。当司机操纵司机控制器调速手柄离开"0 位"移向"制动区"时，导线 415 得电，导线 415→530KT→导线 855→常开联锁 91KM 闭合→导线 856→466QS→导线 857→465QS→导线 841→电子时间继电器 454KT 得电并开始延时；同时，导线 841→中间继电器 453KA 常闭联锁→中间继电器 452KA 得电，其常开联锁闭合而常闭联锁断开：

a. 中间继电器 452KA 常闭联锁断开，使排风 1 电空阀 254YV 失电，从而切断作用管经排风 1 电空阀 254YV 向大气排风的气路。

b. 中间继电器 452KA 常闭联锁断开，使缓解电空阀 258YV 失电，从而切断均衡风缸的充风气路；也使排风 2 电空阀 256YV 失电，连通过充风缸经 256YV 排风的气路。同时，由于制动电空阀 257YV 失电，所以，连通均衡风缸经初制风缸向大气排风的气路，当均衡风缸减压 20 kPa 时，压力开关 209 联动微动开关 209SA 闭合电路 822-800，断开电路 827-807。

c. 中间继电器 452KA 常开联锁闭合，导线 836→452KA→209SA→导线 800→制动电空阀 257YV 得电，从而切断均衡风缸经初制风缸向大气排风的气路，以控制均衡风缸减压量达到 40~50 kPa。

对于 SS_8 型电力机车，当司机将司机控制器换向手柄置于"制动位"时，导线 466 得电。一方面经控制电路使预备中间继电器 25KA 得电；另一方面经电空制动控制器使导线 836 得电。此时，导线 466→25KA 常开闭合→271 V→465QS→导线 841→电子时间继电器 454KT 得电并开始延时；同时，导线 841→中间继电器 453KA 常闭联锁→中间继电器 452KA 得电，其常开联锁闭合而常闭联锁断开：

a. 中间继电器 452KA 常闭联锁断开，使排风 1 电空阀 254YV 失电，从而切断作用管经排风 1 电空阀 254YV 向大气排风的气路。

b. 中间继电器 452KA 常闭联锁断开，使缓解电空阀 258YV 失电，从而切断均衡风缸的充风气路；也使排风 2 电空阀 256YV 失电，连通过充风缸经 256YV 排风的气路。同时，由于制动电空阀 257YV 失电，所以，连通均衡风缸经初制风缸向大气排风的气路，当均衡风缸减压 20 kPa 时，压力开关 209 联动微动开关 209SA 闭合电路 822-800，断开电路 827-807。

c. 中间继电器 452KA 常开联锁闭合，导线 836→455KA→452KA→209SA→800→257YV 得电，从而切断均衡风缸经初制风缸向大气排风的气路，以控制均衡风缸减压量达到 40~50 kPa。

② 中继阀：包括两部分动作。

a. 总风遮断阀：由于中立电空阀 253YV 失电使遮断阀口开启，连通总风充往双阀口式中继阀供气室的气路。

b. 双阀口式中继阀：随着均衡风缸压力的降低，活塞膜板带动顶杆左移并打开排气阀口，连通制动管及活塞膜板右侧向大气排风的气路，即制动管压力降低；当制动管及活塞膜板右侧压力降低到与均衡风缸压力平衡时，在排气阀弹簧作用下，关闭排气阀口，且不打开供气阀口，制动管产生 40~50 kPa 减压量。

③ 分配阀：包括 3 部分动作。

a. 主阀部：随着制动管压力降低，主活塞通过主活塞杆带动节制阀上移，连通制动管向局减室降压的气路，以实现局部减压作用；随着制动管压力进一步降低，主活塞通过主活塞杆带动节制阀、滑阀继续上移，连通工作风缸向作用管充风的气路，即作用管压力升高，而工作风缸压力降低；当工作风缸压力降低至与制动管压力平衡时，在自重及稳定弹簧作用下，主活塞通过主活塞杆带动节制阀下移，切断工作风缸向作用管充风的气路，作用管停止充风。

b. 紧急增压阀：随着制动管压力降低，增压阀柱塞仍保持在下端，切断总风向作用管充风的气路。

c. 均衡部：随着作用管压力升高，均衡活塞带动空心阀杆上移，顶开供气阀口，连通总风向机车制动缸及均衡活塞上侧充风的气路,即机车制动缸压力升高;当机车制动缸及均衡活塞上侧压力升高至与作用管压力平衡时,在供气阀弹簧作用下,均衡活塞和空心阀杆下移,关闭供气阀口,且不打开排气阀口,停止机车制动缸的充风。

可见,机车制动机实现常用制动作用。同时,随着制动管压力降低,车辆制动机也进行制动。

(2)列车空气制动的自动消除。

① 电路部分。

待延时约 25 s 后,电子时间继电器 454KT 接通中间继电器 453KA 的供电电路而使中间继电器 453KA 得电,其常闭联锁断开而常开联锁闭合。

对于 SS_4 改进型电力机车,453KA 常闭联锁断开,使中间继电器 452KA 失电复原,则有:

a. 中间继电器 452KA 常闭联锁闭合,若电空制动控制器在"运转位",则由导线 809 使排风 1 电空阀 254YV 得电,连通作用管经排风 1 电空阀 254YV 的排风气路,作用管压力降低。

b. 中间继电器 452KA 常闭联锁闭合,使缓解电空阀 258YV 得电,从而连通均衡风缸的充风气路并切断其排风气路,均衡风缸充风至定压。同时,排风 2 电空阀 256YV 得电。

c. 中间继电器 452KA 常开联锁断开,使制动电空阀 257YV 恢复失电,排放初制风缸压缩空气,为再次制动做准备。

同时,453KA 常开联锁闭合,导线 841→270V→453KA 常闭联锁闭合→排风 1 电空阀 254YV 得电,从而连通作用管经排风 1 电空阀 254 YV 的排风气路,作用管压力降低。

对于 SS_8 型电力机车,453KA 常闭联锁断开,使中间继电器 452KA 失电复原,则有:

a. 中间继电器 452KA 常闭联锁闭合,若电空制动控制器在"运转位",则由导线 809 使排风 1 电空阀 254YV 得电,连通作用管经排风 1 电空阀 254YV 的排风气路,作用管压力降低。

b. 中间继电器 452KA 常闭联锁闭合,使缓解电空阀 258YV 得电,从而连通均衡风缸的充风气路并切断其排风气路,均衡风缸充风至定压。同时,排风 2 电空阀 256YV 得电。

c. 中间继电器 452KA 常开联锁断开,使制动电空阀 257 YV 恢复失电,排放初制风缸压缩空气,为再次制动作准备。

同时,453KA 常开联锁闭合,导线 841→270V→453KA→排风 1 电空阀 254YV 得电,从而连通作用管经排风 1 电空阀 254YV 的排风气路,作用管压力降低。

② 中继阀:包括两部分动作。

a. 总风遮断阀:由于中立电空阀 253 YV 失电使遮断阀口打开,使总风充入双阀口式中继阀的供气室内。

b. 双阀口式中继阀:随着均衡风缸压力升高,活塞膜板带动顶杆右移而顶开供气阀口,连通总风向制动管及活塞膜板右侧充风的气路,即制动管压力升高,直至恢复原压力。

③ 分配阀:包括 3 部分动作。

a. 主阀部:随着制动管压力升高,主活塞通过主活塞杆带动滑阀、节制阀下移,连通制动管向工作风缸充风的气路;同时,尽管连通作用管通往 156 塞门的气路,但由于 156 塞门的关断,故 156 不开通作用管排大气的气路。

b. 随着制动管的压力升高，增压阀柱塞保持在下端，切断总风向作用管充风的气路。

c. 均衡部：随着排风 1 电空阀 254YV 得电而使作用管压力降低，均衡活塞带动空心阀杆下移，打开排气阀口，连通机车制动缸及均衡活塞上侧向大气排风的气路，直至机车制动缸压力降低为零。

可见，机车制动机实现缓解作用。同时，随着制动管压力升高，车辆制动机也进行缓解。

综上所述，当司机操纵司机控制器进行动力制动时，DK-1 型电空制动机自动控制全列车制动系统产生 40～50 kPa 减压量所引起的空气制动，并且维持 25 s 后自动消除。

当司机操纵换向手柄移出"制动位"而停止动力制动时，导线 405（SS_8 机车：466）失电，从而使 452KA、453KA、454KT 失电，相关电路复原，为下一次动力制动或空气制动做准备。

2）动力制动不足时，追加空气制动。

SS_4 改进型电力机车上设有风压继电器 544YJ（SS_8 机车：544KP。下同），整定值为 150 kPa。其目的是用于动力制动和空气制动同时施用时，若机车制动缸压力超过 150 kPa，则自动切断动力制动的励磁电源，以避免因制动力过大而造成制动滑行。但是，实际运行中，根据动力制动的性能、特点和列车运行的需要，往往需同时实施动力制动和空气制动，以提高列车制动力，确保行车安全。为了解决这一问题，DK-1 型电空制动机设置了在动力制动的基础上，追加空气制动的功能。下面简要分析其工作过程。

司机操纵司机控制器实施动力制动 25 s 后，由于中间继电器 453KA 维持得电，因此，导线 415→530KT→导线 855→常开联锁 91KM 闭合→导线 856→466QS→导线 857→465QS→导线 841→270V→453KA→导线 862→451KA→排风 1 电空阀 254YV 得电（SS_8 机车：导线 466→25KA→271V→465QS→导线 841→270V→453KA→254YV），从而保持作用管排风气路的开通。当需要追加空气制动时，司机将电空制动控制器手柄移至制动位，缓解电空阀 258YV 和制动电空阀 257YV 同时失电，从而连通均衡风缸排风气路，致使制动管也产生减压量，因此车辆进行制动。而对机车而言，尽管制动管压力下降使分配阀主阀部连通工作风缸向作用管充风的气路，但因排风 1 电空阀 254YV 得电而保持了作用管的排风气路，所以，作用管的压力不可能达到 150 kPa，即机车制动缸压力不会达到 150 kPa 而维持风压继电器 544W 不动作，从而实现了动力制动和空气制动的同时实施。这样，在动力制动工况下，补充车辆的空气制动，既简化操纵程序，又安全可靠。

值得注意的是：上述作用的实现，需符合先动力制动 25 s 后，再追加空气制动的操纵方法。否则（即同时操纵动力制动和空气制动；或先操纵动力制动，25 s 内再操纵空气制动；或先操纵空气制动，再操纵动力制动），动力制动和空气制动的配合将受风压继电器 544YJ 的限制。

另外，在动力制动工况下，遇有危及行车安全和人身安全的紧急情况时，仍可实施紧急制动。此时，由于作用管的充风较快，而使机车制动缸得到较大的充风，所以，风压继电器 544YJ 动作，从而切除动力制动，以避免造成制动滑行。

转换开关 465QS 的设置，主要是考虑不同运行区段使用动力制动的要求有所不同，故不作硬性规定，可根据运行需要及效果进行选择。此外，当其相应电路故障而影响正常运行时，可进行切除。

3）SS₄改进型电力机车空电联合制动。

电力机车空气-电阻联合制动是以机车准恒速加馈电阻制动以及 DK-1 型电空制动机技术为基础，为适应重载、高速列车的需要而发展起来的一种技术装备。它是通过司机控制器手柄级位、机车速度、加馈电阻制动电流以及联合制动、电制动、DK-1 型电空制动机状态、主断路器闭合状态、分相无电区等模拟或数字信号的输入，经电子柜内单片机硬件、软件处理后，对 DK-1 型电空制动机和加馈电阻制动发出控制指令，并经空电联合制动控制环节，自动对列车制动机、机车制动机实施制动减压、保压或充风缓解，同时对电制动进行必要的干预。在充分利用电制动的前提下，使两种制动方式有机地结合起来，维持列车在给定速度带中安全运行，保证长大重载列车的安全运行。

空电联合制动的切换由制动屏柜内联合制动电器屏上的空电联合转换开关 466QS 完成，该开关有 3 个位置："0 位"切除；"Ⅰ位"自动缓解空气制动；"Ⅱ位"手动缓解空气制动。

列车运行在长大坡道上时，电空制动控制器手柄置于"运转位"，空气制动阀手柄置于"运转位"。若空电联合转换开关 466QS 在"Ⅰ位"，则司机只需转动司机控制器给定手轮，给定机车运行速度指令，空电联合制动装置将在机车电制动力已达最大而列车继续加速到超过给定速度（5 km/h）时，发出一级减压指令（制动管减压 50 kPa）；如果速度还继续上升到超过给定速度（15 km/h）时，发出二级减压指令（制动管追加减压 20 kPa，即减压 70 kPa）。为发挥电制动作用，空气制动投入后，电制动将维持最大。当列车速度低于给定速度 15 km/h 时，将自动缓解列车空气制动。若空电联合转换开关 466QS 在"Ⅱ位"，则列车空气制动的缓解只能靠司机将电空制动控制器手柄从"运转位"移置"中立位"，再移回"运转位"来完成。在空气制动缓解后，为延长列车充风时间，电制动还将维持最大制动力达 1 min。空电联合制动过程中，司机根据运行要求可以随时人工干预空气制动，对制动管追加减压或充风缓解。同时，运行中只要机车存在电制动力，机车制动缸压力就将自动缓解。

当空电联合转换开关 466Qs 处于"Ⅰ位"时，为确保行车安全，在通过分相无电区断电时，空电联合制动将锁定在断电时的状态，只有在合闸以及重新给定司机控制器后，司机按动操纵台面上的解锁恢复按钮，空电联合制动才从锁定点开始恢复工作。空电联合制动的锁定和解锁可在司机操纵台空电联合显示灯上显示。

此外，在机车加馈电阻制动故障后，空电联合制动装置将自动实行制动管减压。

空电联合制动的控制过程包括以下几方面：

（1）空电联合制动工作指令。

导线 899（电源）→空气制动阀上的 3SA（1）→导线 801→电空制动控制器 1AC（"运转位"、"过充位"、"中立位"、"制动位"）→导线 813→空电联合转换开关 466QS（"Ⅰ位"、"Ⅱ位"）→导线 833→电子柜 AE。

当电子柜接受到导线 833 送入的电压信号（DC 110 V），而电子柜本身也处于准恒速加馈电阻制动位（即电子柜处于 A 组、司机控制器调速手柄置于"制动位"）时，电子柜的空电联合制动环节开始工作。

从上述工作可知，只有 DK-1 型电空制动机处于"电空位"，且电空制动控制器手柄置于除"重联位"、"紧急位"以外的各位以及空电联合转换开关 466QS 处于"Ⅰ位"或"Ⅱ位"时，导线 833 才有电。这就保证了只有 DK-1 型电空制动机处于"电空位"，本务机车操纵端电子柜的空电联合制动控制环节才能投入工作，而非操纵端和重联机车的电子柜的空电联合制动控制环节不能工作。另外，通过空电联合转换开关可切除电子柜的空电联合制动控制环节的工作指令，使电子柜的空电联合制动控制环节停止工作。

（2）制动缸压力自动缓解。

在空电联合制动过程中，当电子柜检测到的电阻制动电流不小于 30 A 时，电子柜将发出制动缸缓解指令。该指令为一常开联锁，发出指令时，使得导线 445 与 845 连通，则有：

① 导线 405（司机控制器制动位有电）→空电联合转换开关 466QS（Ⅰ、Ⅱ位）→导线 445→电子柜 AE 常开联锁闭合→导线 845→中间继电器 457KA 得电。

② 导线 405→中间继电器 457KA 常开联锁→导线 828→中间继电器 452KA 常闭联锁→导线 862→中间继电器 451KA 常闭联锁→导线 863→排风 1 电空阀 254 YV 得电。

③ 作用管（包括容积室）压缩空气→排风 1 电空阀 254YV 下阀口→大气。

由于作用管压缩空气自动排大气，通过分配阀均衡部动作后，使机车制动缸压缩空气也排大气，实现缓解。

（3）制动管减压控制。

在空电联合制动过程中，当机车电制动力按准恒速特性控制已达最大，且列车继续加速超过给定速度 5 km/h 时，电子柜发出一级减压指令，即电子柜内列车缓解继电器得电，其常开联锁闭合，导线 846 与 847 连通。同时，制动减压继电器得电 1 s 后失电，其常开联锁使导线 847 与 848 连通 1 s 后断开，常闭联锁使导线 850 与 849 断开 1 s 后连通。

① 空电联合转换开关 466QS 处于Ⅰ位：

导线 803（"电空位"下电空制动控制器置于"运转位"、过充位时有电）→466QS（"Ⅰ位"）→导线 846→AE 联锁→导线 847→AE 联锁（闭合 1 s）→导线 848→455KA。

导线 847→455KA 常开联锁→导线 848→455KA。

即中间继电器 455KA 得电并自锁。

导线 803→455KA 常开联锁（闭合）→导线 849→AE 联锁（断开 1 s 后闭合）→导线 850→456KA。

中间继电器 456KA 比 455KA 晚 1 s 得电。

455KA 断开，切断 254 YV 经导线 818 得电的电路；455KA 断开，使 258 YV、256YV 失电；其余各电空阀和中间继电器与电空制动控制器"运转位"相同。

所以，缓解电空阀 258YV、制动电空阀 257YV 同时失电，连通均衡风缸向大气排风的气路，均衡风缸压力下降。

由于电子柜发出一级减压指令时，电制动电流已达最大值，电子柜还将发出制动缸自动缓解指令。即导线 405→466QS→导线 445→AE 联锁→导线 845→457KA 得电。经电路：导线 405→457KA 常开闭合→452KA→451KA→254YV，使排风 1 电空阀 254YV 得电，作用管排大气，实现制动缸自动缓解。

在中间继电器 455KA 得电 1 s 后，中间继电器 456KA 得电，则有：导线 405→电空制动控制器 1AC→导线 836→中间继电器 456KA 常开闭合→导线 822→209SA→导线 800→257YV，使制动电空阀 257YV 得电，切断了均衡风缸的排气口。由于均衡风缸压缩空气只经制动电空阀 257 YV 排气口排风 1 s，其余与初制风缸均衡，所以均衡风缸只减压 50 kPa 左右。同样，中继阀使制动管减压 50 kPa 左右后自动保压。车辆产生初制动作用。

因在制动管减压、保压过程中，中立电空阀 253 YV 一直失电，所以总风遮断阀没有关闭制动管的风源，使制动管的漏泄能够得到补充。

② 空电联合转换开关 466QS 处于Ⅱ位：

导线 803→466QS（Ⅰ位）→导线 846→466QS（Ⅱ位）→导线 847→AE 联锁（闭合 1 s）→导线 848→455KA。

导线 847→455KA 常开闭合→导线 848→455KA。

即中间继电器 455KA 得电并自锁。其余电路、气路及各阀作用与空电联合转换开关 466QS 处于Ⅰ位时完全相同，均衡风缸、制动管减压 50 kPa 后自动保压，机车制动缸自动缓解，而车辆产生初制动作用。

（4）制动管追加减压。

① 自动追加减压。

在空电联合制动过程中，电子柜发出一级减压指令，且制动管已减压 50 kPa 后，如果列车速度继续上升，大于给定速度 15 km/h；或一级减压投入后，列车速度不再上升，也不再下降（或下降很慢），5 min 内不能达到缓解点，则电子柜将发出二级减压指令，即电子柜内制动减压继电器得电 1 s 后失电，其常闭联锁使导线 850 与 849 断开 1 s 后再连通。由中间继电器 456KA 得电电路可知，中间继电器 456KA 将失电 1 s 后再得电。这时 456KA 的常开联锁使得导线 836 与 822 断开 1 s 后再连通，制动电空阀 257YV 失电 1 s 后再得电。

由于制动电空阀 257 YV 失电 1 s 后再得电，因此均衡风缸压缩空气将经制动电空阀 257YV 上阀口排大气 1 s。这时均衡风缸将追加减压 20 kPa，同时制动管也将追加减压 20 kPa。

② 人工追加减压。

在空电联合制动装置进行一级减压后，司机可以通过移动电空制动控制器手柄达到追加制动管减压的目的。

当电空制动控制器手柄从"运转位"移至"制动位"再放"中立位"时，由于导线 803 失电，中间继电器 455KA、456KA 均失电，空电联合制动装置失去对 DK-1 型电空制动机的控制作用。这时除排风 1 电空阀 254YV 受中间继电器 457KA 控制仍保持得电外，其余电路与"电空位"下电空制动控制器手柄在"制动位"和"中立位"完全相同，均衡风缸、制动管追加减压，其减压量受电空制动控制器手柄在"制动位"停留时间的控制。

（5）制动管充气缓解。

① 自动充气缓解。

在空电联合制动装置已进行空气制动后，若电空制动控制器手柄仍在"运转位"，转换开关 466QS 在"Ⅰ位"，当列车速度下降到小于给定速度 15 km/h（该缓解点速度应大于 35 km/h）时，电子柜发出缓解指令，即电子柜内原得电的缓解继电器失电，其常开联锁断开导线 846-847，使中间继电器 455KA 失电。接着 455KA 常开联锁断开中间继电器 456KA 的电源，中间继电器 456KA 失电。DK-1 型电空制动机恢复到电空制动控制器在"运转位"时的状态，均衡风缸、制动管充风缓解，全列车制动机缓解。

如果电空制动控制器手柄仍在"运转位"，转换开关 466QS 在"Ⅱ位"，则电子柜发出的缓解指令不能影响中间继电器 455KA、456KA 的得电。

② 人工充气缓解。

由中间继电器 455KA 得电电路可知，只要导线 803 失电后再得电，中间继电器 455KA 将解锁后失电，同时中间继电器 456KA 也将失电。

在转换开关466QS处于"Ⅰ位",但还没自动缓解前,或转换开关466QS处于"Ⅱ位"时,将电空制动控制器手柄从"运转位"移至"中立位",让导线803失电后,手柄再回"运转位",中间继电器455KA、456KA将失电,DK-1型电空制动机将恢复到电空制动控制器"运转位"状态,均衡风缸、制动管充风缓解,全列车制动机缓解。

(6) 通过分相区时空电联合制动的锁定与解锁。

由于空电联合制动的速度控制指令是由司机控制器的给定手柄提供的,在通过分相无电区时,因机车主电路、辅助电路的要求,重新闭合主断路器之前,司机控制器给定手柄应回"0"位。这时,空电联合制动指令的改变将影响列车制动机的正常工作。为保证列车制动性能,空电联合采用如下电路和操作方法:

① 在通过分相区前,司机先按分闸按钮,再断辅机和司机控制器给定手柄回"0"位,这时:

导线405→466QS(Ⅰ、Ⅱ位)→导线445→主断路器辅助联锁4QF(分闸时闭合)→446QS(Ⅰ位)→458K1A。

导线445→空电恢复按钮485SB→458KA常开联锁→446QS("Ⅰ位")→458K1A。

即中间继电器458KA得电并自锁。同时:

导线445→458KA常开联锁(闭合)→导线831→电子柜AE。

导线780(DC24V电源线)→458KA常开联锁(闭合)→空电恢复指示灯39EL→导线700(DC24V负线)。

电子柜接受到导线831输入的DC 110 V信号后,将自动锁定空电联合制动状态。同时,司机操纵台上空电恢复指示灯39EL亮。

② 在通过分相区后,司机先合闸,再起动辅机,重新给定司机控制器。确认完毕,按压司机操纵台上的空电恢复按钮485SB后,中间继电器458KA解锁并失电。导线831失电,同时司机操纵台上的空电恢复指示灯39EL灭;电子柜从锁定点恢复空电联合制动的控制。

以上作用只在空电联合转换开关466QS处于Ⅰ位时存在。

空电联合制动发生作用时,原DK-1型电空制动机的电空联锁性能将被切除。只有空电联合转换开关处于"0"位时,电空联锁性能才起作用。

4. 检查制动管折角塞门开通状态

列车制动系统正常工作的基本前提是贯穿列车首尾的制动管处于开通状态。如果某一制动管折角塞门关断,那么自该折角塞门以后的所有制动机都将失去控制,不可避免地会造成列车制动力不足,从而危及行车安全。这方面的行车事故屡见不鲜,因此,在列车运行中,必须保证全列车制动管的畅通无阻。但由于我国铁路运输的特殊情况及其他种种原因,运行中关断制动管折角塞门的现象时有发生,由此而引起的事故是极为严重和可怕的。为避免此类事故的发生,铁路部门除制订严密的操作管理规程外,还要求制动机本身应具备便于检查制动管折角塞门开通与否的功能。

根据客、货运输的特点和需要,SS_4改进型电力机车的DK-1型电空制动机设置了此项功能,而SS_8型电力机车的制动机则没有设置此项功能。下面按照检查制动管折角塞门开通状态的操纵方法来分析其工作过程。

（1）将电空制动控制器手柄置于"运转位"。

将电空制动控制器手柄置于"运转位"时，导线 803 得电，且全列车处于缓解状态。

（2）按下"检查充气"按钮 481SB，直到制动管压力超过定压 100 kPa 为止。

当按下"检查充气"按钮时，导线 803→570QS1→481SB→检查电空阀 255YV 得电，连通总风向均衡风缸迅速充风的气路，即均衡风缸压力迅速升高，经中继阀动作，使制动管压力也迅速升高，直到制动管压力表指针指向超过定压 100 kPa 时为止。该作用过程中，由于制动管又细又长，且制动管压力表安装在机车的制动管支管上，所以，此时制动管压力表的读数只反映机车附近制动管的压力，而列车后部的制动管的压力比该值小得多。

（3）松开"检查充气"按钮 481SB 并立即按下"检查消除"按钮 483SB，观察制动管压力表读数的变化。

当松开"检查充气"按钮并按下"检查消除"按钮时，首先，确定电空阀 255YV 失电，从而切断总风向均衡风缸充风的气路；其次，导线 803→570QS1→483SB→重联电空阀 259YV 得电，从而连通均衡风缸与制动管之间的气路，并使中继阀处于自锁状态。此时，均衡风缸过充量随列车前部制动管的过充量向后衰减，即制动管压力表读数下降。可见，制动管压力衰减快且幅度大，则可确认制动管畅通；反之，则可怀疑制动管通路受阻。

综上所述，可得到如下结论：

① 该操纵用于检查制动管折角塞门开通状态，确保列车的行车安全。

② 操作步骤：

a. 将电空制动控制器手柄置于"运转位"。

b. 先按下检查充气按钮，待制动管压力超过定压 100 kPa 时为止。

c. 松开"检查充气"按钮并立即按"下检查消除"按钮，观察制动管压力衰减情况，以判断制动管折角塞门开通情况。

③ 判断方法：

在较短时间内，制动管恢复定压，则为制动管畅通，无关断现象。

在一定时间内，制动管不能恢复定压，则应引起警惕，可视为制动管不畅通，有折角塞门关断，须采取必要措施。并且制动管压力与定压差值越大，则关断处所离机车越近。

此方法只能定性地判断，并且随牵引车辆数的变化而有所变化。

④ 使用时的注意事项：

a. 制动管过充量不宜过高，一般控制在 100 kPa 上下。

b. 在消除过程中，即使制动管畅通，但由于受中继阀灵敏度的限制，恢复到与定压完全一致也是不可能的。通常，恢复到比定压高出 10 kPa 即属正常。

c. 对于单机，由于制动管容积小，所以，按下"检查消除"按钮时，只要制动管略有下降即可认为该装置作用正常。

⑤ 列车行驶过程中，严禁按压"检查充气"按钮，以防发生过量供给。所谓过量供给是指司机误操作或制动机某部件发生故障，使制动管压力超过定压的现象。发生过量供给后，车辆副风缸压力也随之升高，当制动管恢复定压或发生漏泄时，虽然司机并未施行减压制动，但列车也会产生自然制动，从而造成轮箍弛缓、晚点等行车事故。

5. 补风转换作用

制动管的漏泄是不可避免的，其漏泄量的标准根据各国的具体情况而制订。我国目前的标准为每分钟漏泄不大于 20 kPa。在制动保压过程中，制动管的漏泄量若不能得到及时补充，则随着保压时间的延续，制动管的实际减压量会随之增加，制动缸压力也随之增大。可见，列车制动力是变化的，这给操纵带来不便。但我国目前的车辆制动机受其性能的限制，制动管不宜具有补风性能，因为一旦制动管补风，就有可能会使车辆制动机产生自然缓解现象，这是非常危险的。考虑到制动机性能将随铁路运输事业发展的需要而日臻完善，DK-1 型电空制动机增加了补风转换作用。

补风转换作用由转换开关 463QS 控制实现。在不补风位时，转换开关 463QS 闭合电路，电空制动控制器置于"制动位"或"中立位"，使导线 806 经转换开关 463QS 向中立电空阀 253YV 供电，从而使总风遮断阀口关闭，以切断制动管的补风风源。而在补风位时，转换开关 463QS 断开电路，这样，即使电空制动控制器在"制动位"或"中立位"，也不能使中立电空阀 253YV 得电，从而保证总风遮断阀口开启，使制动管具有补风风源，因而当制动管漏泄时也能得到补充。

6. SS_8 型电力机车的新增配合

SS_8 型电力机车 DK-1 型电空制动机增设了与旅客列车电空制动装置、速度分级控制系统、速度监控装置和弹簧止轮器等的配合。

（1）与旅客列车电空（或电控）制动装置的配合。

当旅客列车电空制动装置准备投入使用时，将机车电空制动屏柜"列车电空制动"转换开关 468QS 置于"Ⅰ位"或"Ⅱ位"。

① 列车缓解：将电空制动控制器手柄置于"运转位"或"过充位"，导线 803→455KA 闭合→452KA 闭合→451KA 闭合→导线 837→44KM 闭合→210SA→468QS→41 KM 得电，接通旅客列车电空制动装置缓解电路 898-875，使旅客列车电空制动装置进行缓解；同时，司机台"列车缓解"信号灯亮。当制动管压力达到定压时，压力开关 210 联动 210SA 切断电路 898-875，使旅客列车电空制动装置停止缓解，"列车缓解"信号灯灭。

② 列车保压：将电空制动控制器手柄置于"中立位"，导线 807→455KA 闭合→262V→导线 800→44KM 闭合→468QS→42KM 得电，接通旅客列车电空制动装置保压电路 898-876，使旅客列车电空制动装置进行保压；同时，司机台"列车保压"信号灯亮。此时，若电空制动控制器手柄是由"运转位"或"过充位"移至"中立位"，则在导线 800 得电的同时，导线 837 也得电（导线 807→455KA 闭合→导线 817→209SA→导线 827→263V→452KA 闭合→451KA 闭合→导线 837），使 41KM、42KM 同时得电，全列车保压。若电空制动控制器手柄是由"制动位"移至"中立位"，则只有导线 800 得电，使 42KM 得电，全列车保压。

③ 列车制动：将电空制动控制器手柄置于"制动位"，导线 808→208SA 联锁闭合→42KM 闭合→468QS→43KM 得电，接通旅客列车电空制动装置制动电路 898-877，使旅客列车电空制动装置进行制动；同时司机台"列车制动"信号灯亮。当均衡风缸减压 190～230 kPa 时，208SA 断开电路 808-840，使 43KM 失电，从而控制旅客列车电空制动装置停止制动；同时，司机台"列车制动"信号灯熄灭。

④ 列车紧急：将电空制动控制器手柄置于"紧急位"，导线 804→468QS→44KM 得电，接通旅客列车电空制动装置紧急电路 898-878，使旅客列车电空制动装置进行紧急制动；同时，司机台"列车紧急"信号灯亮。

若旅客列车不具备电空制动性能或其发生故障，应将机车电空制动屏柜"列车电空制动"转换开关 468QS 置于"0 位"，而采用空气制动控制旅客列车制动机。

（2）与速度分级控制系统及速度监控装置的配合。

① 与速度分级控制系统的配合：当速度分级控制系统根据线路信号发出轻微、一级制动、二级制动或紧急制动信号给机车计算机控制系统时，机车计算机控制系统使导线 840→466QS→455KA 得电：

a. 455KA 常闭断开→254YV 失电，关断作用管排风气路。

b. 455KA 常闭断开→258YV、256YV 失电，同时 257YV 失电，开通均衡风缸的排风气路，全列车制动系统进行常用制动。

当制动机达到一级常用减压量时，机车计算机控制系统发出保压信号，使空气制动系统处于保压状态；若需要追加二级制动，则系统重复上述过程，直到达到二级制动减压量后保压。

c. 455KA 常开闭合，当均衡风缸减压 190～230 kPa 时，压力开关 208 动作并联动 208SA 闭合电路 808-800，则导线 899→455KA7-8 常开闭合→导线 808→208SA→导线 800→257YV 得电，使均衡风缸最大只能达到过量减压量。

当列车速度降到限速以下时，速度分级控制系统根据线路信号向机车计算机控制系统发出缓解信号，经机车计算机控制系统处理后向机车空气制动系统发出缓解指令，全列车缓解。

若两级常用制动后，在指定区间内列车速度仍未能降到限速以下，则速度分级控制系统直接向机车空气制动系统发出"紧急制动"指令，全列车进行紧急制动。

② 与速度监控装置的配合：其控制过程与"与速度分级控制系统配合"类似。所不同的是：速度监控装置是直接向机车空气制动系统发出常用制动、缓解或紧急制动指令。

（3）与弹簧止轮器的配合。

司机按下"停放制动"按钮 487SB 或 488SB 时，停放制动电空阀 260YV 失电，使弹簧止轮器的蓄能制动器制动缸排风，实现机车停放制动，以防止机车的溜放。

四、DK-1 型电空制动机的操作规程与试验验收规则

1. DK-1 型电空制动机操作规程

正确地使用制动机是机车操纵技术的重要内容之一，特别是对 DK-1 型电空制动机来说，与一般机车空气制动机在结构、操作及性能等方面有较大的不同，使用时间也不长，因此，如何正确掌握其操作方法是很关键的问题。

1）SS_4 改进型电力机车。

（1）电空位操作。

① 操作前的准备工作。

a. 检查控制电源屏上的电空制动用自动开关 615QA 扳钮应朝上，处于闭合位。

b. 检查电空制动屏柜：

- 转换阀 154 在制动管定压为 500 kPa 时，置于货车位；在制动管定压为 600 kPa 时，置于客车位。
- 转换阀 153 处于正常位。
- 开关板 502 上的 3 个转换开关 463QS、464QS、465QS 均应朝下，处于闭合位。其中，转换开关 463QS 因目前尚未使用适应补风的车辆制动机，故不宜朝上处于补风位。转换开关 464QS、465QS 则在相应的电路有故障或各段另有规定时，可分别朝上处于切除位。
- 调压阀 55 输出压力调整为定压。调整时以司机操纵台制动管压力表读数为准。

c. 除 155、156、121 塞门外，开通所有与制动机系统有关的塞门。

d. 电空转换扳钮均处于"电空位"。非操纵节机车电空制动控制器手柄在"重联位"、空气制动阀手柄在"运转位"时将手柄分别取出后，并于操纵节机车电空制动控制器、空气制动阀的相应位置装入手柄。

e. 空气制动阀下方调压阀 53 调整压力为 300 kPa。调整时以司机操纵台制动缸压力读数为准。

完成上述各项准备工作并对制动机进行规定的机能检查后，即可使用电空位操作。

② 操作中的注意事项。

a. 操纵电空制动控制器可对全列车进行制动与缓解，操作空气制动阀可对机车进行单独制动与缓解。

b. 电空制动控制器紧急制动后，若需要缓解全列车，则需在紧急位停留 15 s 以上才能返回"运转位"进行缓解。

c. 电空制动控制器手柄在"过充位"、"运转位"、"中立位"和"制动位"时，若由于其他原因引起紧急制动作用，则电空制动控制器手柄应先置"重联位"或"紧急位"，需经 15 s 以后，再回"运转位"才能缓解列车。

准备工作中的 b、c 操作，只是在机车出库前或一般的机能检查时，为缩短检查时间的简易方法。

（2）空气位操作。

① 操作前的准备工作。

a. 将操纵节机车空气制动阀上的电空转换扳钮移至"空气位"，并将手柄移至"缓解位"。

b. 将操纵节机车空气制动阀下方调压阀 53 的输出压力值调整为定压。

c. 将电空制动屏柜上的转换阀 153 由"正常位"转换至"空气位"。

上述 c 项操作，在一般的机能检查时可不必进行；但在运行途中，必须转为空气位操作时，应全部完成上述 3 项操作，以确保顺利转换。

② 操作中的注意事项。

a. 操作空气制动阀可对全列车进行制动与缓解，单缓机车则要下压其手柄。

b. 电空制动控制器手柄应放"运转位"，也可从"重联位"取出。

c. 需紧急制动时，应按压紧急按钮或开放手动放风塞门 121，并将空气制动阀手柄置于"制动位"。

d. 此时因制动管有补风作用，在中立位停留一段时间后，要监视速度的变化，以免因车辆的陆续自然缓解而丧失制动时机。

e. 由于空气位操作只是一种补救的措施，因此在操作时必须格外注意，做到正、副司机密切协调，方能确保运行的安全。

f. 若非操纵节机车处于"空气位"，或处于"电空位"但无电空制动电源，则应将非操纵节机车中继阀的制动管塞门 115 关断。

g. 空气位操纵，只允许短时间低速维持故障运行，到达安全地方后，应及时恢复电空制动，以确保运行安全。

（3）本、补机重联操作。

当机车作为本务机车运行时，制动机操作方法与"电空位"或"空气位"操作相同。当机车作为补机运行时，该机车制动机受本务机控制，因此补机需作以下处理（此时补机操纵节 570DK 应闭合）：

① 与同型号机车重联。

a. 两机车间平均管、总风联管、制动管均开通。

如某节机车无电空制动电源或处于"空气位"，则还应将该节机车中继阀座下方的制动管塞门 115 关断。

b. 两机车间平均管、总风联管没有开通。

- 将两节机车电空制动控制器手柄置于"重联位"或取出，空气制动阀手柄置于"运转位"或取出。
- 将重联操纵节机车重联转换阀 93 的转换按钮置于"本机位"。
- 将重联非操纵节机车重联转换阀 93 的转换按钮置于"补机位"。
- 将重联操纵节机车的分配阀缓解塞门 156 开放。
- 如某节机车无电空制动电源或处于"空气位"，则还应将该节机车中继阀座下方的制动管塞门 115 关断。

② 与不同型号机车重联。

同上述 b 项的情况。

（4）退乘操作。

运行后的退乘及机能检查试验完成后的操作要点：

a. 切断电空制动电源。

b. 关闭总风缸塞门 111、113。

c. 确认控制风缸 102 的压力为 900 kPa 时，及时关闭膜板塞门 97。

（5）无动力回送操作。

① 空气制动阀手柄置于"运转位"或取出。

② 关断两节机车的制动管塞门 115，并开放分配阀缓解塞门 156 及无动力回送塞门 155。

③ 两节机车分配阀低压安全阀的整定值调整为 180~200 kPa。

④ 两节机车的重联转换阀 93 与本务机车相同。

⑤ 关断两节机车的总风缸塞门 112。

（6）电-空联锁的作用。

使用电-空联锁时，制动机应工作在"电空位"下，且操纵节机车电空制动控制器在"运转位"。电空制动屏开关板上的转换开关 465QS 应朝下（电空联锁位）。

一次电空联锁结束，且调速手柄回"0"后，如需再一次实现电空联锁，则应将"电空制动控制器"手柄移"中立位"后再回"运转位"。

电空联锁作用时，空气制动经 25 s 自动缓解后，电阻制动力不足时，可追加空气制动。机车制动缸压力能自动缓解。

（7）空电联合制动的作用。

当操纵节机车在"电空位"，电空制动控制器手柄置于"运转位"或"过充位"，空电联合制动转换开关 466QS 处于"Ⅰ位"或"Ⅱ位"，电子柜为 A 组，司机控制器在"制动位"时，可产生空电联合制动作用。

① 若 466QS 处于"Ⅰ位"，则在通过分相无电区时，应先断主断，再断辅机，并将调速手柄回"0"；分相完毕后，先合主断，再合辅机，给定调速手柄，确认完毕后，按司机台上的空电恢复按钮。

② 空电联合制动中，若需司机人工干预，可将电空制动控制器手柄置于"制动位"、"中立位"追加减压；也可将电空制动控制器手柄置于"中立位"再回"运转位"或"过充位"，以提前缓解。

③ 若 466QS 处于"Ⅱ位"，则只能将电空制动控制器手柄置于"中立位"再回"运转位"或"过充位"缓解空气制动。缓解空气制动后，电制动将维持最长 1 min。

2）SS_8 型电力机车。

（1）电空位操作。

① 操作前的准备工作。

a. 检查控制电源屏上的电空制动用自动开关 37QA 和列车电控制动自动开关 36QA，扳钮应朝上，处于闭合位。

b. 检查电空制动屏柜。

• 转换阀 153 处于正常位。

• 开关板 502 上的 5 个转换开关 463QS、464QS、465QS、466QS、467QS 均应朝下，处于闭合位。其中，转换开关 463QS、464QS、465QS 作用同 SS_4 改进型电力机车。466QS 用于控制空电联合常用制动功能的切除与否，467QS 用于控制空电联锁功能的切除与否。

• 调压阀 55 输出压力调整为制动管定压，调整时以司机操纵台制动管压力表读数为准。

c. 除 155、156、121 和 122 塞门外，开通所有与制动机系统有关的塞门。

d. 电空转换扳钮均处于"电空位"。非操纵端电空制动控制器手柄在"重联位"、空气制动阀手柄在"运转位"时将手柄分别取出后，于操纵端在电空制动控制器、空气制动阀处于相应的位置时将手柄装入。

e. 空气制动阀下方调压阀 53 或 54 调整压力为 300 kPa，调整时以司机操纵台制动缸压力读数为准。

完成上述各项准备工作并对制动机进行规定的机能检查后，即可使用电空位操作。

② 操作中注意事项。

a. 操纵电空制动控制器可对全列车进行制动与缓解；操作空气制动阀可对机车进行单独制动与缓解。

b. 电空制动控制器紧急制动后，若需要缓解全列车时，需在紧急位停留 15 s 以上才能返回"运转位"进行缓解。

c. 电空制动控制器手柄在"过充位"、"运转位"、"中立位"和"制动位"时，由于其他原因引起紧急制动作用，电空制动控制器手柄应先置"重联位"或"紧急位"，经 15 s 以后，再回"运转位"才能缓解列车。

准备工作中的 b、c 两项操作，只是在机车出库前或一般的机能检查时，为缩短检查时间的简易方法。

（2）空气位操作。

① 操作前的准备工作。

a. 将操纵端空气制动阀上的电空转换扳钮移至"空气位"，并将手柄移至"缓解位"。

b. 将操纵端空气制动阀下方调压阀 53 和 54 的输出压力值调整为定压。

c. 将电空制动屏柜上的转换阀 153 由"正常位"转换至"空气位"。

上述 c 项操作，在一般的机能检查时可不必进行；但在运行途中，必须转为空气位操作时，应全部完成上述 3 项操作，以确保顺利转换。

② 操作中的注意事项。

a. 操作空气制动阀可对全列车进行制动与缓解，单缓机车则要下压其手柄。

b. 电空制动控制器手柄应放"运转位"，也可从"重联位"取出。

c. 需紧急制动时，应按压紧急按钮或开放手动放风塞门 121、122，并将空气制动阀手柄置于"制动位"。

d. 此时，因制动管有补风作用，在"中立位"停留一段时间后，要监视速度的变化，以免因车辆的陆续自然缓解而丧失制动时机。

e. 由于空气位操作只是一种补救的措施，因此在操作时必须格外注意，做到正、副司机密切协调，方能确保运行的安全。

f. 空气位操纵时，只允许短时间低速维持故障运行，到达安全地方后，应及时恢复电空制动，以确保运行安全。

（3）退乘操作。

运行后的退乘及机能检查试验完成后的操作要点：

① 切断电空制动电源。

② 关闭总风缸塞门 113。

③ 当控制风缸 102 的压力为 900 kPa 时，及时关闭膜板塞门 97。

（4）无动力回送操作。

① 空气制动阀手柄置于"运转位"或取出。

② 关断制动管塞门 115，并开放分配阀缓解塞门 156 及无动力回送塞门 155。

③ 分配阀低压安全阀的整定值调整为 180～200 kPa。

④ 确认总风缸压力大于 600 kPa 时，先关断塞门 151，再按下司机台上的"停车制动按钮"，待蓄能制动器完全上闸后，手动缓解全部蓄能制动器并保持 151 关断，以确保无动力回送机车的安全。

⑤ 关断总风缸塞门 112。

（5）电-空联锁的作用。

使用电-空联锁时，制动机应工作在"电空位"下，且操纵端电空制动控制器在"运转位"。电空制动屏开关板上的转换开关 465QS 应朝下（电空联锁位）。

一次电-空联锁结束，且调速手柄回"0"后，如需再一次实现电空联锁，则应将"电空制动控制器"手柄移"中立位"后再回"运转位"。

电空联锁作用时,空气制动经 25 s 自动缓解后,电阻制动力不足时,可追加空气制动。机车制动缸压力能自动缓解。

2. DK-1 型电空制动机的试验方法

DK-1 型电空制动机的检查、试验,主要用来检查 DK-1 型电空制动机的各项作用是否正常。它是通过电空制动控制器、空气制动阀手柄在各工作位置间的顺序转换,同时观察压力表指针的变化情况,来分析、判断 DK-1 型电空制动及其各部件是否处于良好状态。DK-1 型电空制动机试验分为装车前试验和装车后试验。其中,装车前试验是在 DK-1 型电空制动机试验台上进行;而装车后试验通常是在单机上试验,主要包括检修试验(即"八步闸"试验)和日常试验(即"五步闸"试验)。

1)DK-1 型电空制动机单机检修试验。

(1)试验前的检查。

① 确认各管路和电路连接正确。

② 确认各塞门及有关电路开关处于正常工况。

③ 确认空气压缩机工作正常。

④ 确认非操纵节机车电空制动控制器处于"重联位",空气制动阀处于"运转位",操纵节机车两手柄均置"运转位"。

⑤ 确认两节机车空气制动阀上的电空转换扳钮在"正常位"。

(2)电空位试验。

① 缓解状态下各压力值检查。

电空制动控制器、空气制动阀手柄均置于"运转位",检查各压力表指针指示,应符合下列要求:

a. 总风缸——750 ~ 900 kPa。

b. 均衡风缸——定压。

c. 制动管——定压(允许与均衡风缸压力差不大于 10 kPa)。

d. 制动缸——0 kPa。

② 紧急制动性能检查。

电空制动控制器在"运转位"停放不少于 90 s 后,移至"紧急制动位"。

a. 制动管压力由定压降至零的时间不大于 3 s。

b. 制动缸压力升至 400 kPa 的时间不大于 5 s。

c. 制动缸最高压力为(450 ± 10)kPa,安全阀应动作。

d. 机车自动撒砂。

e. 机车有级位时,主断路器自动跳闸;否则,主断路器不跳闸。

③ 紧急制动后的单独缓解性能检查。

a. 将空气制动阀手柄移至"缓解位"并下压手柄,制动缸压力应即可下降,并能缓解至零。

b. 待制动缸压力降至零后,再将空气制动阀手柄移至"运转位",制动缸压力不回升。

④ 列车充风性能检查。

将电空制动控制器手柄置于"运转位",制动管充风速度应符合表 2-6 的规定。

表 2-6　制动管充风速度

制动管定压 500 kPa	制动管定压 600 kPa
制动管压力由零升至 480 kPa 的时间不大于 9 s	制动管压力由零升至 480 kPa 的时间不大于 11 s

⑤ 初制动减压和均衡风缸、制动管漏泄检查。

a. 将电空制动控制器手柄移至"中立位",制动管压力下降每分钟应不大于 10 kPa。检查完毕后将电空制动控制器手柄移回"运转位"。

b. 将电空制动控制器手柄移至"制动位",待制动管减压 40～60 kPa 后置于"中立位",并保持 1 min,均衡风缸漏泄量每分钟不大于 5 kPa;制动管漏泄量每分钟不大于 10 kPa。检查完毕后将电空制动控制器手柄移回"运转位"。

⑥ 阶段制动性能及最大有效减压量、过量减压量的检查。

a. 电空制动控制器手柄置于"运转位"20 s 以上后,再将其手柄在"制动位"与"中立位"间移动,施行阶段制动,直至达到全制动最大有效减压量。检查阶段制动是否稳定,制动管减压量与制动缸压力比例应符合表 2-7 的规定。

表 2-7　制动管减压量与制动缸压力比例表

	制动管定压 500 kPa			制动管定压 600 kPa		
制动管减压量（kPa）	40～50	100	140	40～50	100	170～180
制动缸压力（kPa）	90～130	240～270	340～380	90～130	240～270	400～435

b. 最后将电空制动控制器手柄移至"制动位",制动管获得过量减压量,见表 2-8。待压力稳定后,制动缸压力变化每分钟不应大于 10 kPa。

表 2-8　制动管过量减压量

制动管定压（kPa）	500	600
制动管过量减压量（kPa）	190～240	210～290

⑦ 过充性能检查。

a. 将电空制动控制器手柄移至"过充位",制动管压力应超过定压 30～40 kPa,并且制动缸压力不缓解。

b. 当电空制动控制器手柄移回"运转位"后,制动缸压力应缓解到零,制动管过充压力在 120～180 s 内自动消除。

⑧ 常用全制动以及制动缸漏泄量检查。

a. 将电空制动控制器手柄移至"制动位",均衡风缸减压速度和制动缸压力升压速度应符合表 2-9 的规定。

表 2-9　均衡风缸减压速度与制动缸压力升压速度

制动管定压 500 kPa	制动管定压 600 kPa
均衡风缸减压 140 kPa 的时间为 5~7 s	均衡风缸减压 170 kPa 的时间为 6~8 s
制动缸由零升至 340~380 kPa 的时间为 6~8 s	制动缸由零升至 400~435 kPa 的时间为 7~9.5 s

b. 关断分配阀供给塞门，检查制动缸漏泄量每分钟不大于 10 kPa。检查完毕后，开通供给塞门。

⑨ 缓解性能检查。

将电空制动控制器手柄移回"运转位"，均衡风缸、制动管应恢复定压。制动缸压力下降速度应符合表 2-10 的规定。

表 2-10　制动缸压力下降速度

制动管定压 500 kPa	制动管定压 600 kPa
制动缸压力由 340~380 kPa 下降至 40 kPa 的时间不大于 7 s	制动缸压力由 400~435 kPa 下降至 40 kPa 的时间不大于 8.5 s

⑩ 单独制动与单独缓解性能检查。

a. 当空气制动阀手柄在"中立位"与"制动位"间来回移动时，阶段制动作用应稳定。

b. 当空气制动阀手柄在"中立位"与"运转位"间来回移动时，阶段缓解作用应稳定。

c. 当空气制动阀手柄由"运转位"移至"制动位"时，制动缸压力由零升至 280 kPa 的时间不大于 4 s。

d. 当空气制动阀手柄移回"运转位"时，制动缸压力由 300 kPa 下降至 40 kPa 的时间不大于 5 s。

⑪ 重联位性能检查。

将电空制动控制器手柄由"运转位"移至"制动位"，待制动管减压后，再将手柄移至"重联位"，制动管应保压。

（3）空气位试验。

将空气制动阀上的电空转换扳钮置于"空气位"，并将其下方的调压阀的输出值调整为定压。

① 缓解状态下各压力值检查。

将空气制动阀手柄置于"缓解位"，并下压手柄，各压力值应符合下列要求：

a. 总风缸——750~900 kPa。

b. 均衡风缸——定压。

c. 制动管——定压（允许与均衡风缸压力差不大于 10 kPa）。

d. 制动缸——0 kPa。

② 常用全制动及单独缓解性能检查。

a. 将空气制动阀手柄置于"制动位"，再回"中立位"，均衡风缸减压速度和制动缸压力升压速度应符合表 2-9 的规定。

b. 下压空气制动阀手柄，制动缸压力应能缓解；停止下压空气制动阀手柄，制动缸压力应停止下降。

③ 缓解性能检查。

将空气制动阀手柄移回"运转位"，并下压手柄，均衡风缸与制动管压力应能升至定压，制动缸压力应能缓解至零。

④ 阶段制动性能检查。

将空气制动阀手柄在"制动位"与"中立位"间移动，阶段制动作用应稳定。

（4）辅助性能检查。

"空气位"试验完成后，将制动机恢复到"电空位"，即可进行辅助性能检查。在每项辅助性能检查之前，均应使制动机恢复到缓解状态，并将电空制动控制器、空气制动阀手柄置于"运转位"。

① 检查按钮作用检查。

按压充气按钮，均衡风缸与制动管压力同时上升至超过定压 100 kPa；松开该按钮，并迅速按下消除按钮，均衡风缸与制动管压力应停止上升，并略有下降。

② 电-空联锁性能检查。

将司机控制器换向手柄置于"制动位"，起动各风机，并将调速手柄离开"0 位"。制动管应减压（45±5）kPa，且制动缸升压。延时 20~28 s 后，制动管应自动恢复定压，且制动缸压力自动缓解。

③ 断钩保护性能检查。

开放制动管手动放风塞门，产生紧急制动作用：

a. 制动管压力应快速降至零，并不得自动缓解。

b. 制动缸压力升至（450±10）kPa。

c. 机车自动撒砂。

d. 自动选择切除机车牵引动力。

④ 失电制动性能检查。

切除电空制动机电源，制动管压力应按常用制动减压速度减压，并且制动缸压力上升。

⑤ 无动力回送性能检查。

将电空制动机调整到无动力回送状态，并将电空制动控制器手柄置于"重联位"，空气制动阀手柄置于"运转位"。

a. 当制动管压力为定压时，总风缸压力应低于制动管定压 140~180 kPa。制动阀手柄置于"运转位"。

b. 当制动管压力下降后，制动缸最高压力应限制在 180~200 kPa。

DK-1 型电空制动机单机检修试验的验收项目、方法及操作顺序见表 2-11。

表 2-11 DK-1 型电空制动机"八步闸试验"

序号	电空制动控制器						空气制动阀				检查要求（制动管定压 500 kPa）
	过充位	运转位	中立位	制动位	重联位	紧急位	缓解位	运转位	中立位	制动位	
第一步		1、5				2、3		4			1. 制动管、均衡风缸、总风缸均为规定压力；制动缸压力为 0。 2. 制动管压力 3 s 内降为 0；制动缸压力 5 s 内升至 400 kPa，最高压力达到 450 kPa；自动撒砂；有级位时切除主断。 3. 同时下压手柄，制动缸压力应能缓解到 0。 4. 制动缸压力不得回升。 5. 制动管充至 480 kPa 的时间在 9 s 内
第二步			7、9	6、8、10							6. 制动管减压 40~60 kPa 后，均衡风缸、制动管的漏泄量分别不大于 5 kPa/min、10 kPa/min。 7. 制动管减压 40~60 kPa，制动缸压力为 90~130 kPa。 8. 制动管减压 100 kPa，制动缸压力为 240~270 kPa。 9. 制动管减压 140 kPa，制动缸压力为 340~380 kPa。 10. 制动管减压 190~240 kPa 时，制动缸压力变化不大于 10 kPa/min
第三步	11	12									11. 均衡风缸压力为定压，制动管压力为过充压力（定压+30~40 kPa），制动缸不缓解。 12. 120~180 s 左右过充压力消除，制动管恢复定压，制动缸压力应缓解为 0
第四步		15	14	13							13. 均衡风缸减压 140 kPa 的时间为 5~7 s，制动缸压力升至 340~380 kPa 的时间为 6~8 s。 14. 关断分配阀供给塞门，制动缸的漏泄量不大于 10 kPa/min。 15. 制动缸压力由 340~380 kPa 降至 40 kPa 的时间不大于 7 s，均衡风缸、制动管恢复定压

续表 2-11

序号	电空制动控制器						空气制动阀				检查要求（制动管定压 500 kPa）
	过充位	运转位	中立位	制动位	重联位	紧急位	缓解位	运转位	中立位	制动位	
第五步							16 17 19		17 18	18	16. 阶段制动作用应稳定、正常。 17. 阶段缓解作用应稳定、正常。 18. 制动缸压力由 0 升至 280 kPa 的时间不大于 4 s。 19. 制动缸压力由 300 kPa 降至 40 kPa 的时间不大于 5 s
第六步				20					21		20. 均衡风缸、制动管应减压后保压。 21. 本务节机车制动缸压力为 250 kPa 时，重联节机车制动缸压力应为 225～275 kPa。 注：1～20 项检查中，重联节机车制动机的制动与缓解应与本务节机车制动机协调一致
第七步		22 23 24 25									22. 按压"充气"按钮，均衡风缸与制动管压力同时上升，并超过定压 100 kPa；松开该按钮，迅速按下"消除"按钮，均衡风缸与制动管压力停止上升，并略有下降。 23. 司机控制器换向手柄置于"制位"，调速手柄离开"0 位"，制动管应减压（45±5）kPa，且制动缸升压。延时 20～28 s 后，制动管应自动恢复定压，制动缸压力自动缓解。 24. 开放制动管手动放风塞门，应产生紧急制动，并不得自动缓解。 25. 切断电空制动电源，应产生常用制动；闭合电源，制动机恢复正常
第八步	空气位操作程序： 1. 将电空转换扳钮扳至"空气位"； 2. 将调压阀 53 调至定压； 3. 空气位试验完毕后将电空转换扳钮复位至"电空位"						26 29 30		27 28		26. 同时下压手柄，制动管、均衡风缸皆为定压，制动缸压力为 0。 27. 均衡风缸减压 140 kPa 的时间为 5～7 s，制动缸压力升至 340～380 kPa 的时间为 6～8 s。 28. 下压手柄，制动缸压力应能缓解；停止下压手柄，制动缸压力停止下降。 29. 均衡风缸、制动管恢复定压。 30. 阶段制动作用应稳定

2）DK-1 型电空制动机单机日常试验。

在日常运用的交接班过程中，通常只进行单机日常试验，其试验顺序、检查项目及方法见表 2-12。

表 2-12　DK-1 型电空制动机"五步闸试验"

序号	电空制动控制器						空气制动阀				检查要求（制动管定压 500 kPa）
	过充位	运转位	中立位	制动位	重联位	紧急位	缓解位	运转位	中立位	制动位	
第一步		1				2	3			4	1. 制动管、均衡风缸、总风缸均为规定压力；制动缸压力为 0。 2. 制动管压力 3 s 内降为 0；制动缸压力 5 s 内升至 400 kPa，最高压力达到 450 kPa；自动撒砂；有级位时切除主断。 3. 同时下压手柄，制动缸压力应能缓解到 0。 4. 制动缸压力不得回升。 5. 制动管充至 480 kPa 的时间在 9 s 内
第二步				6							6. 均衡风缸常用最大有效减压的时间为 5～7 s，制动缸压力升至 340～380 kPa 的时间为 6～8 s。 7. 均衡风缸、制动管的漏泄量分别不大于 5 kPa/min、10 kPa/min
第三步	8		9								8. 均衡风缸压力为定压，制动管压力为过充压力（定压+30～40 kPa），制动缸不缓解。 9. 120～180 s 左右过充压力消除，制动管恢复定压，制动缸压力应缓解为 0
第四步								10 11 12			10. 制动缸压力由 0 升至 280 kPa 的时间在 4 s 内，最终达到 300 kPa。 11. 制动缸压力不变。 12. 制动缸压力由 300 kPa 降至 40 kPa 的时间不大于 5 s
第五步	空气位操作程序： 1. 将电空转换扳钮扳至"空气位"； 2. 将调压阀 53 调至定压； 3. 空气位试验完毕后将电空转换扳钮复位至"电空位"						13　　14 　　15 16				13. 同时下压手柄，制动管、均衡风缸皆为定压，制动缸压力为 0。 14. 均衡风缸减压 140 kPa 的时间为 5～7 s。 15. 均衡风缸、制动管、制动缸的漏泄量分别不超过 5 kPa/min、10 kPa/min、10 kPa/min。 16. 均衡风缸、制动管恢复定压

另外，运行中，对列车制动机还要进行相关的全部试验和简略试验，以确保列车运行安全可靠。其使用时机为：

（1）列车制动机全部试验。

① 列检所对解体到达后，编组列车发车前，无调车作业的中转列车，可施行一次。

② 区段列检所和一般列检所对始发和有调车作业的中转列车。

③ 列检所对运行途中自动制动机发生故障的到达列车。

④ 电动车组、内燃车组的列车出段前或返回停留地点后。

（2）列车制动机持续一定时间的全部试验。

列车在接近长大下坡道区间的车站，应进行持续一定时间的全部试验，列检应填发制动效能证明书交给司机。具体试验和晾闸的地点、办法由铁路局规定。

长大下坡道为：线路坡度超过 6‰，长度为 8 km 及其以上；线路坡度超过 12‰，长度为 5 km 及其以上；线路坡度超过 20‰，长度为 2 km 及其以上。

（3）列车制动机简略试验。

① 区段列检所和一般列检所，对无调车作业的中转列车。

② 更换机车或更换乘务组时。

③ 无列检作业的始发列车发车前。

④ 列车风管有分离情况时。

⑤ 列车停留超过 20 min 时。

⑥ 列车摘挂补机，或第一机车的自动制动机损坏，交由第二机车操纵时。

思考与练习

1. 电力机车风源系统由哪几部分组成？各部分的作用是什么？
2. SS_4 改进型和 SS_8 型等电力机车的风源系统各有什么特点？
3. 简要叙述 3W-1.6/9 型空气压缩机的结构和工作原理。
4. 叙述辅助空气压缩机的作用和使用时机。
5. 试叙述压力控制器的结构和工作原理。
6. 试叙述空气干燥器的工作原理。
7. 空气压缩机有哪些附件？各有什么作用？

项目三 CCBⅡ电空制动系统控制及主要部件的构造及作用

【项目描述】

本项目介绍了 HXD$_{3C}$ 型电力机车制动系统所用风源系统及主要部件；着重介绍了制动控制部分，包括 CCBⅡ制动机中各主要部件的构造及作用、CCBⅡ的控制关系、CCBⅡ气路的综合作用及系统的安全保护和主要部件的备份等内容；也对制动系统中的停放制动装置、停放制动辅助缓解装置、升弓控制装置及撒砂鸣笛装置等辅助管路系统进行了简要的介绍；还对制动系统的操作进行了描述。

【学习目标】

（1）熟悉 HXD$_{3C}$ 型电力机车制动系统所用风源系统及主要部件；
（2）掌握 CCBⅡ制动机中各主要部件的构造及作用；
（3）掌握 CCBⅡ的控制关系；
（4）掌握 CCBⅡ气路的综合作用及系统的安全保护和主要部件的备份；
（5）掌握制动系统中的停放制动装置；
（6）掌握停放制动辅助缓解装置；
（7）熟悉升弓控制装置及撒砂鸣笛装置等辅助管路系统；
（8）了解制动系统的操作。

【学习任务】

任务一 空气管路与制动系统概述

空气管路与制动系统的布置如图 3-1 所示。

项目三　CCBⅡ电空制动系统控制及主要部件的构造及作用

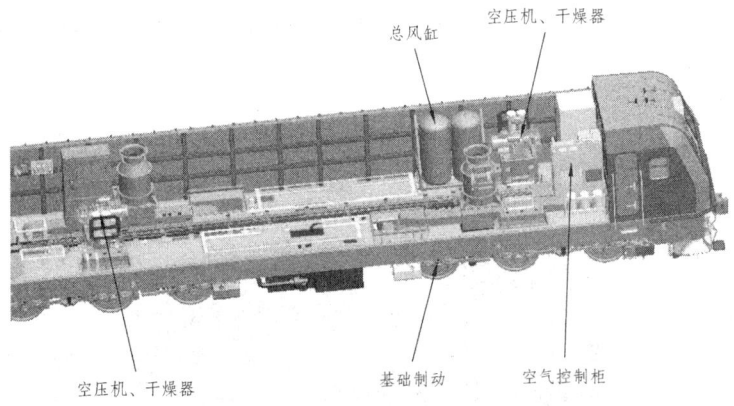

图 3-1　空气管路与制动系统布置

空气管路与制动系统的组成如图 3-2 所示。

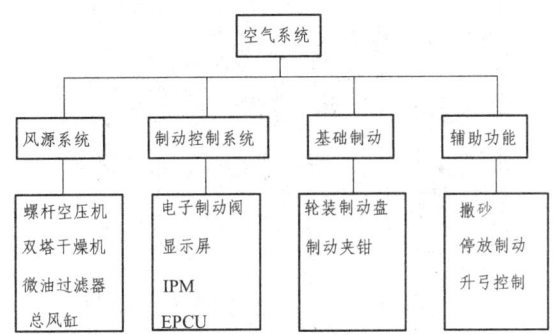

图 3-2　空气管路与制动系统组成

空气管路与制动系统的控制关系如图 3-3。

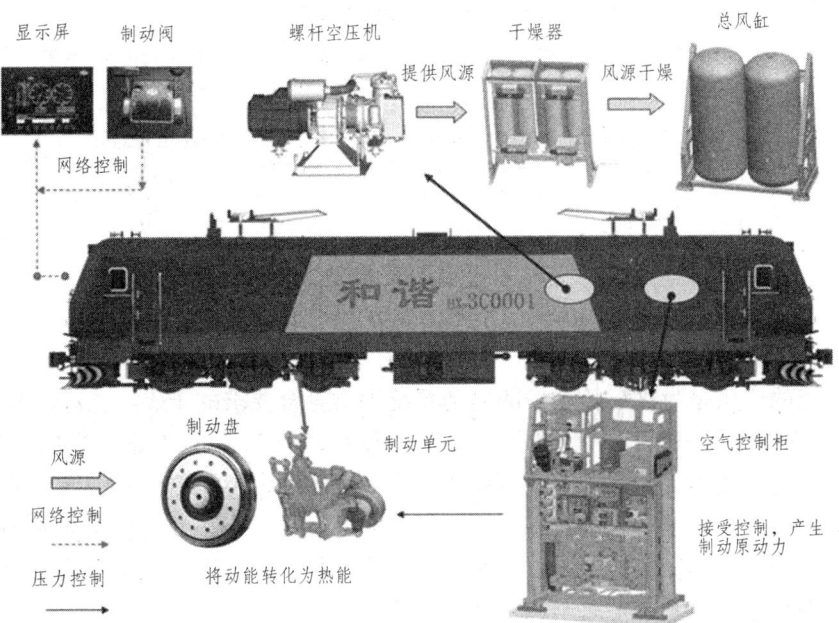

图 3-3　空气管路与制动系统的控制关系

CCB Ⅱ 制动系统控制部分及辅助功能控制部分集成在空气制动柜中，其布置如图 3-4 所示。

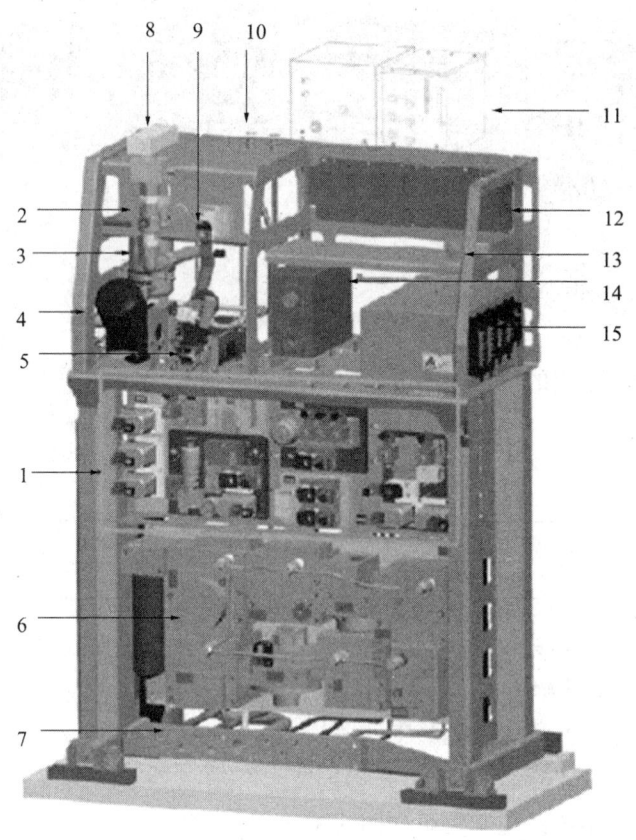

图 3-4 制动柜布置图

1—辅助控制模块；2—总风截断塞门，代号 B01A24；3—干燥风缸，代号：B01U83；4—辅助干燥器，代号：B01U82；
5—辅助压缩机，代号：B01U80；6—电空控制单元，代号：B01B20；7—气路接口；8—监控传感器接口；
9—升弓钥匙塞门，代号：B01U99；10—气路接口；11—预留空间；12—I/O 模块；
13—辅助压缩机按钮，代号：B01U86；14—微处理器，代号：B01B46；
15—电器接口，代号：B01B47

任务二　风源系统

风源系统的作用是为机车及车辆的制动系统提供符合要求的干燥、洁净的压缩空气。

HXD_{3C} 型电力机车采用两台螺杆式空气压缩机组作为系统风源，排风量每台不小于 2 400 L/min。配套使用两个双塔干燥器和两个微油过滤器作为风源滤水、滤油的处理装置。其双塔干燥器的空气处理量为每台不小于 2.4 m^3/min。机车采用 2 个容积均为 800 L 的风缸串联作为压缩空气的储存容器，风缸采用车内立式安装。为了满足机车重联功能及客车总风供风功能，在机车端部安装了总风软管和平均软管。

风源系统原理如图 3-5 所示。

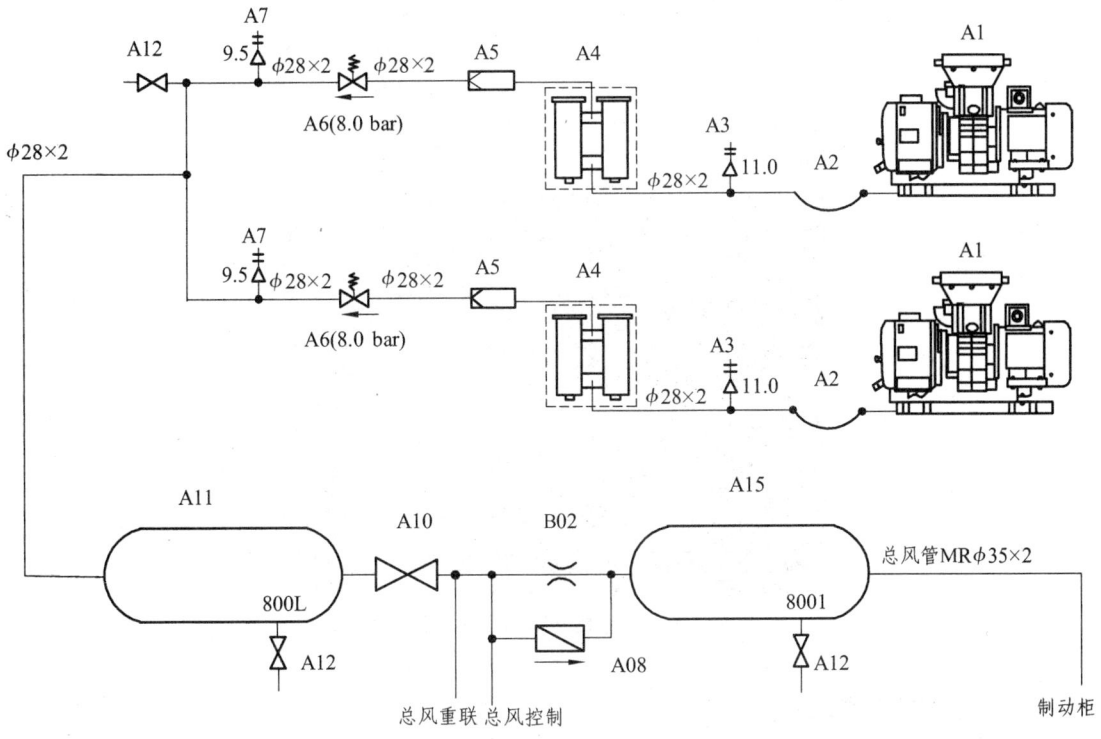

图 3-5 风源系统原理图

A1—空气压缩机组；A2—软管；A3—安全阀；A4—双塔干燥器；A5—微油过滤器；A6—最小压力阀；
A7—安全阀；A8—单向阀；A10—截断塞门；A11—第一总风缸；A12—排水塞门；
A15—第二总风缸；B02—限流缩堵

风源部件布置如图 3-6、图 3-7 所示。

图 3-6 机械间Ⅰ端风源

图 3-7　机械间Ⅱ端风源

一、空气压缩机组（见图 3-8）

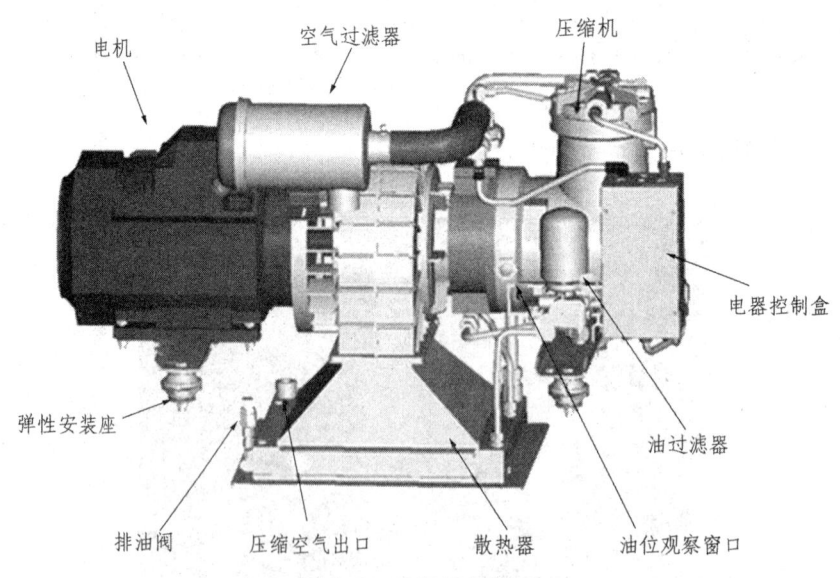

图 3-8　空气压缩机组

该空气压缩机组型号为 DL-8U7K-A01，为螺杆式压缩机组，其驱动电机为三相交流异步电动机。此空气压缩机组具有温度、压力控制装置，可以实现无负荷启动。冷却器排风口向下，以满足机械间的独立通风要求。空气压缩机组的开停状态由总风压力开关进行自动控制，也可以通过手动按钮强行控制开停。

1. 技术参数

该型空气压缩机具体参数见表 3-1。

表 3-1

型号	SL22-66	TSA-230AV I-II	BT-2.6/10AD3
排风量（L/min）	2 750	2 400	2 600
工作压力（kPa）	1 000	1 000	1 000
转速（rpm）	2 920	2 955	2 940
工作温度（℃）	-40~+50	-40~+50	-40~+50
润滑油型号	ANDEROL 3057M	ANDEROL 3057M	ANDEROL 3057M
油量（L）	6~7	7.9	7
工作电压（V）	380	380	380
频率（Hz）	50	50	50
控制电压（V）	110	110	110
防护等级	IP55	IP55	IP55
外形尺寸（L×W×H, mm）	1 346×563×838	1 305×685×875	1 305×685×890
安装尺寸（mm）	809×460	809×460	809×460
安装螺栓（mm）	M16×130	M16×120	M16×110
排气含油率（ppm）	≤5	≤5	≤5
管路接口	G1	G1	G1
重量（kg）	395±3%	420±3%	430±3%
机组噪音（dB）(A)	≤102	≤102	≤102

2. 控制模式

HXD_{3C} 机车压缩机具有间歇工作和延时工作两种模式。当压缩机需要频繁启动（如牵引客车需要大量风源）或发生轻微的机油乳化现象时，可以操作机车显示屏将压缩机设置在延时工作模式。延时工作模式可以有效地减少由于压缩机频繁启动造成对电机及机头的损害，同时可以减缓压缩机机油乳化现象。

HXD_{3C} 机车设有两个空气压力调节器，控制空气压缩机的启停动作。

在间歇工作制下，启停压力见表 3-2。

表 3-2

序号	启动压力	启动台数	位置	控制开关	停止压力
1	680 kPa < P < 750 kPa	1	远离操作端	P50.72	900 kPa
2	P < 680 kPa	2	两端	P50.75	900 kPa

注：P——总风缸压力。

在延时工作制下，启停压力见表 3-3。

表 3-3

序号	加载压力	启动台数	位置	控制开关	空载压力
1	680 kPa ≤ P < 750 kPa	1	远离操作端	P50.72	900 kPa
2	P < 680 kPa	2	两端	P50.75	900 kPa

间歇、延时工作制的转换见表 3-4。

表 3-4

序号	转换模式	转换时压力	执行过程
1	间歇→延时	P < 750 kPa	压力至 900 kPa 后，进入延时模式
2	间歇→延时	P ≥ 750 kPa	压缩机先不启动，压力低于 750 kPa 启动，待压力至 900 kPa 后，进入延时模式
3	延时→间歇	P < 750 kPa	压力至 900 kPa 后停止工作，进入间歇模式
4	延时→间歇	P ≥ 750 kPa	压缩机不工作，进入间歇模式

注：加载——压缩机释放压力空气；
空载——压缩机工作但不释放压力空气；
空载计时——单次空载运转时间超过 20 min，则该机组停止运行；空载计时内，若压缩机进入加载工作，则其空载计时清零。

3. 工作原理

螺杆压缩机由阴阳两个螺杆形的转子旋转进行空气的压缩和输送，900 kPa 的压缩空气由一级压缩产生。其工作示意图如图 3-9 所示。

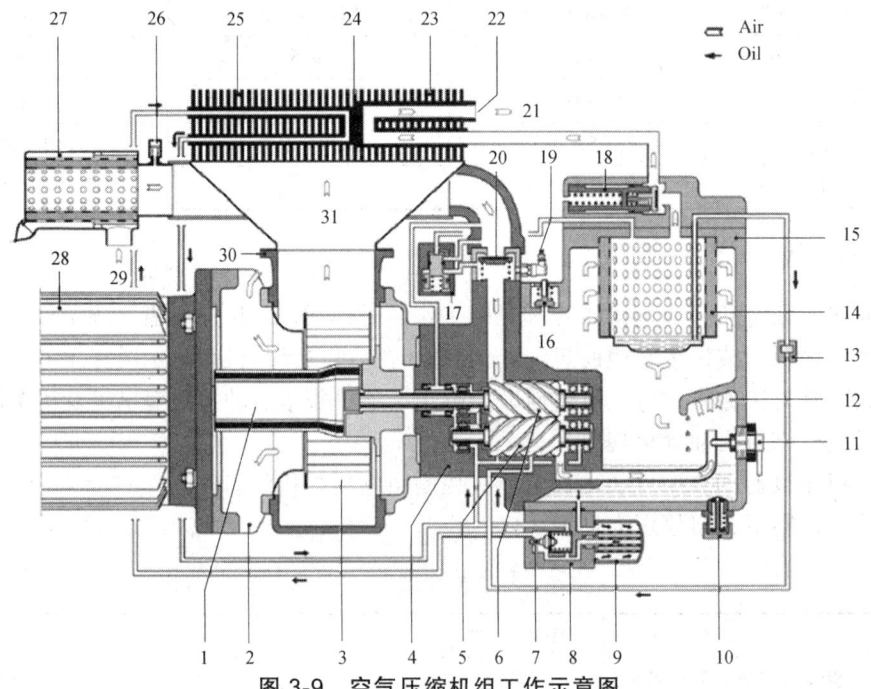

图 3-9 空气压缩机组工作示意图

1—联轴节；2—外壳连接体；3—离心风扇；4—压缩机；5—阳转子；6—阴转子；7—温控器；8—油控制单元；
9—油过滤器；10—排油阀；11—温度开关；12—挡板；13—回油过滤器；14—油细分离器；15—压缩机壳；
16—安全阀；17—泄荷阀；18—最小压力阀；19—压力开关；20—进气阀；21、22—压缩空气出口；
23—空气冷却器；24—冷却器；25—油冷却器；26—真空指示器；27—空滤器；
28—三相电机；29—压缩空气进口；30—风扇蜗壳；31—冷却空气

（1）空气压缩过程：

空气通过空滤器（27）和进气阀（20）吸入压缩机体（4），被压缩后，通过与转子连接的输送口被推进压缩机壳（15）。

如果压缩机启动时，压缩机壳里无空气压力，则最小压力阀（18）将保持关闭状态，以便使压缩机壳内迅速建立起空气压力，帮助润滑油尽快循环。

当压缩机壳内空气压力达到约 650 kPa 时，最小压力阀打开并将压缩空气送出。送出的压缩空气达到系统的规定压力后，压缩机受总风压力开关控制自动停机，最小压力阀将自动关闭，将系统和压缩机壳内的通路隔断。

每次压缩机停机后，压缩机壳内的空气压力都被自动释放。压缩机停机后，最小压力阀（18）和进气阀（20）关闭。在进气口，由于压缩机体空气逆流而压力升高，导致泄荷阀（17）打开。压缩机壳（15）里的压缩空气可通过减压阀流进空滤器后排向大气，从而快速将压缩机壳里的空气压力降低到约 180 kPa。剩余的压力通过泄荷阀上的缩孔被缓慢排放至 0 kPa。

停机时间大于 14 s 后，可以实现空压机的无负荷再启动。

（2）油循环过程：

当压缩机运转时，在压缩机壳（15）里建立起的空气压力将壳内的润滑油通过油过滤器输送到轴承、传动装置和压缩机体内油喷射点。这些油用于润滑、密封并带走空气压缩产生的热量。

压缩机传送的空气/油混合物通过输送口并打在壳内挡板（12）上，这一过程属于油的粗级过滤。之后，压缩空气又经过油细分离器（14）进行精级过滤。精级过滤分离的油被收集到油细分离器底部，在压缩机壳内空气压力作用下，通过回油过滤器（13）返回压缩机体内。

（3）其他：

当压缩机运转时，如果在压缩机壳内没有建立起空气压力，则压缩机将不能被充分润滑和冷却。在这种情况下，转子可能被快速损坏。

当润滑油温度高于 83 ℃ 时，油控制单元（8）中的温控器（7）打开到油冷却器（25）的通道，对润滑油进行冷却；当润滑油温度低于 83 ℃ 时，油冷却器的通道保持关闭，油被直接传送到压缩机体。通过这种方式可达到润滑油的最佳操作温度，可以有效避免机油乳化。

压缩机壳里空气/油混合物的温度由输送口的温度开关（11）监测。如果其温度高于设定值（110±5）℃，则温度开关动作，压缩机停止工作。

若环境温度较低（-20 ℃ 以下），压缩机可以通过一个油加热器对润滑油进行预热，约 20 分钟（根据环境温度不同预热时间有所调整）后再启动空气压缩机。

4. 维　护

压缩机组应定期进行维护，以保证其安全可靠地运行。常规维护可参考表 3-5。

表 3-5

维护周期	维护项目
每 100 运转小时	检查油位及机油状态
每 300～500 运转小时	检查油位并进行补油
	检查空气过滤器上的真空指示器状态
每 1 500 运转小时或 1 年（先到为准）	检查空气过滤器，如有必要则更换滤芯
	清洗冷却器
	更换润滑油，更换油过滤器滤芯，检查回油过滤器的状态
每 3 000 运转小时或 2 年（先到为准）	更换润滑油，更换油过滤器滤芯，清洗回油过滤器
	测试温度开关状态
每 6 000 运转小时或 4 年（先到为准）	更换油系分离器
	维护回油过滤器
	测试控制和监视元件
	检查油控制单元
	检查弹性支承
	运转试验
每 12 000 运转小时	空压机组的全面检修，更换转子体
	全面检修电机

注：维修周期在极限环境条件下可能缩短（如长期高温、高相对湿度等）。在这种情况下，建议通过油样分析来确定更换间隔。

（1）机油轻微乳化及处理。

如果发现机油有轻微乳化现象，可进行如下操作来消除：

① 压缩机静置 1～2 h，微开压缩机排油口（位于机头底部和散热器底部），将位于下层的液态水排出，直至有油排出，关闭排油口。

② 打开总风缸下方的排水塞门，使乳化的压缩机组连续运转 60 min 以上，停机后观察润滑油的状态，如果恢复正常则可继续使用。

③ 如果乳化现象减轻但没有完全恢复，可再连续运转 30 min，观察机油状态。重复进行上述操作，直至乳化消失。

④ 使用延时工作模式运行机车压缩机组，减缓机油乳化。

图 3-10 所示为机油轻微乳化的情况。

图 3-10 机油轻微乳化

（2）机油重度乳化处理。

如果发现机油严重乳化，切勿自行处理，应及时联系主机厂及压缩机供货商进行分析处理。图 3-11 所示为机油重度乳化的情况。

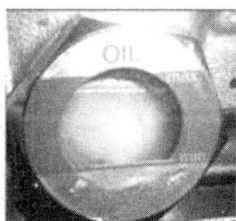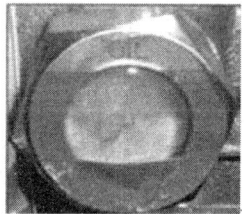

图 3-11　机油重度乳化

5. 故障排除（见表 3-6）

表 3-6

故障现象	原因分析	解决措施
电机转向错误	电机的电源线项序错误	按电路图正确连接电源线，并检查电机转向
压缩机组无法启动	断电	检查电源电路
	线缆连接松动	检查线缆连接，拧紧接线端子
	电机保护开关断开	给保护开关解锁
	电机损坏	查找电机故障，必要时更换电机
	温度开关未连接或线缆断路	检查电缆连接
	温度开关断开	按维护文件进行故障排除
压缩机启动困难	压缩机损坏	按维护文件拆除压缩机，并返厂检修
	启动时，供给电压过低	检查机车供电电压
	环境温度过低	压缩机预热或连续工作以提高环境温度
压缩机在达到定压前停止工作	电机保护开关断开	给保护开关解锁
	压缩机启停压力控制开关故障	检查压力开关或调整压力值
	温度开关断开	按维护文件进行故障排除
安全阀有排风声	压缩机损坏	按维护文件拆除压缩机，并返厂检修
	压缩机用安全阀损坏或故障	更换安全阀
无压缩空气排出或排出量少，工作周期延长	空气滤器滤芯污染	更换滤芯
	压缩系统密封不严	排除泄漏
	压缩机损坏	按维护文件拆除压缩机，并返厂检修
压缩空气中含油量过高	压缩机损坏	按维护文件拆除压缩机，并返厂检修
	压缩机外壳内油位过高	排油以降低油位至刻度线间
	油温过高	检查温度开关
	油细分离器故障	检查油细分离器或更换
高油耗	压缩机损坏	按维护文件拆除压缩机，并返厂检修
	油温过高	检查温度开关
油从空气滤清器溢出	压缩机损坏	按维护文件拆除压缩机，并返厂检修

二、空气干燥器（见图 3-12）

图 3-12　干燥器外形图

该空气干燥器型号为 DL-8U7K-04，为双塔无热、再生吸附式干燥器。每个压缩机组配备一个干燥器，用来过滤压缩空气中的水及水蒸气。

1. 技术参数

该型空气干燥器技术参数见表 3-7。

表 3-7

最大工作压力（kPa）	1 100
工作温度（℃）	-40~50
入口最高温度（℃）	60
压力损失（kPa）	<40
出口相对湿度	满足 ISO-8573 水 2 级
电磁阀功率（W）	14
加热功率（W）	50×2
防护等级	IP65
空气处理量（L/min）	2 700
工作周期（s）	90±4
长×宽×高（mm）	475×340×980
重量（kg）	135

2. 结　构

空气干燥器结构如图 3-13 所示，主要包括：

- 两个干燥塔（1），每个塔内集成一个油分离器和一定量的干燥剂。
- 带有计时功能的脉冲电磁阀（3）。
- 带可更换再生节流孔（5）的双逆止阀（2）。
- 排放阀（4），还配备了一个恒温器控制器。
- 消音器（6）和冷凝排放盖。（该装置无消音器）

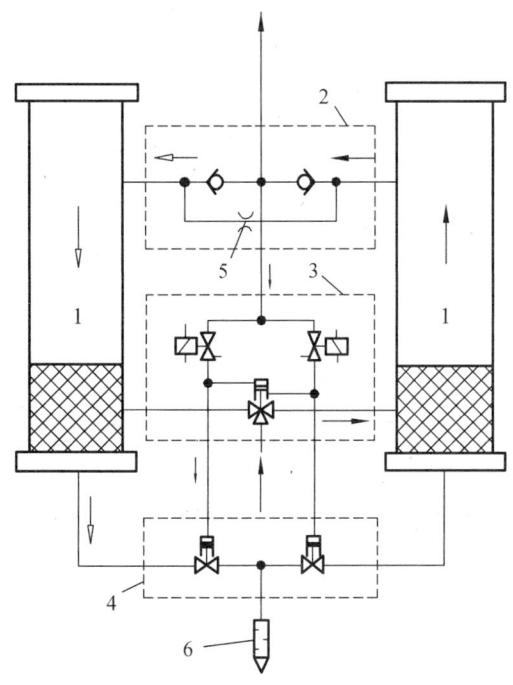

图 3-13 空气干燥器结构示意图

1—干燥塔；2—双逆止阀；3—脉冲电磁阀；4—排放阀；5—节流孔；6—消音器
⟶——主气流；⟵——再生空气；——控制空气

每个电磁阀的工作状态用一个指示灯指示器显示。当电磁阀作用时，指示灯亮，对应的塔处于再生状态，如图 3-14 所示。

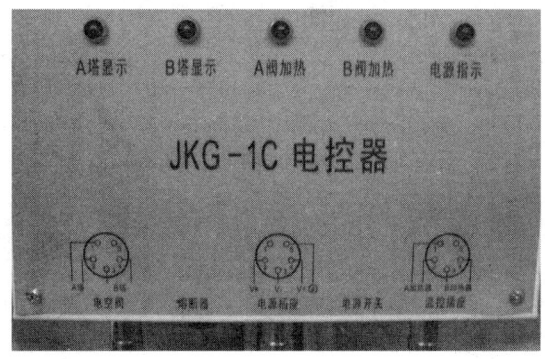

图 3-14 干燥器工作指示图

A塔显示—A塔进入再生状态；B塔显示—B塔进入再生状态；A阀加热—A塔排污阀进入加热状态；
B阀加热—B塔排污阀进入加热状态；电源指示—干燥器得电指示；
电源开关—控制干燥器得失电

3. 工作原理

无热吸附式双塔干燥器的再生和吸附工作在两个塔中同时进行,当压缩空气在一个塔内通过干燥剂进行干燥时,另一塔内的干燥剂被干燥的空气吹扫,进行再生处理。

到达干燥器的饱和压缩空气里的油和冷凝物在通过油分离器时被提取出来。饱和的压缩空气接着通过干燥塔的干燥剂,压缩空气里的水分子被吸收,干燥器出口压缩空气的相对湿度达到35%以下。

部分干燥后的压缩空气通过再生节流孔(5)进入再生塔,吸收饱和干燥剂表面的水分,并将其排放到大气中。

两个工作塔交替作为干燥塔和再生塔进行工作。

4. 流程叙述

图3-15所示为空气干燥器的工作状态,图中,B塔(右)在干燥阶段,A塔(左)在再生阶段。

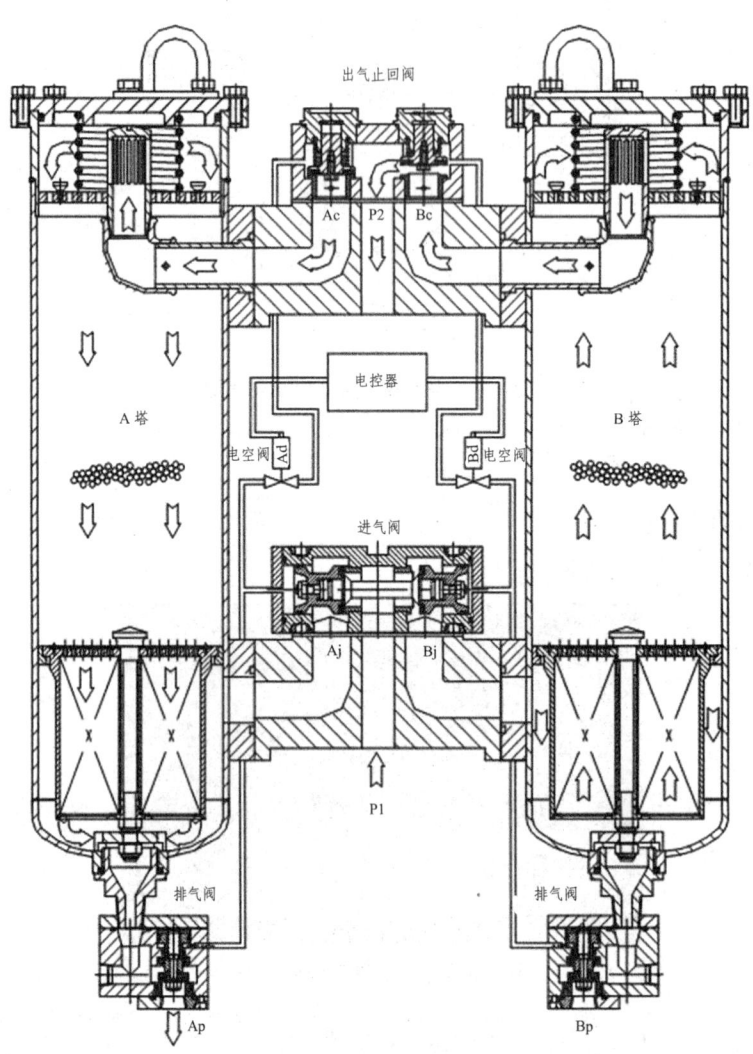

图3-15 空气干燥器工作示意图

电空阀（左）得电工作，排气阀（左）打开，进气阀（Aj）关闭。由于空阀（右）失电，因此排气阀（右）关闭，进气阀（Bj）打开。

压缩空气经 P1 口和打开的进气阀（Bj），在油分离器内进行旋转，在离心力作用下将油和水滴甩向油分离器的内壁后收集到排气阀（右）。压缩空气随后通过干燥剂、压缩空气中的水及水蒸气被吸收，使干燥器出口压缩空气的相对湿度小于 35%。

压缩空气通过出气止回阀（BC）和 P2 口从干燥器排出之前，部分干燥的压缩空气通过再生节流孔，进入再生塔（A 塔），带走干燥剂表面的液态水后从排气阀（左）排放到大气，再生塔中的干燥剂得到干燥。

电空阀（左）在半个工作周期（90 s）前 18 s 失电，排气阀（左）关闭，进气阀（Aj）开放。控制管路中压缩空气通过电空阀排放到大气。通过节流孔，再生塔（A 塔）中空气压力将增加到与干燥塔（B 塔）相同的空气压力。半个周期时（90 s），原干燥塔变为再生塔，原再生塔变为干燥塔。电空阀（右）得电，排气阀（右）开发，进气阀（左）开放。

当压缩机停止工作，干燥器也同时停止工作。干燥器的两个电空阀都失电，控制管路被排空，排气阀两侧均关闭，进气阀停留在干燥器停止工作时的位置。

5. 故障处理（见表 3-8）

表 3-8

故障现象	原因分析	解决措施
总风缸出现凝结水	干燥剂吸附饱和或油污失效	当发现总风缸出现冷凝水时，首先要确定净化系统的故障所处的位置和原因，然后作相应处理，恢复系统正常工作。若确认不属于系统故障造成的总风缸出水，则须开盖检查干燥剂的状态。如干燥剂颗粒表面变成棕黑色，说明已油污失效，必须更换；若干燥剂颗粒表面呈淡黄色，但手感潮湿，说明系偶然事故使干燥剂吸附饱和，可不必更换，待装置正常工作一段时间后，干燥剂可逐步再生复原
	干燥器本身发生故障，已不能正常工作	
	排气阀故障，使油水分离器长期不能排污，积水过多和干燥剂再生不良而失效	
当压缩机输送空气时，消音器不排放空气	节流孔（5）阻塞	从逆止阀拆除阻气门并清洗
	电空阀不得电	检查电源 更换有缺陷电路板 检查电空阀磁铁上连接器（电缆连接）
	排气阀冻住	解冻排气阀 检查加热器筒和恒温器和电缆连接 更换有缺陷零件
空气从电空阀排气口稳定排放（如果空气干燥器单元正确工作，当压缩机输送空气时，电空阀每次往复时，必须排放少量空气）	阀座脏或损坏，或者磁铁电枢上橡胶密封有缺陷	拆除电空阀 清洗阀座；如果必要，修理或者更换衬套
	电空阀有缺陷或电路板故障	检修电空阀，或者更换电路板

三、辅助风源

1. 辅助压缩机（见图 3-16）

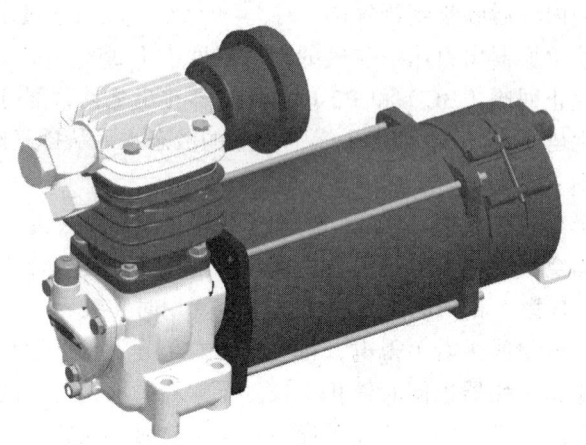

图 3-16　辅助压缩机 LP115

该装置采用克诺尔公司的 LP115 型辅助压缩机组作为辅助风源，将其和升弓控制模块、升弓风缸及风表相连。辅助空压机组的控制开关在空气控制柜上，按下开关后，辅助空压机开始工作，升弓控制模块上的压力开关对压缩机的启停进行自动控制。

为保证压缩空气和管路的清洁，辅助压缩机配有小型的单塔干燥器和再生风缸。

（1）辅助压缩机技术参数。

辅助压缩机技术参数见表 3-9。

表 3-9

型号	LP115
工作方式	单缸往复式空压机
压缩方式	一级压缩
润滑方式	飞溅润滑
转向	从电机端观察，顺时针
最大出口压力	800 kPa
最大出口温度	220 ℃
允许连续运行时间	10 min
ISO_2151_-_1 m 距离时的声压级	71～73 dB（A）
工作重量	约 15.7 kg
工作温度范围	-40～+50 ℃
额定电压	110 V
防护等级	IP54
电机	直流电机

（2）辅助压缩机组成（见图3-17）。

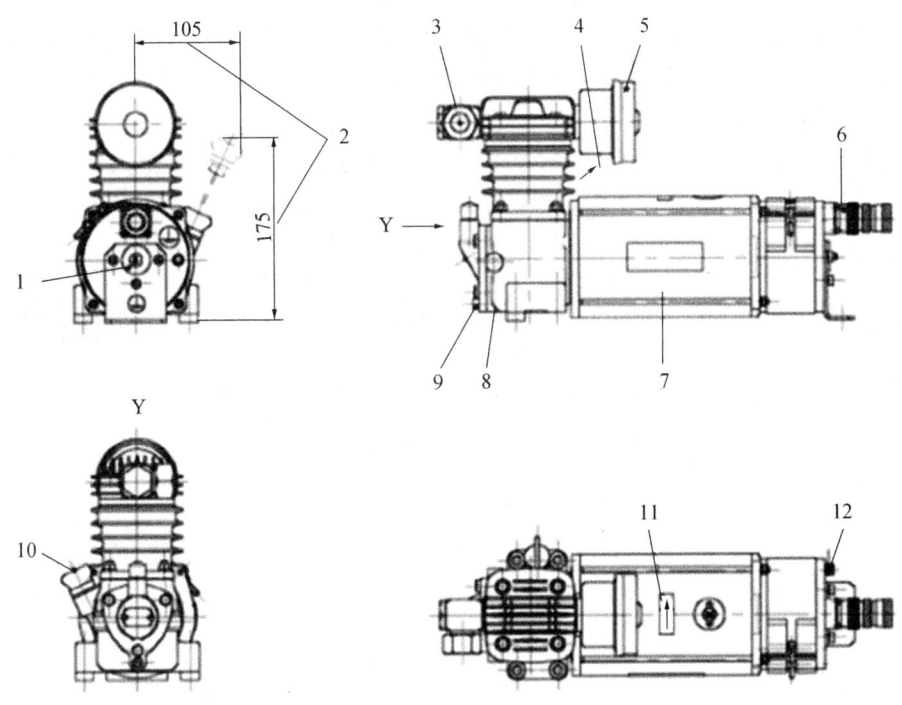

图3-17 辅助压缩机结构

1—电机旋向观察孔；2—拆卸尺寸；3—压缩空气出口；4—空气入口；5—干式空气过滤器；6—连接器；7—直流电机；8—压缩机；9—排油口；10—加油口；11—电机旋向指示牌；12—接地装置

辅助风源由下列主要部件组成：直流电机、空压机和干式空气过滤器。辅助空压机为单级压缩，自带法兰安装。直流电机通过联结器和空压机连接。干式空气滤清器可以为压缩机提供纯净的空气。

（3）辅助压缩机工作原理。

空压机单级工作，吸入的空气由干式空气过滤器清洁并在气缸内进行压缩，其工作原理如图3-18所示。

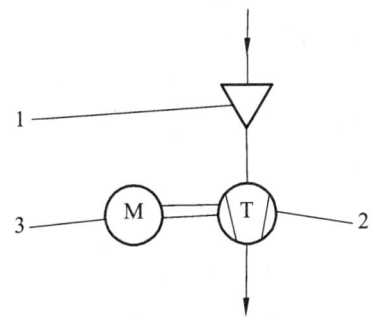

图3-18 电动空压机组气路图

1—干式空气过滤器；2—空压机；3—直流电机

（4）辅助压缩机控制方式。

辅助压缩机控制方式分为人工控制和自动控制两种。

① 当机车初次升弓，或进行升弓装置试验时，采用人工控制方式。操作时需要操作者持续按下辅助空气压缩机启动按钮（位于空气控制柜内），并观察升弓压力表的指示值，在满足升弓压力要求后松开按钮。

② 机车投入运用后，采用自动控制方式。当辅助风缸压力低于 480 kPa（压力开关 U43.02 监测）时，辅助压缩机自动投入工作；当辅助风缸压力达到 735 kPa 时，压缩机自动停止工作。

2. 辅助干燥器

该装置与辅助干燥器配合使用，去除辅助压缩机产生的水蒸气，保证辅助管路内压缩空气的洁净。

（1）辅助干燥器组成（见图 3-19）。

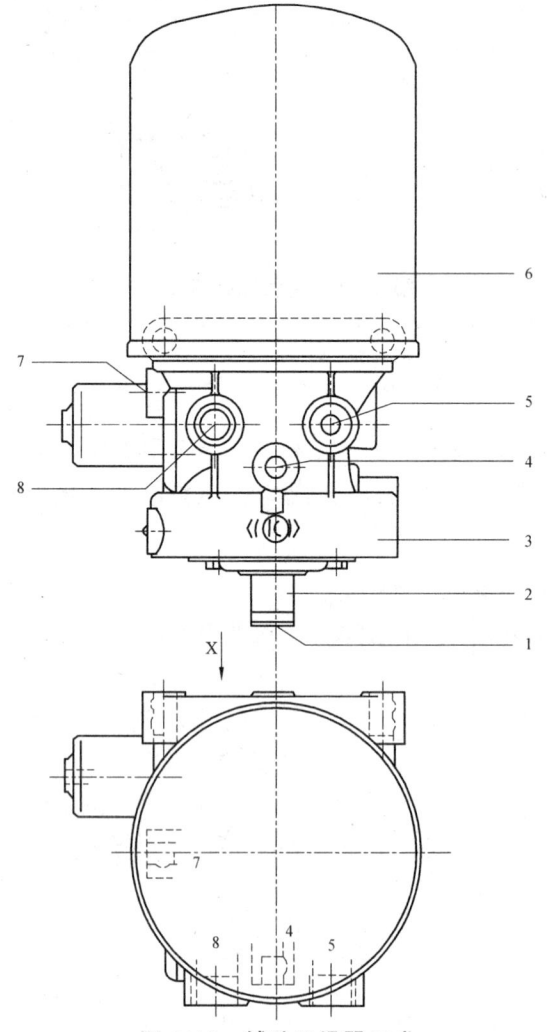

图 3-19　辅助干燥器组成

1—排污口；2—软管连接处；3—壳体；4—空气出口至干燥风缸；5—空气出口；
6—过滤筒；7—控制口；8—空气入口；

（2）辅助干燥器工作原理（见图3-20）。

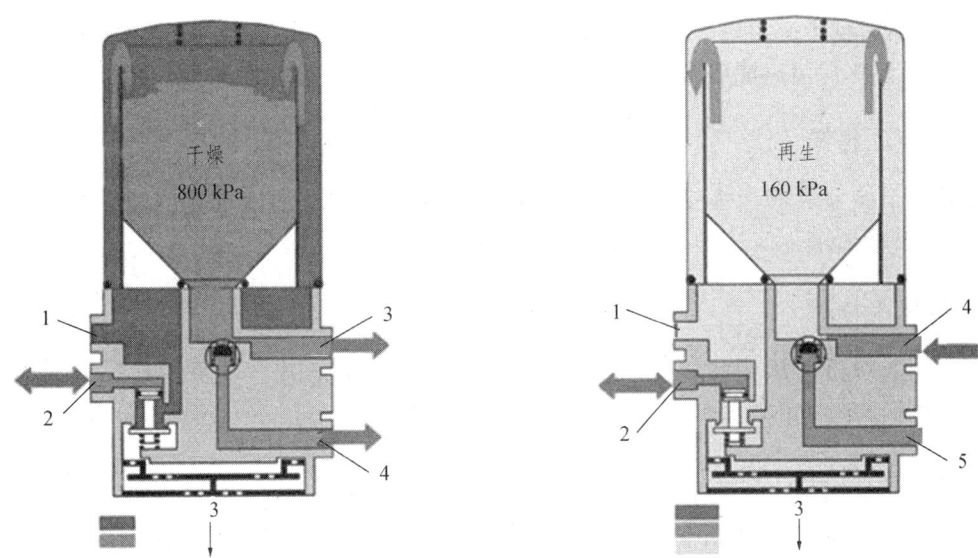

图3-20　辅助干燥器工作原理示意图

1—去压缩机；2—排气口；3—控制压力；4—去风缸；5—接再生风缸

① 干燥阶段（左侧）。

辅助压缩空气从1号口进入辅助干燥器，并经过干燥塔进行干燥，干燥后的压缩空气分为两路，其中一路直接通过5号口进入再生风缸；另一路经过内部单向阀后通过4号口进入机车辅助风缸。

② 再生阶段（右侧）。

当机车辅助风缸压力达到735 kPa时，干燥器出口内部连通辅助干燥器排污控制2号口，空气出口上的压力开关动作，从外部切断辅助压缩机的电源。空气出口（4）上的压力同时打开干燥器内排污阀，再生风缸内洁净的压缩机空气反吹干燥塔，将其表面的水汽、油污带走，并从排污阀排出，完成再生工作。

四、其他风源部件

1. 总风缸

使用2个800 L的总风缸直立安装在机械间内作为储风设备，设计压力为1.0 MPa，风缸材质为16MnDR。风缸缸体采用6 mm厚的钢板按直径750 mm卷制后焊接，缸头采用7 mm厚钢板热压成碟形封头。

按照TB/T 304—1995《机车用总风缸技术条件》进行组焊、加工。

2. 安全阀

在干燥器前后各有一个安全阀。A3安全阀的开启压力为1 100 kPa，A7安全阀的开启压力为950 kPa，以确保机车空气系统的安全。

3. 总风低压保护开关

当总风压力低于（500±20）kPa 时，P50.74 开关动作，机车牵引封锁，（动力制动仍可投入）确保机车内保留有能够安全停车用的压缩空气。

4. 微油过滤器

对通过干燥器后的压缩空气进行油污处理，保证通过微油过滤器后的压缩空气满足 ISO8573 油 2 级要求。该过滤器需进行定期排污处理。

5. 低压维持阀

保证干燥器内部快速建立起压力，使干燥器可以进行再生、干燥工作，开通压力为 600 kPa。同时对两台干燥器间通道进行隔离。

6. 截断塞门（A10）

截断塞门（A10）用于机车无火回送操作。当机车进行无火操作时，关闭该塞门，机车只有第二总风缸投入运用，保证机车快速达到无火行车状态。

任务三　制动控制系统

第二代计算机控制制动系统（CCBⅡ）是为在客运和货运机车上使用而设计的。该制动系统将 26L 型制动机和电子空气制动（EAB）设备兼容。

CCBⅡ系统是基于现场总线的微处理器电空制动控制系统，除了紧急制动作用的实施外，所有逻辑都是计算机控制的。

CCBⅡ系统包括 5 个主要部件：
LCDM——制动显示屏；
EBV——电子制动阀；
EPCU——电-空控制单元；
M-IPM——集成处理器模块；
RIM/CJB——继电器接口模块。

一、制动部件介绍

1. 制动显示屏 LCDM

LCDM 位于司机室操纵台，是人机接口，通过它可进行本务/补机，均衡风缸定压，列车管投入/切除，阶段缓解/一次缓解，补风/不补风，CCBⅡ系统自检，风表值标定，故障查询等功能的选择和应用，如图 3-21 所示。

项目三　CCB Ⅱ 电空制动系统控制及主要部件的构造及作用

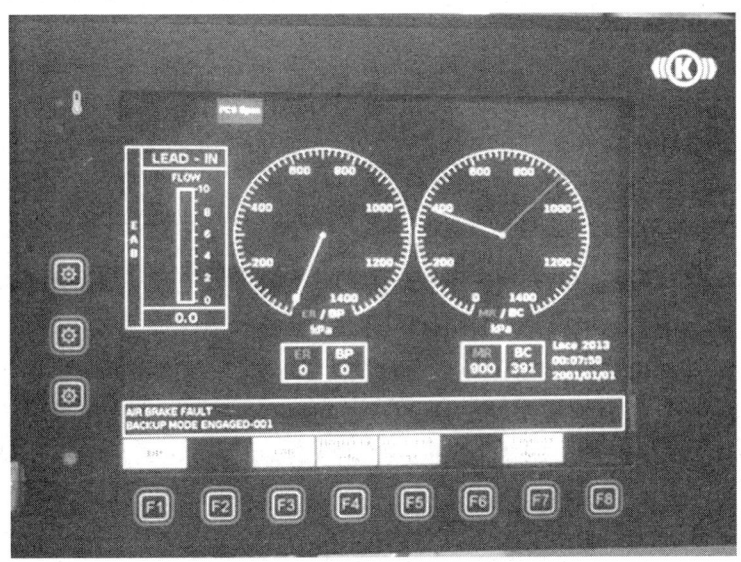

图 3-21　制动显示屏 LCDM

2. 电子制动阀 EBV

操作者通过图 3-22 所示电子制动阀控制器（EBV）操作计算机。EBV 在 LON 网络上，由自动制动、单独制动手柄发出动作信号。除紧急制动外，EBV 是全电子化阀，紧急制动时，在电子起动紧急制动的同时，在 EBV 背部（21 管阀）还装有空气阀，启动 EPCU 进入紧急制动。

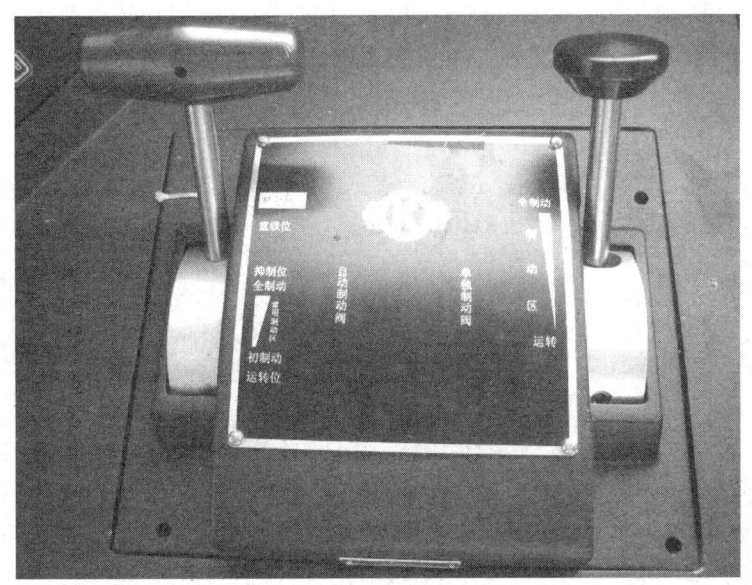

图 3-22　电子制动阀 EBV

（1）自动制动手柄位置。

自动制动手柄位置包括"运转位""初制动"（最小减压位）"全制动"（最大减压位）"抑制位""重联位""紧急位"。"初制动"和"全制动"之间是常用制动区。手柄向前推为常用制动或紧急作用，手柄向后拉为缓解作用。手柄在"重联位"时，通过插针可将手柄固定在此位置。

运转位：ERCP响应手柄位置，给均衡风缸充风到设定值；BPCP响应均衡风缸压力变化，列车管被充风到均衡风缸设定压力；16CP响应列车管压力变化，将作用管（16#管）压力排放；BCCP响应作用管压力变化，机车制动缸缓解；同时车辆副风缸充风，车辆制动机缓解。

常用制动区：在"初制动"与"全制动"之间。手柄放置在"初制动位"时，ERCP响应手柄位置，均衡风缸压力将减少40~60 kPa（定压500 kPa或600 kPa）；BPCP响应均衡风缸压力变化，压力也减少40~60 kPa；16CP响应列车管压力变化，作用管压力上升到70~110 kPa；BCCP响应作用管压力变化，机车制动缸压力上升到作用管压力。手柄放置在"全制动位"时，均衡风缸压力将减少140 kPa（定压500 kPa）或170 kPa（定压600 kPa），制动缸压力将上升到360 kPa（定压500 kPa）或420 kPa（定压600 kPa）。手柄放置在"初制动"与"全制动"之间时，均衡风缸将根据手柄的不同位置减少压力。

抑制位：机车产生常用惩罚制动后，必须将手柄放置此位置，使制动机复位后，手柄再放置"运转位"，机车制动作用才可缓解。在"抑制位"，机车将产生常用全制动作用。

重联位：当制动机系统在补机或断电状态时，手柄应放此位置。在此位置，均衡风缸将按常用制动速率减压到0。

紧急位：在此位置，自动制动阀上的机械阀动作，列车管压力排向大气，触发EPCU中BPCP及机车管路中的紧急排风阀动作，产生紧急制动作用。

（2）单独制动手柄位置。

单独制动手柄位置其包括"运转位"，通过制动区到达"全制动位"。手柄向前推为制动作用，向后拉为缓解作用。20CP响应手柄的不同位置，使制动缸产生的作用压力为0~300 kPa。当侧压手柄时，13CP工作，可以实现缓解机车的自动制动作用。

3. 电空控制单元EPCU

电空控制单元（EPCU）安装在机车空气控制柜内，如图3-23所示，由控制所有空气压力变化的模块化线路可更换单元（LRU's）组成。

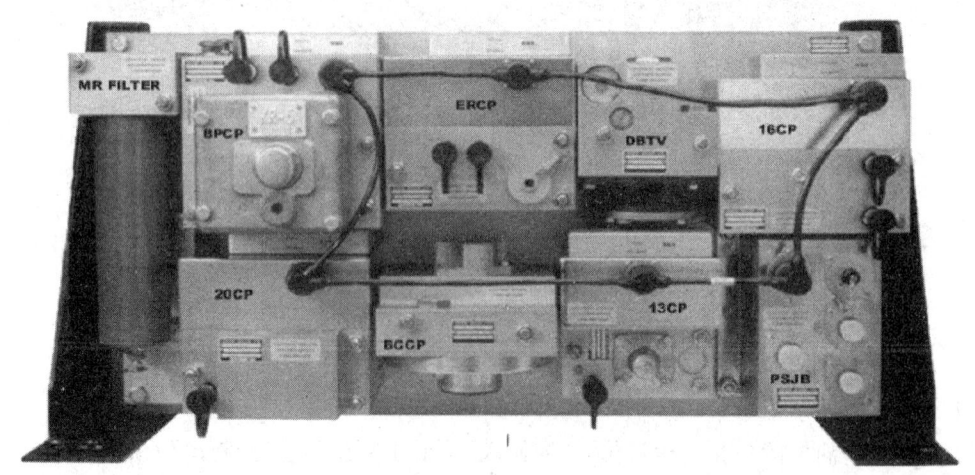

图3-23　EPCU

5 个 LRU 是"智能的",可以进行自检并通过网络通讯,它们是:

(1)列车管控制部分(BPCP)。

通过响应 ERCP 压力来提供列车管压力并提供列车管的投入和切除以及紧急作用。

在单机(本机/列车管切除)或补机状态时,列车管不受 ERCP 压力控制,但通过自动制动阀仍可产生紧急作用。

如果单机状态时制动系统失电,则列车管会自动转到投入状态,允许以常用制动的速率将列车管压力排向大气,当列车管压力降到 69 kPa 左右时,BPCP 内部将再次自动切除列车管通路。

如果补机状态时制动系统失电,则列车管压力降到 69 kPa 左右。

列车管的补风/不补风功能也由此模块实现。

BPCP 内部装有列车管压力传感器(BPT),操作者通过 LCDM 显示屏可以读出列车管的压力,如果此压力传感器故障,则位于 16CP 的列车管压力传感器(BPT 备份)将被投入。

(2)均衡风缸控制部分(ERCP)。

本机状态时,响应自动制动手柄指令产生均衡风缸压力及列车管控制压力。

补机和失电状态时,均衡风缸压力将为 0 kPa。

内部装有均衡(ERT)和总风(MRT)压力传感器,通过 LCDM 显示屏可以读取,如果总风压力传感器(MRT)故障,则位于 BPCP 内部的(MRT 备份)将被投入。

无动力切除塞门和无动力调整阀也位于 ERCP 上。

(3)13 控制部分(13CP)。

本机状态时,侧压单独制动手柄来实现单独缓解机车制动缸压力的功能,当单独手柄恢复后,此功能解除。

在 ER 备份模式下,13 号管控制 16 号管进入 ERBU 控制的 ER 压力。

在 ER 备份模式下,仍可实现机车的单独缓解功能。

(4)16 控制部分(16CP)。

本机状态时,响应列车管的减压量来控制 16 号管压力,16 号管压力控制位于 BCCP 中的制动缸中继阀,从而产生制动缸压力。

在补机状态除了列车管压力降到 140 kPa 以下和总风重联开关(MREP)动作以外,不再响应列车管的减压。

在本机/投入或本机/切除模式下,16 号管增加的压力同列车管减少的压力的比率为 2.5:1,并且 16 号管增加的压力最大不超过 (450±20) kPa。

失电状态下,16CP 将把 16 号管压力排向大气,制动缸的控制压力由 DBTV 产生(本机状态),或是由 20CP 产生(补机状态)。

16CP 内部装有制动缸压力传感器(BCT)和列车管压力传感器(BPT 备份)。

16CP 是 ERCP 的备用模块。

如果 20CP 故障,16CP 也会响应单独制动阀的制动指令,但此指令只能作用于本机。

(5)20 控制部分(20CP)。

本机状态时,通过响应列车管减压和单缓指令产生平均管压力。

在本机状态时,响应单独制动阀手柄的动作,产生制动缸及平均管压力(0~300 kPa)。

由 IPM 控制的 20CP 同时响应动力制动信号,当有动力制动信号时,缓解平均管压力。

在重联模式时，20CP 响应平均管的压力变化。

失电时，20CP 将保持平均管的压力。

EPCU 也包括：

（1）制动缸控制部分（BCCP）。

制动缸中继阀，响应 16 号管压力变化，机车制动缸压力的施加和缓解完全由 BCCP 控制。

BCCP 装有 DBI-1 型动力制动电磁阀，通过此电磁阀，可实现机车动力制动和空气制动的互锁功能。

（2）DB 三通阀部分（DBTV）。

在 CCBⅡ系统诊断使其工作于空气备份模式时，空气备用三通阀控制 16 管的压力，DBTV 中的主要部件为空气部分，它一直在工作，但由于制动系统的计算机控制，其影响显现不出来。

（3）电源接线盒（PSJB）。

电源连接盒位于 EPCU 所有节点和 IPM 的连接中心，内置电源，为 CCBⅡ系统供电（将 110 V 转换到 24 V），在外部具有多个接插件，允许 EPCU、EBV、M-IPM 和 RIM/CJB 相互连接。

另外，还有 4 个可替换过滤器安装在 EPCU 管线上：

（1）MR——Main Reservoir，主风缸。

（2）BP——Brake Pipe，列车管。

（3）13——Bail off and DBI control，常用制动的单独缓解和 DBI 互锁控制。

（4）20——Brake Balance pipe，制动平均管。

这些过滤器在年检时更换。

4. 集成处理器模块 M-IPM

集成微处理器模块（IPM）（见图 3-24）安装在机车制动控制柜内，执行所有到制动系统的通讯功能。通过 LON 网络和 EPCU、EBV 通讯，RS422 电缆线和 LCDM 通讯，MVB 网络和机车 TCMS 通讯，并可提供二进制输出，驱动机车继电器。

图 3-24 IPM

图 3-24 中，各指示灯的含义如下：

电源——绿色 LED 表示 IPM 已加电。如果在 IPM 得电的情况下，指示灯熄灭，则很有可能是电源失效。

CPU OK——根据内部看门狗计时器，该绿色 LED 显示 IPM CPU 的状况良好，表示 IPM 成功通过每 15 min 进行一次的自检。

DP LEAD——该绿色 LED 表示该机车处于动力分散本机机车模式。

DP REMOTE——该绿色 LED 表示该机车处于动力分散重联机车模式。

DP TX A——该黄色 LED 表示该机车电台 A 正在传输 DP 无线信息。

DP TX B——该黄色 LED 表示该机车电台 B 正在传输 DP 无线信息。

DP RX——该绿色 LED 表示该机车正接受 DP 无线信息。

DP COMM INT——该红色 LED 表示该机车 DP 无线通信故障。

DATALINK FA——该红色 LED 表示该机车 IPM 无法通过 Lon Work 网或 RS422 数据线与机车控制系统或 EPCU、LCDM 通信。

NETWORK FA——该红色 LED 表示 LOCOTROL EB 或 CCB Ⅱ 系统内部（IPM，EPCU and EBV）LON network 通信有问题。

EBV FAIL——该红色 LED 表示 CCB Ⅱ 系统 EBV 失效，可能是电子部分故障，或空气部分故障，或两者皆有。

EPCU FAIL——该红色 LED 表示 CCB Ⅱ 系统 EPCU 失效，可能是电子部分故障，或空气部分故障，或两者皆有。

EAB BACKUP——该红色 LED 表示 CCB Ⅱ 系统已工作于一项后备模式，比如第一主风缸传感器失效，系统工作于第二主风缸传感器。

5. 继电器接口模块（RIM/CJB）

继电器接口模块（见图 3-25）位于机车制动柜内，是微处理器（IPM）与机车间进行通讯的继电器接口。

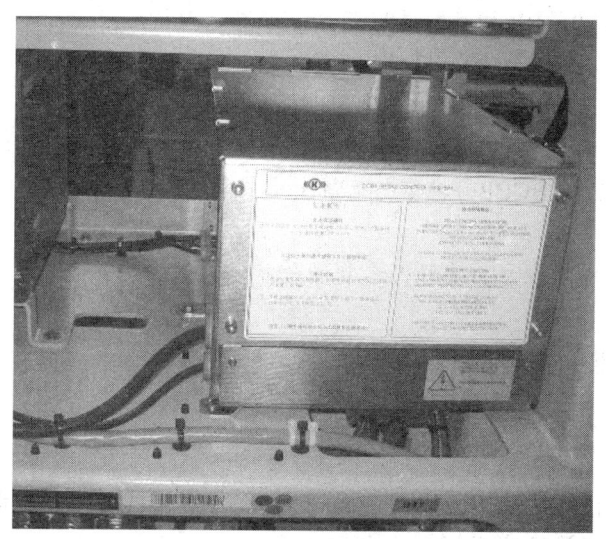

图 3-25 继电器接口模块

（1）信号输入部分，包括由安全装置（ATP）产生的惩罚制动和紧急制动、再生制动投入信号、MREP压力开关工作状态信号、机车速度信号；

（2）信号输出部分，包括紧急制动信号、动力切除（PCS）信号、撒砂开关动作信号、再生制动切除信号、制动系统故障信号。

二、CCB Ⅱ 控制关系

1. 主要部件控制关系（见图 3-26）

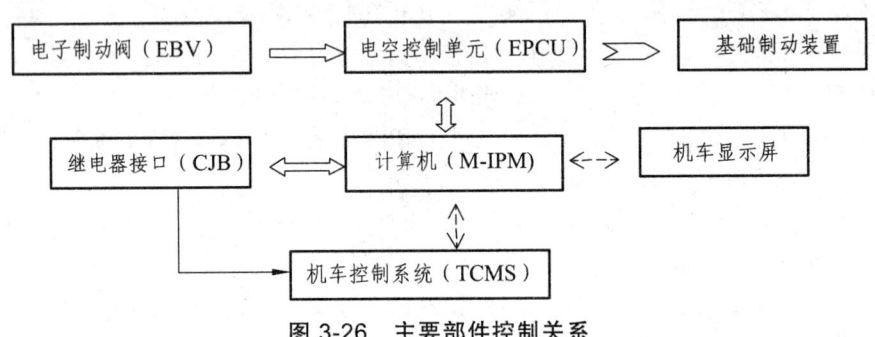

图 3-26 主要部件控制关系

在图 3-26 所示各部件中：
（1）EBV、EPCU、CJB、IPM 之间通过 LON 网线进行通讯；
（2）IPM、LCDM 之间通过 RS422 进行通讯；
（3）IPM、TCMS 之间通过 MVB 数据线进行通讯；
（4）CJB、TCMS 通过开关模拟量硬线进行通讯。

2. 气路控制关系

（1）控制列车：
自动制动阀→ERCP→BPCP→制动管压力→车辆制动机
↓
16CP→BCCP→机车制动缸

（2）控制机车：
单独制动阀→20CP→BCCP→机车制动缸
↓
平均管压力→重联机车制动缸

三、系统主要部件的冗余

1. 空气备用（16CP 失效）

空气备用模式是指系统采用纯机械三通阀（DBTV）来代替电子控制（16CP）产生制动缸管控制压力。其控制关系如下：

自动制动阀→ERCP→BPCP→制动管压力→车辆制动机
　　　　　　　　　　↓
　　　　　　　DBTV→BCCP→机车制动缸

2. ER备用（ERCP失效）

如果ERCP失效，则它的功能由16CP和13CP实现。由软件控制自行进行切换，控制关系如下：

自动制动阀→16CP/13CP→BPCP→制动管压力→车辆制动机
　　　　　　　　　　↓
　　　　　　　DBTV→BCCP→机车制动缸

3. 单独制动备用（20CP失效）

20CP失效时，16CP将响应单独制动手柄的指令，控制本机车制动缸的压力。对于重联车，将不存在平均管压力。其控制关系如下：

单独制动阀→16CP→BCCP→机车制动缸

4. 紧急制动的触发方式

（1）自动制动阀置于"紧急位"；
（2）开放车长阀触发紧急制动；
（3）按下操纵台紧急按钮触发紧急制动（断主断路器）；
（4）IPM触发紧急制动；
（5）监控装置触发紧急制动；
（6）列车断钩分离触发紧急制动。

5. 总风缸压力低保护

当总风缸压力低于500 kPa时，IPM接收到压力传感器信号，不允许机车加载牵引。

四、CCBⅡ空气制动系统故障排除

1. 基本处理

与电子空气制动（EAB）操作有关的机车故障症状见表3-10，每个症状都列出了故障排除步骤，必须按顺序操作。

表 3-10

症　状	故障排除步骤
空气制动故障	制动显示器将提供包括一个三位的故障代码，记下这个三位故障代码并参阅表 3-11 中的改正措施
系统不自检	制动显示器将提供包括一个四位的故障代码，记下这个四位故障代码并参阅表 3-12 中的改正措施
动力切除开关（PCS）不能清除或不能缓解制动	（1）放置自动制动手柄在"抑制位"（SUP），并等待惩罚清除。如果"Penalty Source Still Present"（处罚来源仍存在）信息出现，将有必要复位惩罚来源（司机室信号、ATP、报警器等）。处罚被复位后，移动自动制动手柄到"缓解位"（REL）。检查 ER 和 BP 两个压力是否都提高。如果 ER 提高而 BP 不提高，则参考症状"不能给列车管充风"；如果 ER 和 BP 确实提高，或者如果二者都不提高，则参考步骤（2）。 （2）放置自动制动手柄在"抑制位"（SUP），并监测诊断追踪信息。集成微处理器模块（IPM）断电重启。检查看在 IPM 上电过程中 "PCS Negated" 信息是否出现。如果 "PCS Negated" 出现在追踪信息，但是机车 PCS 灯仍亮着，则应更换 IPM。如果问题还存在，则更换继电器接口模块（RIM），并从 IPM 经 RIM 到机车 PCS 检查接线的连续性；如果 "PCS Negated" 没有出现在追踪信息，一个"紧急"或"惩罚"来源是活动的，则必须被清除
不能给列车管充风	（1）保证机车设置是"本机/投入"，移动自动制动手柄到"运转位"，保证 ER 充风到缓解设置。如果 ER 不充风，则参考症状"动力切除（PCS）没有清除"。 （2）隔离机车（关闭折角塞门）并重复步骤（1）。如果 BP 现在充风但以前不充风，则可能是列车泄漏或没有连接。 （3）至少 10 次"急剧地"放置电子制动阀（EBV）自动制动手柄到"紧急位"。复位紧急制动，并移动自动制动手柄到"运转位"。如果 BP 压力升高，则问题是 EBV 上 21 放风阀卡住。 （4）如果 BP 部分向 ER 升高，但是达不到 ER 压力（在 EPCU 听到空气吹动），更换 BPCP（可能中继阀卡死）；如果 BP 根本不提高，则更换 IPM（可能是二进制输出故障）
在机车上自动制动不能被单独缓解	（1）保证平均管塞门是关闭的。 （2）运行 CCBⅡ自检。如果自检通过，则更换 EBV（可能是单独缓解开关/总线故障）；如果自检未通过，则参阅 4.3 故障代码改正措施
当有动力制动时，自动制动不缓解	把机车投入动力制动，并测量 DBI 电磁阀电压。如果没有电压，则检查线路或机车输出信号，如果有电压，则更换 BCCP（可能是 DBI 故障）
不能建立制动缸压力	（1）保证机车被设置到"本机/投入"，保证转向架制动缸是接入的（闸缸塞门）。 （2）用自动制动手柄进行制动作用，注意列车管压力降低。 （3）在制动缸控制部分（BCCP）检查空气吹动，如果没有听到泄漏，检查从 EPCU 总管到转向架制动缸机车管路的完整性
不能进行自检、标定、事件记录操作	保证司控器在零位
LCDM 显示屏变黄，LED 显示管闪烁	LCDM 重新启动，如果仍然不好，更换 LCDM 显示屏

2. CCB Ⅱ 系统 IPM 故障改正措施

本文件描述 CCB Ⅱ 诊断故障代码，这些代码在机车制动屏幕上显示给操作者，如图 3-27 所示。三位故障代码也可在事件/故障记录中查看。该文件描述每个故障代码和其改正措施。

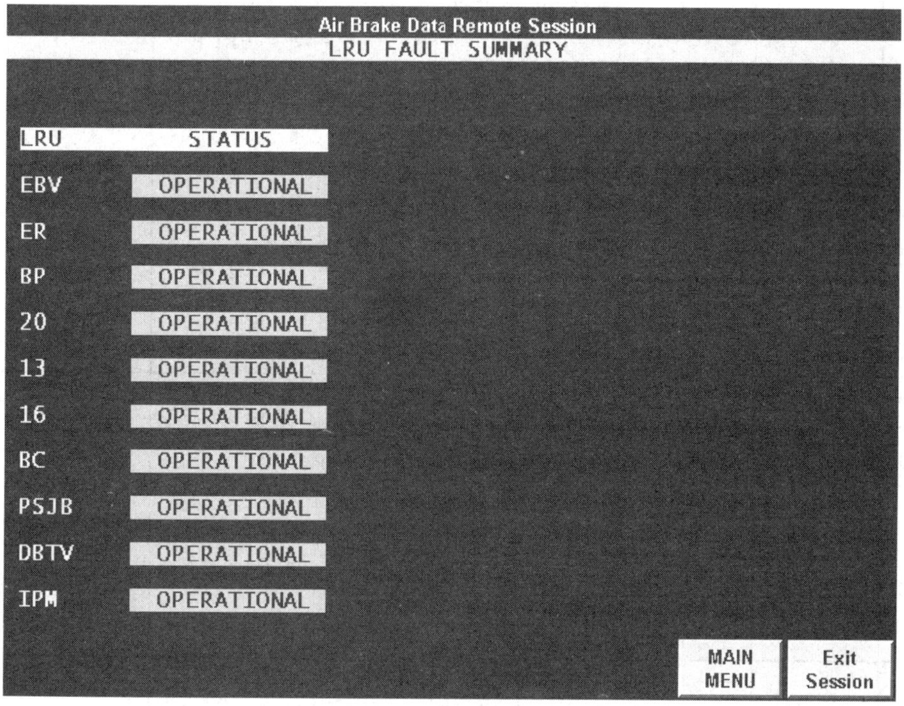

图 3-27 模块状态

IPM 故障代码被显示在故障信息的末尾，例如：

```
空气制动故障
使用备份模式 - 简化 IND BRK-001
```

将显示故障代码 "001"，改正措施见表 3-11。

IPM 诊断/故障代码见表 3-11。

表 3-11 IPM 诊断/故障代码

故障代码	描述	被……探测	故障原因	改正措施	如果还不好，则尝试
001	ERCN 故障	IPM	ERCN 脉冲损失 4 s	可以在备份模式作为牵引机车使用，直到进车间。保证 LON 电缆紧紧座在 ERCP。断电恢复	检查 ER 控制节点上的黄灯。如果稳定或闪烁，则重装程序或更换 ERCP；如果动力重启后红灯仍亮，则更换 ERCP

续表 3-11

故障代码	描述	被……探测	故障原因	改正措施	如果还不好,则尝试
002	ERCP AW4 故障	ERCP	ER>825 或在 10 s 内压力不在 ±35 kPa 范围内	可以在备份模式作为牵引机车使用,直到进车间。运行 ER 自检。如果通过,则断电恢复来清除备份模式;失败则更换 ERCP	检查管路柜后部的软管和风缸
003	ERT 故障	ERCP	传感器输出电压大于 4.5 V 或小于 0.5 V	可以在备份模式作为牵引机车使用,直到进车间。断电恢复	更换 ERCP
004	MRT 故障	ERCP	传感器输出电压大于 4.5 V 或小于 0.5 V,或者 IPM 探测传感器信号被停止发送 15 s	可以在备份模式作为牵引机车使用,直到进车间。断电恢复	更换 ERCP
006	MVER 失电关闭	ERCP	输出反馈显示失电	可以在备份模式作为牵引机车使用,直到进车间。更换 ERCP	
008	MRT 故障 2(MRT-备份)	BPCP	传感器输出电压大于 4.5 V 或小于 0.5 V,或者 IPM 探测传感器信号被停止发送 15 s	系统可不带流量指示操作。在下次进车间时更换 BPCP	
009	FLT 故障	BPCP	传感器输出电压大于 4.5 V 或小于 0.5 V	系统可不带流量指示操作。在下次进车间时更换 BPCP	
010	BPT 故障	BPCP	传感器输出电压大于 4.5 V 或小于 0.5 V,或者 IPM 探测传感器信号被停止发送 15 秒。	系统将用备份传感器操作。如果故障仍然存在,则断电恢复后,在下一次进车间更换 BPCP	
014	MV53 失电打开	BPCP	连续性损失	设置制动系统为断电状态,并以气动备份作为拖车使用。更换 BPCP	
016	BPCN 故障(BP 通讯丢失)	IPM	BPCN 损失脉冲信号 4 s	AB 系统断电恢复	检查 BP 控制节点上黄灯。如果稳定或闪烁,则重装程序或更换 BPCP;如果断电恢复后红灯仍亮,则更换 BPCP
017	MVEM 得电,打开	BPCP	输出反馈显示得电	如果系统持续在紧急情况,则设置系统断电,并以气动备份状态以拖车使用。更换 BPCP	

续表 3-11

故障代码	描述	被……探测	故障原因	改正措施	如果还不好，则尝试
018	MVEM 失电关闭	BPCP	输出反馈表示失电	产生紧急情况的备份模块失效。机车可操作，直到进车间，更换 BPCP	
025	MV13S 得电打开	13CP	输出反馈表示得电	检查看机车是否正被单独缓解。如果是，则设置系统断电，并以气动备份状态以拖车使用；如果不是，则机车可以作为牵引机车使用，直到下次进车间。更换 13CP	
026	MV13S 失电关闭	13CP	输出反馈表示失电	按拖车使用，直到进车间。紧急情况的单缓和单缓的备用模式失效。更换 13CP	
027	MV13E 得电关闭	13CP	输出反馈表示得电		
028	MV13E 失电打开	13CP	输出反馈表示失电		
031	13CN 故障（13 通讯丢失）	IPM	13CN 丢失脉冲信号 10 s	按拖车使用，直到进车间。紧急情况的单缓和单缓的备用模式失效。更换 13CP	检查 13 控制节点上黄灯。如果稳定或闪烁，则重装程序或更换 LRU；如果断电恢复后红灯仍亮，则更换 13CP
032	MVERBU 得电打开	16CP	输出反馈表示得电	可以在备份模式作为牵引机车使用，直到进车间。如果断电恢复后故障仍存在，则更换 16CP	更换 13CP。如果故障在更换 16CP 和 13CP 后仍存在，则检查 LON 电缆
033	MVERBU 失电关闭	16CP	输出反馈表示失电	可以在备份模式作为牵引机车使用，直到进车间。如果断电恢复后故障仍存在，则更换 16CP	更换 13CP。如果故障在更换 16CP 和 13CP 后仍存在，则检查 LON 电缆
036	16CP AW4 故障（AW4-16 故障）	16CP	16CP>690 或在 10 s 内压力不在 ±35 kPa 范围内	可以在备份模式作为牵引机车使用，直到进车间。如果断电恢复后故障仍存在，则更换 16CP	检查制动柜后部的软管和风缸
037	16T 故障	16CP	传感器输出电压大于 4.5 V 或小于 0.5 V，或者 IPM 探测传感器信号被停止发送 15 s	可以在备份模式作为牵引机车使用，直到进车间。更换 16CP	
038	MV16 得电打开	16CP	输出反馈表示得电	可以在备份模式作为牵引机车使用，直到进车间。如果断电恢复后故障仍存在，则更换 16CP	

续表 3-11

故障代码	描述	被……探测	故障原因	改正措施	如果还不好，则尝试
039	MPV16 失电关闭	16CP	输出反馈表示失电	可以在备份模式作为牵引机车使用，直到进车间。更换 16CP	
048	BPT 故障 2（BPT 备份）	16CP	传感器输出电压大于 4.5 V 或小于 0.5 V，或者 IPM 探测传感器信号被停止发送 15 s	可以在备份模式作为牵引机车使用，直到进车间。如果断电恢复后故障仍存在，则更换 16CP	
049	BCT 故障	16CP	传感器输出电压大于 4.5 V 或小于 0.5 V	机车可以不带 BC 表，使用在备份模式。建议按补机或无火使用，直到车间。更换 16CP	
052	16CN 故障（16 通讯丢失）	IPM	16CN 丢失脉冲信号 4 s	机车可以不带 BC 表，使用在备份模式。建议按补机或无火使用，直到车间。更换 16CP。保证 LON 电缆安装牢固，断电恢复	检查 16 控制节点上的黄灯。如果稳定或闪烁，则重装程序或更换 16CP；如果断电恢复后红灯仍亮，则更换 16CP
055	20CP AW4 故障（AW-4-20 故障）	20CP	在 10 s 内压力不在规定值 ±35 kPa 范围内	运行 20 自检。如果通过，则断电恢复来清除备份模式。如果不能通过，则设置到补车。在进车间后更换 20CP	检查制动柜后部的软管和风缸
056	20T 故障（20T/拖车故障）	20CP	传感器输出电压大于 4.5 V 或小于 0.5 V	设置到补机模式。单独制动压力有轻微泄漏。在进车间后更换 20CP	
057	MVLT 得电打开	20CP	输出反馈表示得电	可以在备份模式作为牵引机车使用，直到进车间。如果断电恢复后故障仍存在，则更换 20CP	
058	MVLT 失电关闭	20CP	输出反馈表示失电	设置到补机。在进车间后更换 20CP	
062	20CN 故障	IPM	20CN 丢失脉冲信号 4 s	保证 LON 电缆安装牢固，断电恢复。如果故障还存在，则设置为补机以气动备份状态使用	检查 20 控制节点上的黄灯。如果稳定或闪烁，则重装程序或更换 20CP。如果断电恢复后红灯仍亮，则更换 20CP
075	自动制动手柄失效	EBV	电位计输出电压小于最小值	设置到补机。更换 EBV	
076	单独制动手柄失效	EBV	电位计输出电压小于最小值	设置到补机。更换 EBV	

续表 3-11

故障代码	描述	被……探测	故障原因	改正措施	如果还不好，则尝试
077	限位开关打开	EBV	自动制动或单独制动手柄故障	将手柄移开故障位置再将手柄移回	更换 EBV
085	EBVCN 故障	IPM	EBVCN 丢失脉冲信号 6 s	保证 LON 电缆牢固安装在 EBV 连接器和 PSJB、J100 上。断电恢复	检查 EBV 控制节点上的黄灯。如果稳定或闪烁，则重装程序或更换 EBV。如果断电恢复后红灯仍亮，则更换 EBV
090	IPMCN 故障（LON 通讯丢失）	IPM	LON 网信息丢失达 1.5 s	断电恢复	从 IPM 到 RIM 到 PSJB 检查电缆。如果电缆良好，则更换 IPM
098	BPT 和 BPT2 故障	IPM	BPT 和 BPT 备份故障	断电恢复。如果故障仍存在，则设置系统断电，并按补机空气动备份使用	检查控制节点上的黄灯。如果稳定或闪烁，则重装程序或更换涉及的 LRU。检查 LON 电缆连接。如果必要则更换 BPCP 和 16CP
099	故障 20TL（20T/本机车故障）	20CP	传感器输出电压大于 4.5 V 或小于 0.5 V	断电恢复。如果故障还存在，则设置到补机，使系统断电。在进车间后，更换 20CP	
100	ER 备份并伴有代码 036、051、052	16CP	ER 备份，并且 036、037、052 故障	设置到补机	

3. CCBⅡ自检故障代码和改正措施（见表 3-12）

表 3-12 CCBⅡ自检故障代码和改正措施

步骤	进行的测试	故障原因	导致失败的代码	最可能的原因	改正措施	如果还不好，则尝试
1	测试 ER 模块：列车管切除（MV53 电磁阀得电）；ER 缓解，充风。测试 ER 到作用阀的压力	ER 不在作用阀压力的 +/- 2 psi 内	1102 在缓解时 ER 控制错误	AW-4 误动作或 ERCP 上的控制节点故障	标定 ERT。如果不好，则更换 ERCP	检查制动柜后面的软管和风缸、ERG 管线及 ER 测试装置的泄漏
2	ER 在缓解时偏离。验证 ER +1, -1 为 5 s	ER 不在步骤 1 压力的 +/- 1 psi 内（偏移）	1103 在缓解时 ER 偏移	AW-4 误动作或 ERCP 上控制节点故障	标定 ERT。如果不好，则更换 ERCP	检查制动柜后面的软管和风缸、ERG 管线及 ER 测试装置的泄漏

续表 3-12

步骤	进行的测试	故障原因	导致失败的代码	最可能的原因	改正措施	如果还不好，则尝试
3	ER 全制动设置 ER=FV-26	ER 不在（FV-26 psi）空气压力的 +/-2 psi 内	1104 在全制动时 ER 控制错误	AW-4 误动作或 ER 上控制节点故障	标定 ERT。如果还不好，则更换 ERCP	检查制动柜后面的软管和风缸、ERG 管线及 ER 测试装置的泄漏
4	ER 在全制动时偏离。验证 ER +1,-1 为 5 s	ER 不在步骤 3 空气压力读数的 +/-1 psi 内（在全制动偏移）	1105 在全制动时 ER 偏移	AW-4 误动作或 ER 上控制节点故障	标定 ERT。如果还不好，更换 ERCP	检查制动柜后面的软管和风缸、ERG 管线及 ER 测试装置的泄漏
5	MVER 失电 5 s，接着 MVER 得电。等 2 s 读取 ERT 压力读数	MVER 排气速率不在限制（38~52 psi）内	1106 MVER 失电测试（制动率降低）	13CP 塞堵被堵住或 MVER 卡住	检查 13CP 排气塞堵（底部）。如果没有堵，则更换 ERCP 并标定 ERT	检查制动柜后面的软管和风缸、ERG 管线及 ER 测试装置的泄漏。更换 13CP
6	MVER 得电，等 18 s，验证 ER +3,-3	ER 压力从步骤 5 的空气压力偏移 +/-3 psi	1107 MVER 得电测试	泄漏（AW-4 线路没有被激活）	检查 ERCP 和 13CP 总管垫泄漏、软管和总管后面的风缸泄漏	检查 ERCP 测试装置泄漏。更换 ERCP
7	测试 BP 模块柔性转到列车投入状态。ER 目标：BP+5 MV53 失电					
8	BP 充风，设置 ER=FV-40，等 30 s，验证 BP +2,-2	BP 不在（FV-40 psi）空气压力的 ±2 psi 内	1205 BP 控制错误（充风）	BP 泄漏。ERT 或 BPT 标定失误	保证端部塞门是关闭的，标定 ERT 和 BPT	检查 BPCP 的泄漏。更换 BPCP
9	MV53/BPCO 切除列车管，设置 ER=FV。列车管不应随均衡风缸增加	BP 不在（FV-40 psi）空气压力的 +3/-8 psi 内（允许 0.5 psi/s BP 泄漏）	1207 MV53/BPCO 没有切除	MV53/BPCO 没有切除或 BPCO 关闭不严	标定 ERT 和 BPT。重新运行自检。如果 BP 高于允许范围，则更换 BPCP	如果 BP 低于允许范围，找出 CCB II 或机车上的 BP 泄漏
10	MV53/BPCO 列车管投入，验证列车管大于（FV-30）psi	BP 不大于（FV-30 psi）空气压力	1208 MV53/BPCO 没有接入	MV53/BPCO 没有接入或列车管大量泄漏	保证 MR 在 FV 压力以上。保证端塞门是关闭的	更换 BPCP

续表 3-12

步骤	进行的测试	故障原因	导致失败的代码	最可能的原因	改正措施	如果还不好，则尝试
11	等 5 s，列车管完成充风。验证 BP = ER +3，-3	BP 不在 ER 压力的 +/-3 psi 内	1206 在缓解时 BP 控制错误	标定失败	标定 ERT 和 BPT。重新运行自检。保证端塞门是关闭的。确保没有 BP 或 BPCP 泄漏	关闭 A、B 端的折角塞门
12	ERT/BPT 在不补风状态下的标定	BPT 没有低于 ERT 压力 4～17 kPa	1212 ERT/BPT 在不补风状态下的标定错误	ERT/BPT 没有正确标定	标定 ERT/BPT	重新标定 BPT 使其压力低于校验表大约 4 kPa
13	低 BP BPCO 设置 ER = 0，等 60 s，验证列车管是在 8.4～14 psi 内	BP 不在 8～14 psi	1209 在 BP 低压力时，BPCO 不切除	在 BP 低压力时 BPCO 不切除	标定 BPT，保证端塞门是关闭的。确保没有 BP 或 BPCP 泄漏	更换 BPCP
14	MVEM 设置列车管 = 40，等 40 s 后切除列车管，MVEM 得电产生紧急。等 5 s；验证列车管小于 5 psi	BP 大于 5 psi	1210 MVEM 故障	MVEM 故障；PVEM 故障；机车放风阀无动作	如果 BP 降到 0 psi，而放风阀不动作，则应检查放风阀	更换 BPCP。检查制动柜后面列车管排风口是否被堵
15	等 70 s 放风阀复位					
16	EMV 设置 BP = 40，等 40 s；切除列车管。EMV 得电产生紧急作用，等 5 s，验证列车管小于 5 psi	BP 大于 5 ps	1211 EMV 故障	EMV 故障；PVEM 故障；IPM 输入/输出故障；接线故障	检查接线和连接器。更换 IPM, RIM。如果还不好，则更换 BPCP	拆去从 IPM 到 RIM 到 PSJB 的电缆。更换 PSJB
17	等 70 s 放风阀复位					
18	20CP LRU 设置 20，管压力为 55 psi，等 7 s，让 20 管稳定	20 管压力不在 50～60 psi	1301 20 管不充风	AW-4 误动作或 20CP 上控制节点故障或平均管泄漏	保证端部塞门是关闭的，平均管没有泄漏。标定 20T。如果还不好，则更换 20CP	检查制动柜后面的软管和风缸及 20 管测试装置的泄漏

续表 3-12

步骤	进行的测试	故障原因	导致失败的代码	最可能的原因	改正措施	如果还不好，则尝试
19	排放 20 管压力，等 7s，让 20 管排气	20 管压力大于 5 psi	1302 20 管不排风	AW-4 误动作或 20CP 上控制节点故障	保证端部塞门是关闭的。标定 20T。如果还不好，则更换 20CP	可能制动柜后面泄漏。更换 20CP
20	MVLT 设置 20 = 55。设置到补机。排放 20 AW4 压力，等 5s，读 20TT，验证大于 50 psi	20 管压力小于 50 psi	1303 MVLT 在本机时卡住	MVLT 故障或 PVLT 在本机时卡住；平均管泄漏	保证端部塞门是关闭的，没有 20 管泄漏。检查 20CP 垫是否泄漏	更换 20CP
21	20 管排气					
22	测试 13LRU，设置 BP = FV					
23	MVER 失电，13S 失电。等 10s，列车管压力下降，产生制动					
24	MVER 得电，停止 ER/BP 减压。MV16 失电，BC 控制压力由备用模式提供。等 5s，让系统转换，BC 大于 35 psi。	BC 压力小于 35 psi。	1506 没有 BC 的备用模式	DBTV 故障；BCCP 故障；制动缸泄漏；13CP 故障，单缓功能一直作用	检查 BC 和 BCCO 相关管路的泄漏。标定 16T 和 BCT，运行自检。替换 DBTV	检查管路柜后面的风缸以及 16 管 BC 测试接头的泄漏。替换 16CP。替换 BCCP。替换 13CP
25	13S 得电，使 13/BO 管压力等于总风压力。等 10s。BC 小于 5 psi	BC 大于 5 psi	1401 13 管没有充风	13/BO 管压力没有增加到 25 psi 以上。DBTV 上的单缓阀故障，没有排掉 16TV 管的压力	检查 MR 压力是否大于 25 psi。替换 13CP	检查 EPCU 后 13 号口的泄漏，或者 13 号过滤器的泄漏。替换 DBTV
26	测试 16LRU。缓解自动和单独制动。设置 ER = 90 psi					
27	16/BC 充风。设置 BC = 72，等 5s；验证 16 管在 71～77 psi	16 管压力不在 71～77 psi	1503 16 管不充风	AW-4 误动作或 16CP 上控制节点故障	标定 16T 和 BCT。重新运行自检。如果还不好，则更换 16CP	检查制动柜后面的软管和风缸及在 16 管测试装置的泄漏

续表 3-12

步骤	进行的测试	故障原因	导致失败的代码	最可能的原因	改正措施	如果还不好，则尝试
28	16/BC 充风，设置 BC = 72，验证 BC 在 69～75 psi	BC 不在 69～75 psi	1600 BC 不充风	16CP 上控制节点故障；BCT 故障；制动缸泄漏	标定 16T 和 BCT。检查 BC 和 BCCO 相关管路的泄漏。重新运行自检。如果还不好，则更换 16CP	如果通过 1503 但未通过 1600，且 BC 没有泄漏，则更换 BCCP
29	16/BC 排风。设置 BC = 30，等 5 s，验证 16 管在 28～34 psi	16 管压力不在 28～34 psi.	1504 16 管不排风	AW-4 误动作或 16CP 上控制节点故障	标定 16T 和 BCT。检查 BC 和 BCCO 相关管路的泄漏。重新运行自检。如果还不好，更换 16CP	检查制动柜后面的软管和风缸及在 16 管测试装置、BC 测试装置的泄漏
30	16/BC 排风。设置 BC = 30，验证制动缸在 27～33 psi	BC 压力不在 27～33 psi	1601 BC 不排风	AW-4 误动作或 BCCP、BCT 上控制节点故障	检查制动缸泄漏；标定 16T 和 BCT。重新运行自检。如果还不好，则更换 16CP	检查制动柜后面的软管和风缸及 BC 测试装置的泄漏。更换 BCCP
31	设置 ER = FV +1，等 30 s。让 MVER 失电，ER/BP 减压。等 10 s，产生自动制动。让 MVER 得电。让 MV16 失电					
32	BC 备份 转换到 BC 备份（16TV 到 16 Vol）。等 5 s，验证 BC 大于 35 psi	BC 小于 35 psi	1506 没有备份 BC	DBTV 故障；BCCP 故障；制动缸泄漏	检查 BC/BCCO 相关管路的泄漏。标定 16T 和 BCT。运行自检程序。更换 DBTV	检查制动柜后面的软管和风缸及在 16 管测试装置、BC 测试装置的泄漏。替换 16CP。替换 BCCP
33	设置 16（AW4）= 0，等 5 s，检查 16T 小于 2.0 psi	16 管压力大于 2 psi	1505 16 管不排风到 0	标定错误	标定 16T 和 BCT，重新运行自检	更换 16CP
34	BC 备份单独缓解。设置 13 = MR，等 10 秒，设置 13 = 0；验证 BC 小于 5 psi	BC 大于 5 psi	1507 没有备份 BC 单独缓解	没有备份 BC 单独缓解；13 管压力可能不大于 25 psi	保证端部塞门是关闭的，运行 13CP 自检。如果通过，则更换 DBTV	

续表 3-12

步骤	进行的测试	故障原因	导致失败的代码	最可能的原因	改正措施	如果还不好，则尝试
35	排放辅助风缸小于ELV设定值（450 kPa）反复单独缓解设置					
36	辅助风缸小于ELV设定值。切除BP，激活MVEM。等20 s；验证BC是在ELV设置的+/−5 psi内	BC不在ELV设置的+/−5 psi内	1508 ELV故障（典型设置为65 psi）	ELV设置偏移或故障	更换16CP	
37	等20 s，让放风阀复位，测试BC LRU					
38	MVER和MV16得电。设置BP=0，BC=0，并应用单独缓解	BP不小于15 psi，BC不小于2 psi	1204 BP不排风 1601 BC不排风			
39	通过ERBU设置BP=30（ERBU得电，MV16失电），等10 s	BP不大于25 psi或BC不小于2 psi	1509 ERBU将不得电	标定失败，ERBU不得电	标定BPT，BCT和16T。如果还不好，则更换13CP	更换16CP
40	恢复ER备份（MV16得电，ERBU失电），等10 s	ER大于5 psi或BC小于25 psi	1510 ERBU不失电	ERBU不失电、泄漏或制动缸低压泄漏	更换13CP或修理制动缸泄漏	更换16CP
41	测试BC LRU（PVPL）					
42	设置20=0，等3 s					
43	20CP保压设置16=40，ERBU得电，PVPL打开。等5 s，使20压力等于BC	20压力不在BC压力的+4或−4 psi范围内	1602 PVPL卡住，关闭	PVPL故障或通道堵塞	替换BCCP	检查管路通道
44	ERBU失电，关闭PVPL。设置20排放。等10 s，20CP保压。等3 s，20压力小于5 psi	20压力大于5 psi	1603 PVPL泄漏	PVPL故障	替换BCCP	

任务四　辅助管路系统

机车辅助管路系统可以改善机车的运行条件，确保机车安全。该系统包括升弓控制模块（U43）、停放制动模块（B40）、撒砂模块（F41）、警惕装置（Z10）、停放制动辅助控制模块（R30）、鸣笛控制和辅助风源等部分。

一、弹簧停放制动控制装置（见图 3-28）

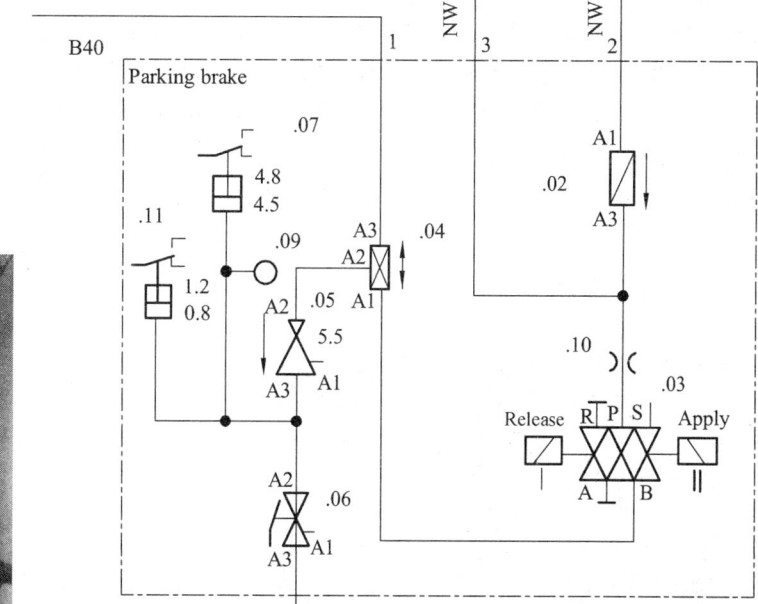

图 3-28　弹簧停放制动控制装置及原理图

此模块接收司机控制指令，从而控制机车走行部弹簧停车制动缸压力。当弹簧停车制动缸中的空气压力达到 480 kPa 以上时，弹簧停车制动装置缓解，允许机车牵引；机车停车后，将弹簧停车制动缸中的压力空气排空，弹簧停车装置动作，闸瓦压紧轮对，避免机车因重力或风力的原因溜车。

机车第一、六轴上安装有 4 个弹簧停车装置。

机车停车后，按下操作台左侧弹停作用开关，可使弹停脉冲电磁阀（.03）中的作用阀得电数秒，脉冲电磁阀（.03）处于"作用位"，弹簧停车制动缸中的压力空气通过弹停脉冲电磁阀（.03）排出，弹簧停车制动装置完全作用。如果需要走车，则按下操作台左侧弹停缓解开关，可使弹停脉冲电磁阀（.03）中的缓解阀得电数秒，脉冲电磁阀（.03）处于"缓解位"，总风将通过上述通路进入走行部的弹簧停车制动缸，当弹簧停车制动缸中的压力高于 480 kPa

后，操作台上弹停指示灯常灭，弹簧停车制动缸完全缓解，允许机车牵引。

1. 弹簧停车制动缸缓解

具体通路如下：

总风缸→逆止阀（.02）↗弹停风缸（A13）

↘弹停脉动阀（.03）→变向阀（.04）→减压阀（.05）→

弹停塞门（.06）→走行部弹停风缸

2. 弹簧停车制动装置作用后，机车制动缸作用时的工作状态

具体通路如下：

制动缸→变向阀（.04）→减压阀（.05）→弹停塞门（.06）→走行部的弹停风缸

制动缸风压进入弹停制动缸后，可以缓解部分弹簧压力，避免停车后或机车运行时，制动缸产生的压力和弹停风缸产生的弹簧压力同时作用在制动盘上，造成制动盘的损伤。

在发生供电故障的情况下，也可以使用脉冲电磁阀的手动装置对停放制动装置进行手动操作。在系统无风的情况下，可以使用停放制动单元的手动缓解装置（位于制动缸夹钳上）缓解停放制动。手动缓解后，不能再次实施停放制动。如果需要重新实施停放制动，则必须使系统总风压力达到 450 kPa 以上，方可实施停放制动。

二、停放制动辅助装置（见图 3-29）

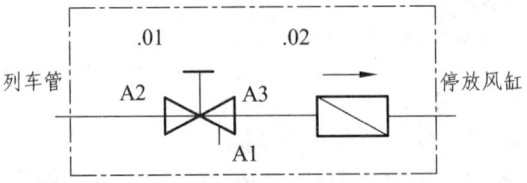

图 3-29　停放制动辅助装置及原理图

该装置用于在机车总风缸（A11/A15）和停放风缸（A13）均无风压情况下，可用其他机车列车管的压力来实现弹簧停车制动的快速缓解，无需在走行部的弹停风缸上进行手动缓解。该装置将会提高机务段的调车作业效率，减小劳动强度。

具体通路如下：

↗弹停风缸（A13）

其他机车列车管→截断塞门（R30.01）→逆止阀（R30.02）

↘弹簧停车制动装置控制模块（B40）

三、升弓控制装置（见图 3-30）

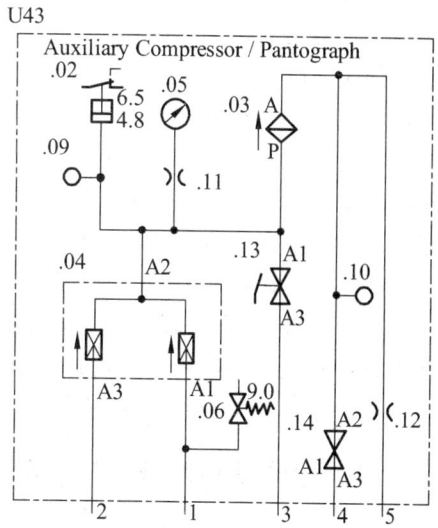

图 3-30　升弓控制装置及原理图

为受电弓和主断路器提供干燥、稳定的压缩空气。此模块包括双逆止阀（.04）、安全阀（.06）、压力开关（.02）、机械压力表（.05）、过滤器（.03）、塞门（.13、.14）、缩堵（.11、.12）和测试接口（.09、.10），它和辅助压缩机（U80）、辅助压缩机用干燥器（U82）、干燥风缸（U83）、压力开关（U84）、升弓风缸（U76）以及升弓塞门（U98、U99）等部件共同工作。

1. 库停后使用辅助压缩机供风升弓

具体通路如下：
辅助压缩机（U80）→干燥器（U82）→双逆止阀（.04）
↗塞门（.13）→升弓风缸（U76）
↘过滤器（.03）→缩堵（.12）→升弓塞门（U99）→升弓塞门（U98）→阀板
　　↘塞门（.14）→主断路器

启动辅助压缩机，压缩空气通过干燥器（U82）进入升弓模块，通过双逆止阀（.04）右侧的逆止阀后压缩空气分为两路，其中一路进入升弓风缸（U76），将压缩空气存储起来。另一路通过过滤器（.03），又将压缩空气分为两路，其中一路通过塞门（.14）为主断路器提供风源；另一路通过升弓塞门（U98、U99）进入升弓阀板为受电弓提供风源。

机车升弓指令投入后，若升弓风缸压力低于 480 kPa，则压力开关（.02）动作发出指令，辅助压缩机自动投入工作，当升弓风缸压力高于 735 kPa 时，压力开关（U84）动作发出指令，辅助压缩机自动停止工作，同时干燥风缸（U83）中的干燥空气将干燥器中的水和油污排出。如果通过按钮手动控制辅助压缩机启动，则压力开关（.02、U84）将不再对压缩机的起停进行控制。

2. 正常运行时的总风缸供风

具体通路如下：

总风缸→双逆止阀（.04）

↗塞门（.13）→升弓风缸（U76）

↘过滤器（.03）→缩堵（.12）→升弓塞门（U99）→升弓塞门（U98）→阀板

　　　　　　↘塞门（.14）→主断路器

总风缸的压缩空气直接进入升弓模块，通过双逆止阀（.04）左侧的逆止阀后压缩空气分为两路，其中一路进入升弓风缸（U76），将压缩空气存储起来。另一路通过过滤器（.03），又将压缩空气分为两路，其中一路通过塞门（.14）为主断路器提供风源；另一路通过升弓塞门（U98、U99）进入升弓阀板为受电弓提供风源。

在机车退乘之前，应将升弓风缸内压缩空气充至 900 kPa，然后关闭塞门（.13），以便机车再次使用时不必起动辅助压缩机就可进行机车升弓操纵。

四、轮缘润滑和鸣笛控制装置（见图 3-31、图 3-32）

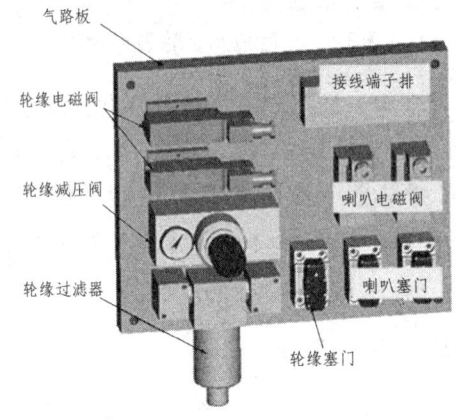

图 3-31 轮缘润滑和鸣笛控制装置

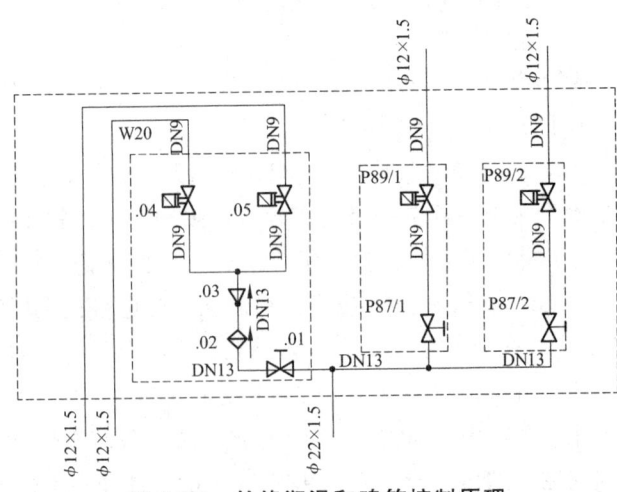

图 3-32 轮缘润滑和鸣笛控制原理

P87/1、P87/2—喇叭控制塞门；P89/1、P89/2—喇叭电磁阀；W20.01—轮缘控制塞门；W20.02—分水滤汽器；W20.03—减压阀；W20.04、W20.05—轮缘润滑电空阀

HXD₃c 型机车采用油脂式轮缘润滑方式，通过电磁阀控制油脂的喷涂。机车两端均设有 2 个高音喇叭、1 个低音喇叭，由电空阀控制，电空阀由司机操纵台面板上的喇叭按钮、操纵台下的喇叭脚踏开关分别控制。喇叭控制采用高、低音单独控制方式。HXD₃c 型机车将控制轮缘润滑及鸣笛的设备集成安装在一块气路板上，方便维护和检修。

五、撒砂装置（见图 3-33）

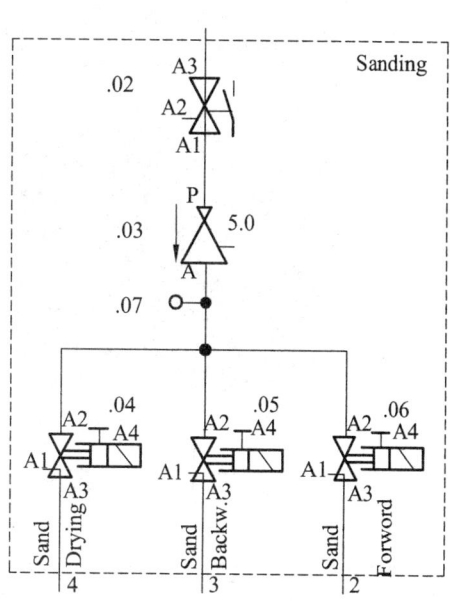

图 3-33　撒砂控制装置及原理图

撒砂控制模块由撒砂塞门（.02）、减压阀（.03）、加热电磁阀（.04）、撒砂电磁阀（.05）、撒砂电磁阀（.06）等控制部件组成。

机车设有 8 个砂箱和撒砂装置，每个走行部上面 4 个砂箱，容积为 100 L/个，撒砂量可在 0.5～1 L/min 范围内调节。撒砂动作与司机脚踏开关、紧急制动、防空转、防滑行等功能配合使用，撒砂方向与机车实际运行方向一致。

具体通路如下：

总风缸→撒砂塞门（.02）→减压阀（.03）→加热电磁阀（.04）/撒砂电磁阀（.05）/撒砂电磁阀（.06）→砂箱

HXD₃c 型电力机车撒砂装置具有砂子加热功能，加热装置设在砂箱底。

任务五　空气系统的操作

一、司机室制动操作

司机室内安装了一个机车司机室显示模块，该模块在显示牵引信息的同时还可显示空气制动数据，同时提供操纵者操纵制动机的接口。

1. 操纵台制动操作部件的布置及操作（见图3-34）

图3-34 操纵台制动操作部件

图3-34中各部件的名称、功能及操作见表3-13。

表3-13

序号	部件名称	功能	操作
1	制动显示屏	显示制动机状态	
2	制动压力显示表	实时显示总风、列车前后走行部制动缸的压力	
3	停放制动按钮	红色按钮为停放制动作用按钮，绿色按钮为停放制动缓解按钮	施加停放制动：点动红色按钮 缓解停放制动：点动绿色按钮
4	电子制动阀	控制列车及机车的制动作用	红色手柄：自动制动阀手柄 黑色手柄：单独制动阀手柄
5	紧急制动按钮	产生紧急制动作用，机车主断路器断开	作用位：按下 缓解位：旋转后弹出
6	监控显示屏	显示监控信息	
7	板键组合	空气压缩机启停	
8	司控器	产生机车牵引力或再生制动力	牵引：前推 制动：后拉
9	机车显示屏	显示机车牵引系统及制动系统各状态信息	
10	电台	机车通讯	

2. 司机室后墙制动部件布置及操作（见图3-35）

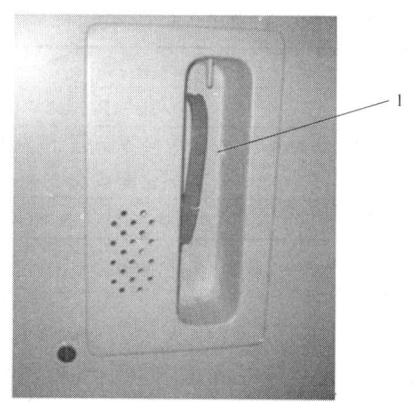

图 3-35 司机室后墙制动操作部件

图 3-35 中部件的名称、功能及操作见表 3-14。

表 3-14

序号	代号	部件名称	功　能	操　作
1	N69	车长阀	紧急情况下拉动该阀手柄可产生紧急制动作用	竖直位置：关闭 水平位置：开通

3. 司机端部制动部件布置及操作（见图3-36）

图 3-36 端部制动部件

图 3-36 中各部件的名称、功能及数量见表 3-15。

表 3-15

序号	代号	部件名称	功　能	数量/单端
1	B85	平均软管	为重联机车提供制动缸压力	2
2	B83	总风重联软管	为重联机车提供总风压力，也是重联机车制动系统断钩保护监测压力	2
3	B84	列车软管	为车辆提供控制压力	1

二、机械间制动操作

机械间制动操作部件集成安装在空气控制柜内。空气控制柜是主要制动控制部件的安装柜，是司机对部分制动系统功能进行操作的位置。柜内包括辅助风源设备、辅助功能控制模块、制动微处理器 IPM 及制动电空控制单元 EPCU。为了同机车控制系统进行通信，通过 MVB 网线及硬线接口使 IPM 同机车计算机间进行通讯。

1. 制动柜内部布置（见图 3-4）

辅助控制模块的布置如图 3-37 所示。

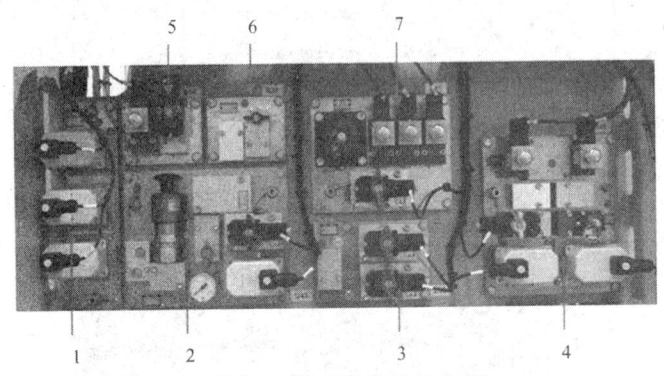

图 3-37　辅助控制模块布置

1—调压器模块，B01P50；2—升弓控制模块，B01U43；3—制动缸切除模块，B01Z10；
4—弹簧停放制动模块，B01B40；5—紧急放风控制模块，B01S10；
6—停放制动辅助控制模块，B01R30；7—撒砂控制模块，B01F41

2. 制动面板操作部件说明

（1）制动柜上侧位置如图 3-38 所示。

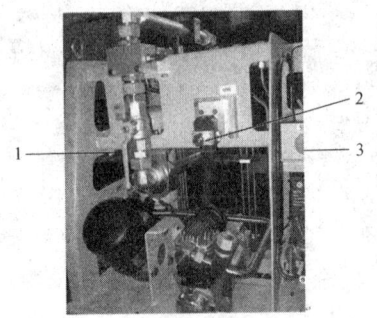

图 3-38　制动柜上侧位置

图 3-38 中各部件代号、名称、功能及操作见表 3-16。

表 3-16

序号	代号	部件名称	功能	操作
1	A24	总风截断塞门	关闭总风缸到制动柜通路，并排空制动柜 B01 内部的总风	水平位置：关闭 垂直位置：开通
2	B01U99	升弓钥匙塞门	控制机车受电弓压缩空气通路	水平位置：关闭 垂直位置：开通
3	B01U86	辅助压缩机按钮	手动控制辅助压缩机的启停	按下按钮：启动 松开按钮：停止

（2）制动柜中间位置如图 3-39 所示。

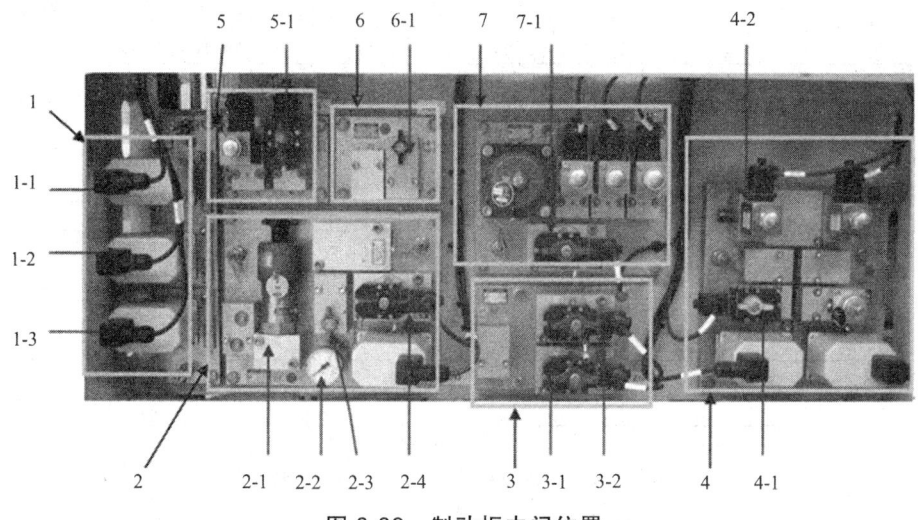

图 3-39 制动柜中间位置

图 3-39 中各部件代号、名称、功能及操作见表 3-17。

表 3-17

序号	代号	部件名称	功 能	操 作
1	调压器模块	B01P50		
1-1	P50.75	压缩机起停控制压力开关	控制两台压缩机同时投入工作	起动压力： （680±20）kPa 停止压力： （900±20）kPa
1-2	P50.74	总风低压保护压力开关	检测总风压力，当总风力过低时，切除动力牵引	切除牵引压力： （500±20）kPa 正常工作压力： （600±20）kPa

续表 3-17

序号	代号	部件名称	功能	操作
1-3	P50.72	压缩机起停控制压力开关	控制单台压缩机投入工作	起动压力：（750±20）kPa 停止压力：（900±20）kPa
2	升弓控制模块	B01U43		
2-1	U43.06	安全阀	避免辅助压缩机管路压力过高	开启压力：（900±20）kPa
2-2	U43.05	压力表	显示升弓风缸及管路，主断路器管路的压力	
2-3	U43.14	截断塞门（带排风功能）	用于关断总风到主断路器通路，并将截断塞门至主断路器间管路的压力排空	水平位置：关闭 垂直位置：开通
2-4	U43.13	截断塞门	用于关断总风到升弓风缸的通路	水平位置：开通 垂直位置：关闭
3	制动缸切除模块	B01Z10		
3-1	Z10.22	截断塞门（带排风功能）	用于关断制动机到Ⅰ端转向架制动单元通路，并将截断塞门至制动单元间管路的压力排空	水平位置：开通 垂直位置：关闭
3-2	Z10.23	截断塞门（带排风功能）	用于关断制动机到Ⅱ端转向架制动单元通路，并将截断塞门至制动单元间管路的压力排空	水平位置：开通 垂直位置：关闭
4	弹簧停放制动模块	B01B40		
4-1	B40.06	截断塞门（带排风功能）	用于关断模块到转向架停放制动单元通路，并将截断塞门至停放制动单元间管路的压力排空	水平位置：开通 垂直位置：关闭
4-2	B40.07	脉冲电磁阀	接受控制指令改变内部通道，实现机车停放制动的作用与缓解。也可通过两侧的按钮手动实现控制	左侧按钮：缓解 右侧按钮：作用
5	紧急放风控制模块	B01S10		
5-1	S10.01	截断塞门	在紧急电磁阀检修时，用于关断紧急电磁阀的通路	水平位置：关闭 垂直位置：开通
6	停放制动辅助控制模块	B01R30		
6-1	R30.01	截断塞门	实现无火机车停放制动的压缩空气缓解功能	水平位置：关闭 垂直位置：开通
7	撒砂控制模块	B01F41		
7-1	F41.02	截断塞门	控制总风与撒砂模块间通路，用于撒砂模块故障切除或检修切除	水平位置：开通 垂直位置：关闭

（3）制动柜下部位置如图3-40所示。

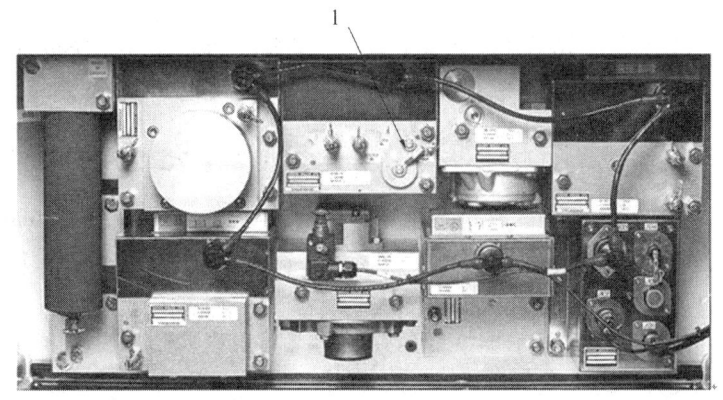

图3-40 制动柜下部位置

图3-40中各部件名称、功能及操作见表3-18。

表3-18

序号	部件名称	功　能	操　作
1	无火回送塞门	机车无火回送时，允许列车管给机车总风缸充风	投入位置：开通 切除位置：关闭

三、CCBⅡ制动系统设置

CCBⅡ制动系统可通过计算机屏幕接口（LCDM）在本机（列车管接入或切除）或在补机状态（列车管切除）设置。

1. 机车制动系统基本操作方式设置

（1）本机（列车管投入）。

单独制动控制可通过EBV单独制动手柄实施，均衡风缸（ER）控制可通过EBV自动制动手柄获得。列车管压力被投入并随着均衡风缸压力变化。当自动制动手柄移动到"运转位"时，ER和BP将加压到空气制动设置中确定的ER设定压力。同时可进行列车管补风/不补风功能选择。在补风状态时，如果列车管有泄漏，则总风将会自动给列车管充风到均衡风缸的压力；在不补风状态时，自动制动手柄在制动区，如果列车管有泄漏，则总风将不会自动给列车管补风。

具体操纵如下（如果有重联机车，则在对本机机车进行设置前，应确保其他机车在补机状态。）

① 本机机车制动显示屏默认的是当前的空气状态。

② 将自动制动阀手柄置于"运转位"（确保紧急作用不会产生），单独制动阀手柄置于"全制动位"。

③ 司控器可置任何位置。

④ 从制动显示屏选择F3"电空制动"键，机车当前的设置信息显示在制动屏消息栏中。

如果再选择其他对应的按键，则机车对应的改变设置信息也会显示在制动屏消息栏中（字体为淡灰色）。

⑤ 按键 F4"操纵端/非操纵端"和 F5"投入/切除"可将制动系统设置到本机状态（本机-投入信息将会出现在消息栏中）。

⑥ 根据需要设置补风或不补风状态。

⑦ 选择 F1"执行"键，显示屏恢复到默认状态。

⑧ 选择 F3"电空制动"键并检查均衡风缸的压力，应为 500 kPa 或 600 kPa。

⑨ 选择 F3"其他"键进入下一菜单，选择 F5 键"增加 10 kPa/减少 10 kPa"来调整均衡风缸的设定压力。

⑩ 选择 F8"退出"键，显示屏恢复到默认状态。观察列车管压力上升到均衡风缸的设定压力（BP 等于（ER±7）kPa）。

⑪ 单独制动和自动制动作用现在均可实施。

（2）阶段缓解。

单独制动控制可通过电子制动阀（EBV）单独制动手柄实施；均衡分缸（ER）控制可通过 EBV 自动制动手柄获得。列车管压力被投入并随从均衡分缸压力。当自动制动手柄移向"运转位"时，ER 和 BP 将逐步加压并逐步减小 BC 压力到零。完全移动自动制动手柄到"运转位"，将加压 ER 和 BP 到 EAB 设置中确定的 ER 设定压力。具体操纵如下：

① 制动显示屏默认显示的是当前的空气设置状态。

② 将自动制动阀手柄置于"运转位"（确保紧急作用不会产生），单独制动阀手柄置于"全制动位"。

③ 将换向手柄置于"中立位"。

④ 从制动显示屏选择 F3"电空制动"键，一个当前的设置信息将在消息栏中显示。

⑤ 按 F4"操纵端/非操纵端"键可将制动系统设置到本机状态（本机信息将会出现在消息栏中）。

⑥ 按 F5"投入/切除"键可将制动系统设置到投入状态（本机-投入信息将会出现在消息栏中）。

⑦ 按 F6"客车/货车"键可将制动系统设置到客车状态（客车信息将会出现在消息栏中）。

⑧ 选择"执行"键，显示屏恢复到默认状态。

⑨ 选择 F3"电空制动"键并检查均衡风缸的压力，压力值应该是铁路系统要求的操纵压力，如果不是，则按下列步骤操作：

a. 选择 F3"其他"键进入下一菜单；

b. 选择一个预定的压力值或通过选择 F5"增加 10 kPa/减少 10 kPa"键来调整均衡风缸的设定压力。

c. 当所需的压力值出现在消息栏中时，按 F8"退出"键，显示屏恢复上一菜单。

⑩ 选择"执行"键，显示屏恢复到默认状态。观察列车管压力上升到均衡风缸的设定压力（BP 等于（ER±7）kPa）。

⑪ 单独制动和自动制动作用现在均可实施。

注：并不是所有 CCB Ⅱ 制动系统均有此模式，在此模式下不补风功能失效。

(3)单机(列车管切除)。

单独制动控制可通过 EBV 单独制动手柄得到,ER 控制可通过 EBV 自动制动手柄获得。列车管压力被切除,不被均衡分缸压力控制。机车制动作用和缓解作用仍可根据列车管压力减少和增加而变化。具体操纵如下:

① 制动显示屏默认显示的是当前的空气设置状态。

② 将自动制动阀手柄置于"运转位"(确保紧急作用不会产生),单独制动阀手柄置于"全制动位"。

③ 将换向手柄置于"中立位"。

④ 从制动显示屏选择 F3 "电空制动"键,一个当前的设置信息将在消息栏中显示。

⑤ 按 F4 "操纵端/非操纵端"键可将制动系统设置到本机状态(本机信息将会出现在消息栏中)。

⑥ 按 F5 "投入/切除"键可将制动系统设置到切除状态(本机-切除信息将会出现在消息栏中)。

⑦ 选择 F1 "执行"键,显示屏恢复到默认状态。

⑧ 单独制动作用可以单独制动阀手柄实施,自动制动作用被切除;但通过自动制动手柄紧急作用仍可实施。

(4)补机(列车管切除)。

均衡风缸排大气,列车管压力被"切除",不受均衡风缸压力控制。EPCU 将对 EBV 手柄移动不响应,仅当自动制动手柄被移动"到 EMER"时产生紧急作用。机车的制动、缓解作用通过平均管来控制。具体操纵如下:

① 确保司控器在"0 位"。

② 移动单独制动手柄到"全制动位",自动制动手柄到"重联位"。

③ 从制动显示屏选择 F3 "电空制动"键,一个当前的设置信息将在消息栏中显示。

④ 按 F4 "操纵端/非操纵端"键可将制动系统设置到补机状态(补机信息将会出现在消息栏中)。

⑤ 列车管切除信息将自动显示在消息栏中。

⑥ 选择 F1 "执行"键,显示屏恢复到默认状态。单独制动作用和自动制动作用均被切除,移动单独制动手柄到"运转位"。

⑦ 确保列车管、总风管、平均管各端部软管均连接。

⑧ 开通列车管、总风管、平均管各端部塞门。

注:此模式下自动制动手柄的紧急作用仍然有效,如果 30 s 内对屏幕无操作,则 LCDM 显示屏将进行屏保。

(5)无火状态。

车上:

① 移动单独制动手柄到"运转位",自动制动手柄到"重联位";

② 制动系统断电;

③ 在 EPCU 的 ERCP 模块上将无火回送塞门转到"投入位";

④ 关闭塞门 A10;

⑤ 排放总风缸空气至 250 kPa 以下；
⑥ 关闭停放制动控制塞门（B40.06）。
车下：
⑦ 端部平均管塞门开放；
⑧ 确保列车管与车辆连接；
⑨ 机械缓解停放制动。

2. 标定 CCB Ⅱ 制动系统（由主机厂来完成）

以下说明意在使用户熟悉 CCB Ⅱ EAB（电子空气制动）系统的标定程序，它们包括：流量标定、表标定。

（1）要求的设备：
① 车轮铁楔。
② 标定的空气表（数字式：1~1 400 kPa；或模拟式：1~1 000 kPa，带 5 kPa 增量）
③ 标定的流量管口（0.220~0.228 inch）

（2）系统设置：
① 设置停车制动，用铁楔垫机车轮子。
② 保证空气制动系统得电。
③ 通过断开重联机车列车软管和关闭所有重联机车端部塞门来隔离机车，设置机车到"本机\投入"模式。
④ 保证司控器在零位，而换向器手柄在"中立位"。
⑤ 保证机车压缩机是可操作的，总风缸最小充风到 750 kPa 和列车管充风到 500 kPa。

（3）LCDM 显示屏运行标定程序：
① 依次按"F3-F7-F5"键进入标定选择屏，选择"压力表校准"。"表标定"屏打开，如图 3-41 所示。

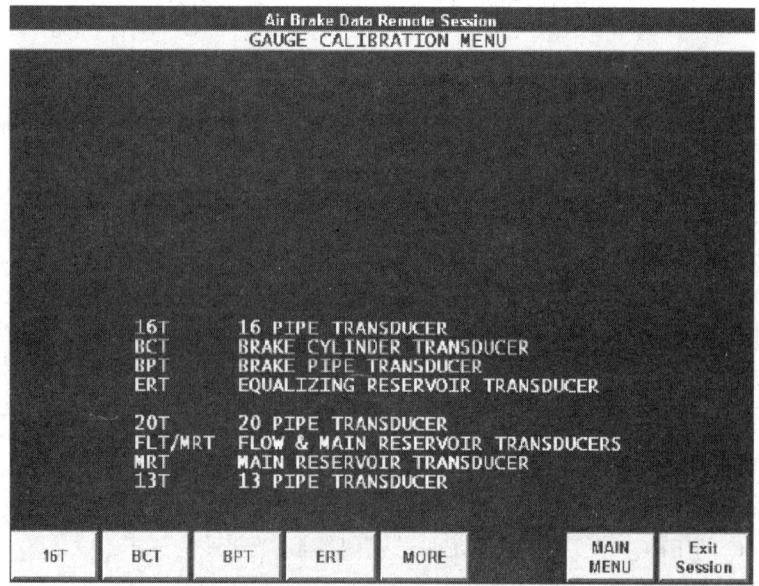

图 3-41 标定选择界面

② 选择"其他",查看在屏幕底部的表选项。再次选择"其他",返回原始列表。

③ 选择位于要标定表下面的键盘按钮,并安装标定好的空气表到相应的压力测试接口上。输入数字口令,再选择"接受"。"XXX Gauge Calibration(某某某表标定)"打开,如图3-42所示。

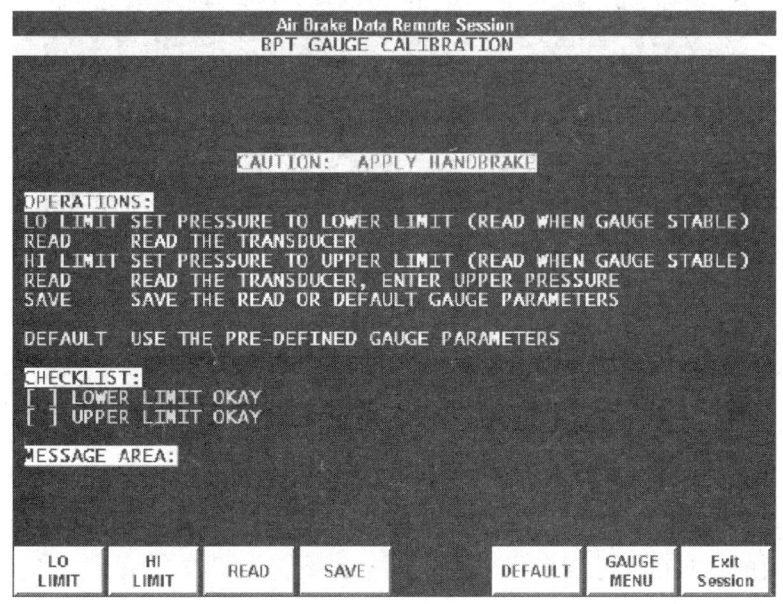

图 3-42　标定界面

④ 选择"低压值限值",需标定表的压力指示应减小到 0。

注意:当标定流量和总风缸传感器(FLT/MRT)时,一旦选择了"低压值限值"就要求手动关闭分离总风缸和总风管的球阀 A24;如果选择了"高压值限值",则必须重新打开球阀 A24。

⑤ 保证所需标定表的压力指示一直降到零,然后选择"读取"。一个"X"应出现在对号下,读作:比如,[X]下限 OKAY。

⑥ 选择"高压值限值"并让表指示显示稳定。选择"读取",新菜单键被显示。在"Message Area(信息区)"下显示的是与正在被标定单元有关的压力。如果显示的压力数和测试表显示的输出压力值不一致,则使用"向上加"或"向下减"按钮,使屏幕上数字显示压力与标定好的测试表正确压力相同。

⑦ 选择"接受"。一个"X"应出现在对号下,读作:比如,[X]上限 OKAY。选择"保存"。

⑧ 或者选择"表菜单"标定另外压力表传感器并重复步骤④~⑦,或者选择"退出"返回"主菜单"屏幕。

3. 使用 CCBⅡ事件记录

CCBⅡ电子空气制动(EAB)系统有事件/故障记录功能。每个重要事件发生时,都有记录照片。该功能记录了故障产生时或惩罚和紧急情况开始时机车和制动系统的状态。

（1）操作人员可通过 LCDM 制动显示屏按 "F3~F7" 键将制动事件记录调出，如图 3-43 所示。此时司控器应该在 "0 位"，机车必须是停止的。

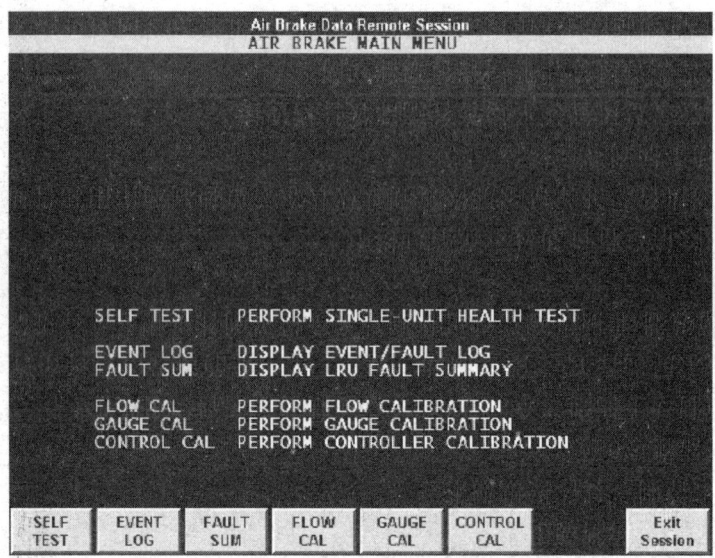

图 3-43　事件选择界面

（2）选择 F2 "事件记录" 键，制动屏显示下列事件内容（见图 3-44）：
① 事件/故障日期和时间。
② 制动故障。
③ 操作模式更改。
④ 惩罚和紧急作用的产生。
⑤ 自检通过和失败。
⑥ 流量标定。

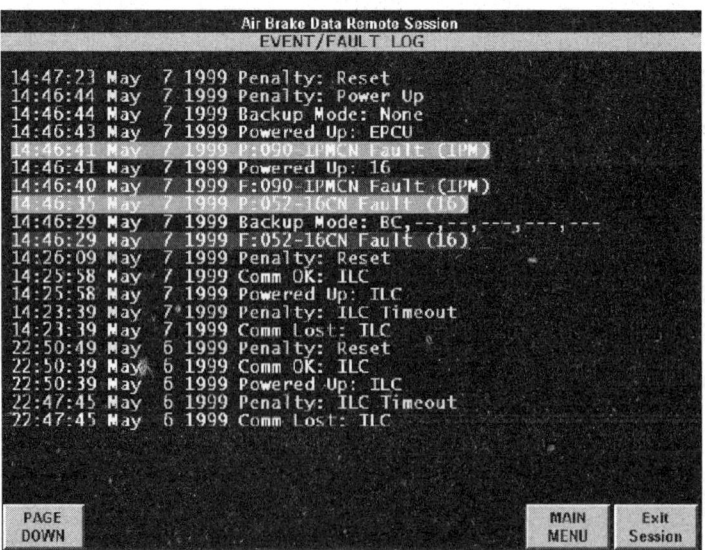

图 3-44　事故记录界面

（3）对每个事件也有记录照片。该快照数据只可用连接到集成微处理器（IPM）串口的PTU（便携测试单元）工具读出，它是大约事件前1 s各种空气制动信息（列车速度、压力等）的集合（快照平均时间为1.0~1.5 s，某些情况下可能更久些）。

（4）事件记录是循环缓冲器，将贮存最多200个事件。

（5）在下列EAB事件描述中，"D&T"是事件的日期和时间，所有事件的颜色是黑底白字，除非另外注明。

① LRU（可更换模块）故障。

| "D&T" F:: " FAULT CODE"-"FAULT TEXT " [("ID NAME")] | 红底白字 |
| "D&T" P:: " FAULT CODE"-"FAULT TEXT " [("ID NAME")] | 绿底白字 |

a. "FAULT CODE（故障代码）"是一个三位故障代码。
b. "FAULT TEXT（故障文本）"是故障简短描述。
c. "ID NAME（身份名称）"是故障的LRU（简称）。
例如：
1998年9月22日13：53：25，P：001- ERCN故障（ER）
1998年9月21日11：41：06，F：001-ERCN故障（ER）

d. 故障的LRU是单独的信息行记录。红色指示失败的（F） LRU故障事件，绿色指示通过（P）的LRU故障事件。

② 工厂代码。

| "D&T"　Factory Code（工厂代码）："Factory Code（工厂代码）" | 红底白字 |

a. "Factory Code（工厂代码）"是4~5位区分工厂代码的数字。
例如：
1998年7月30日13：53：25 工厂代码：5130
注意：通常，这些工厂代码不是现场可解读的，它们只对NYAB工公司有意义。

b. 给工厂代码发信号的LRU，通过工厂代码被1 000除得到——比如，5 130/1 000 = 5——是一个身份代码。身份代码是区分工厂代码的"来源"。

有关身份代码见表3-19。

表 3-19

身份代码	LRU 名称
1	EBV1
2	EBV2
3	ERCP
4	BPCP
5	20CP
6	13CP
7	16CP
14	IPM

③ 紧急情况。

| "D&T" Emergency（紧急情况）："Emergency Source （紧急来源）" | 黑底黄字 |

"紧急来源"是紧急情况的来源，或者是当紧急情况的复位。
例如：
1998年7月30日 13：54：30 紧急情况：复位
1998年7月30日 13：53：25 紧急情况：列车管线

④ 惩罚。

| "D&T" Panelty（惩罚）："Panelty Source（惩罚来源）" | 黑底黄字 |

"惩罚来源"是惩罚情况的来源，或者是惩罚后的复位。
例如：
1998年7月30日 13：54：30 惩罚：复位
1998年7月30日 13：53：25 惩罚：报警器

⑤ 模式更改。

| "D&T" Operating mode（操作模式）："abcd efg" |

"abcd efg"是当前操作模式的速记符号，其相关说明见表3-20。

表 3-20

a	"F"、"P" or "-"	货运、客运或都不是（拖车）
b	"T" or "L"	补机或本机
c	"O"（oh）or "I"	切除或投入
d	"M" or "N"	BP 补风或 BP 不补风
e	"R"、"L" or "-"	DP 远程、DP 牵引车或都不是（通常的）
f	"K"、"U" or "-"	DP 连接上、DP 没连接上或都不是（通常的）
g	"T" or "-"	DP 得电或未得电

例如：
1997年3月20日 21：40：12 操作模式：FLIM
1997年1月1日 18：53：50 操作模式：FLOM LU-
1998年12月25日 操作模式：FLOM LKT
1997年6月13日 17：11：39 操作模式：PLIN
1997年10月22日 11：17：24 操作模式：-TOM
1997年10月23日 06：31：25 操作模式：FLIM RU-

⑥ 备份模式更改。

| "D&T" Back up Mode（备份模式）："aa, bb, cc, dd, ee, ff" |

"aa，bb，cc，dd，ee，ff"是当前备份模式的速记符号，其相关说明见表 3-21。

表 3-21

	"无"	无备份模式
aa	"BC"或"---"	BC 是否备份
bb	"ER"或"---"	ER 是否备份
cc	"20"或"---"	MVLT 关或开
dd	"BPT"或"---"	BP 传感器是否备份
ee	"MRT"或"---"	MR 传感器是否备份
ff	"ER0"或"---"	紧急 ER 压力是否到零

例如：

1998 年 7 月 30 日 12：13：14 备份模式：无

1998 年 7 月 30 日 12：13：14 备份模式：BC，--，--，---，---，ER0

1998 年 7 月 30 日 12：13：14 备份模式：BC，ER，--，---，---，---

1998 年 7 月 30 日 12：13：14 备份模式：BC，ER，--，---，---，---

1998 年 7 月 30 日 12：13：14 备份模式：BC，ER，20，BPT，MRT，---

⑦ 自检。

"D&T" Self Test（自检）：Pass（通过）	绿底白字
"D&T" Self Test（自检）：Fault "ST Fault Code"（"ST 故障代码"）"ST ID Name"（ST 身份名称）	红底白字
"D&T" Self Test（自检）：Aborted 中断（操作者）	
"D&T" Self Test（自检）：Aborted 中断（错误）	
"D&T" Self Test（自检）：Aborted 中断（停工）	

a. "ST FAULT CODE"是一个四位自检故障代码。

b. "ST ID NAME"是故障 LRU 名称。

例如：

1998 年 7 月 30 日 12：13：14 自检：故障 1104（ER）

1998 年 7 月 29 日自检：通过

⑧ 设备标定（只用于流量传感器）。

"D&T" Calibrated（标定）："Device Name（设备名称）" Default（缺省）
"D&T" Calibrated（标定）："Device Name（设备名称）" Manuel（手动）

"Device Name（设备名称）"是被标定设备的名称。"Default（缺省）"表示标定是通过按动 Default（缺省）和 Save（保存）键进行的。而"Manual（手动）"表示进行非缺省手动标定。

例如：

1998 年 7 月 30 日 12：13：14 标定的：流量（手动）

⑨ 动力提供事件。

> "D&T" Power Up（提供动力）："ID NAME（身份名称）"

"ID NAME（身份名称）"是被提供动力设备或子系统的名称。

例如：

1998 年 7 月 30 日 13：53：25 提供动力：IPM

1998 年 7 月 30 日 13：42：06 提供动力：EPCU

1998 年 7 月 30 日 13：31：12 提供动力：ILC

⑩ 通讯暂停[只对 ILC（LCDM）和 DPM]

> "D&T" Comm OK（通讯良好）："ID NAME（身份名称）"
> "D&T" Comm Lost（通讯丢失）："ID NAME（身份名称）"

a. "ID NAME（身份名称）"是丢失或恢复与 IPM 中 EAB 软件通信的设备名称。

例如：

1998 年 7 月 30 日 13：31：12 通讯良好：ILC

1998 年 7 月 30 日 13：28：57 通讯丢失：ILC

b. 只有 ILC（LCDM）和 DPM（分散动力模式）通信暂停被探测和记录。注意：对于 LON 网络通信，暂停（故障 090）和 EPCU/EBV 模式（故障 001，016，031，052，062，085）被记录在 LRU 故障事件中。

4. 使用 CCB Ⅱ 自检

以下说明意在使用户熟悉 CCB Ⅱ（电子空气制动）系统自检程序的设置和操作。该文件也描述在机车制动屏幕上显示 CCB Ⅱ 自检故障代码。四位的故障代码可在事件/故障记录或在自检状态屏上看到。

（1）系统的设置。

① 设置停放制动并用铁楔垫机车车轮。

② 保证制动系统得电。

③ 保证空气压缩机可以工作，并且总风缸已充满。

④ 通过拆下重联车列车软管和关闭所有重联车端部塞门来隔离机车，设置机车到"本机\投入"。

⑤ 放置自动和单独制动手柄到"运转位"；一旦系统复位，则放置单独制动手柄到"全制动位"。

⑥ 保证司控器在"0 位"，而换向器手柄在"中立位"。

（2）从 LCDM 制动显示屏运行自检程序。

① 自检必须从"空气制动主菜单 EAb"屏运行。为进入该屏幕：选择"F3～F7"键，"空气制动主菜单"屏出现。

② 选择 F1"自检"，"自检授权"屏出现，如图 3-45 所示。敲进"口令"，接下来选择"接受"，"单个单元自检"屏出现。

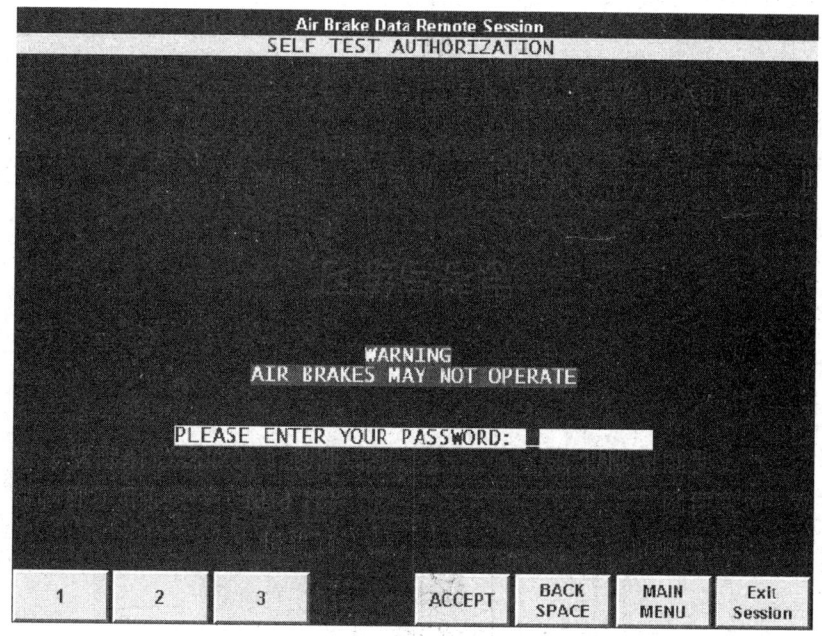

图 3-45　自检界面

这时，有两个选项可选择。选择"运行"，将在所有 LRU's 上运行单循环自检；或者选择"设置"，允许操作者选择将测试哪个 LRU's（只是有一个"X"靠近它们的 LRU's 可被测试）。若使用缺省值，则当从主菜单进入"单个单元自检"屏时，所有 LRU's 被选择。也可以从设置屏选项，通过放置一个"X"在靠近"Loop Continuously"的地方的方框内，选择"连续循环"。

③ 在所有 LRU's 上运行自检。

选择"运行"，系统自动开始自检，如果任何时候由于任何原因想停止自检，则"中断"选项可用。

注意："自检"将测试每个 LRU 一次。如果所有 LRU's 均通过自检，则一个"没有探测到故障"和"自检通过"的信息将出现；如果任何测试点发生测试失败，则测试被中断，故障代码和描述被显示。

④ 在选择的 LRUs 上运行自检：

a. 选择"设置"，"单个单元自检"屏出现，如图 3-46 所示。

b. 通过在靠近 LRU 被列出的地方的方框内放一个"X"，选择想自检的 LRU（s）。如果想自检连续运行（根据列在"设置"选项下的键盘命令来选择期望设置），则选择"连续循环"。

注意：如果选择"连续循环"，计算机将在选择的 LRU（s）上运行自检，除非按动"中断"按钮才可停止自检（一个表示自检完成了多少次循环和自检程序中探测到多少错误的信息将出现）。在任何 LRU 上，如果 5 个连续的相同的错误被记录，则"连续循环"周期也将中断。如果没有选择"连续循环"，则在选择的 LRU 上将进行单次自检。如果所有的 LRU 通过，则一个"没有探测到故障"和"自检通过"的信息将出现；如果一个 LRU 没有通过自检，则测试马上中断，一个故障代码号和描述出现。

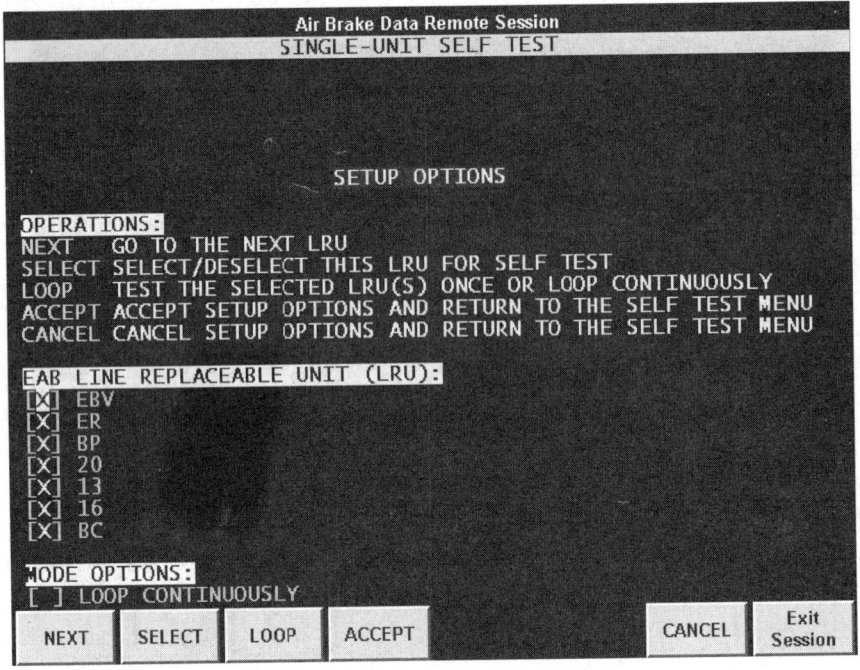

图 3-46　自检选择界面

c. 输入想要的设置后，选择"接受"，则"单个单元自检"屏重新出现。

d. 选择"运行"，系统开始自检。任何时候选择"中断"选项可停止自检。

CCB Ⅱ 系统自检程序中的缩写和首字母缩写注释如下：

A/D…………模数转换
A&R…………作用和缓解
AAR…………美国铁路协会
ABCB………空气制动电源开关
AD…………模数转换
ALR…………报警继电器
APP…………作用
AR…………自动缓解开关或辅助风缸
ATP…………自动列车保护
AW4-ER……电空阀-均衡风缸
AW4-16………电空阀-16，16管（控制管）
AW4-20………电空阀-20，20管（单独作用&缓解管）
BAN…………电池负极
BAP…………电池正极
BAT…………电池箱
BC…………制动缸
BCCO………制动缸反馈压力
BCCP………制动缸控制部分
BCEP………平均管
BCPS………制动缸压力开关
BCT…………制动缸压力传感器
BCTP………制动缸压力测试点
BO…………单独缓解
BOBU………单独缓解备份
BOD…………二进制输出禁止
BP…………列车管
BPCN………列车管控制节点
BPCO………列车管截断阀
BPCP………列车管控制部分
BPT…………列车管压力传感器
BPVV………列车管反馈压力
BU…………备份
C1…………塞堵1
C2…………塞堵2
CCB Ⅱ………第二代计算机控制制动系统

缩写	中文
LCDM	司机室显示器单元
CFM	立方英尺每分钟
CN	控制节点
COMM	通讯
CONT	控制器
CPU	中央处理器单元（集成处理器单元）
CU IN	立方英寸
D&T	日期和时间
DBCO	电阻制动切除开关
DBI	电阻制动互锁
DBTV	DB 型三通阀
dc	直流
DCV	双逆止阀
DEF	无火设备
DER	无火压力调整器
DP	分散动力
DPC	分散动力控制
DPM	分散动力模块
M-IPM	扩展集成微处理器模块
E/C	得电关闭
E/O	得电打开
EAB	电子空气制动
EBV	电子制动阀
ELV	紧急限制阀
EMER	紧急
EMV	紧急电磁阀
EPCU	电空控制单元
ER	均衡风缸
ERBU	均衡风缸备份
ERCP	均衡风缸控制部分
ERCN	均衡风缸控制节点
ERG	均衡风缸表接口
ERT	均衡风缸换能器
ERTP	均衡风缸测试点
ES	紧急撒砂
EX	排气
FIG	图
FLIM	货运牵引车接入模式
FLOM	货运牵引车切除模式
FLT	流量指示器
FS	全制动
ft lb	英尺 磅
FV	输送阀
HDLC	高位数据连接控制
HMI	人机接口
HO	手柄取出
Hz	赫兹（每秒周期）
I/O	输入/输出
IND	单独
IPM	集成微处理器模块
JB	接线盒
KB	克诺尔制动有限公司
LOCO	机车
LOCOTROL	通过射频通讯分散动力执行
LON	局部操作网络
LPC	机车程序控制器
LRU	线路可更换单元
LSI	机车系统一体化
MIN	最小
MIP	微处理器接口程序
MPV16	电磁/控制阀 16 部分
MR	总风缸
MREP	总风重联管
MRT	总风缸压力传感器
MU	重联
MVEM	紧急电磁阀
MVER	均衡风缸故障电磁阀
MVEREX	均衡风缸故障电磁阀排气
MVLT	牵引车-拖车电磁阀
MV13E	13 管排气电磁阀
MV13S	13 管供气电磁阀
MV16T	16 管缺省电磁阀
MV20E	单独作用排气电磁阀
MV20S	单独作用排气电磁阀
MV53	列车管切除控制电磁阀
N C	常闭
N O	常开

OEM ……… 原始设备制造
PCS ……… 气动切除（分解）开关或动力控制开关
PIR ……… 动力连锁继电器
PSJB ……… 电源接线盒
PTU ……… 便携测试单元
PVEM ……… 紧急控制空气阀
PVLT ……… 牵引车-拖车气动阀
PWM ……… 脉冲宽度调制
REL ……… 缓解
RES ……… 风缸
REV ……… 换向器
RIM ……… 继电器接口模块
SCFM ……… 标准立方英尺每分钟（流量）
TL ……… 列车
TPBC ……… 制动缸测试接口
TPBP ……… 列车管测试接口
TPER ……… 均衡风缸测试接口
TPMR ……… 总风缸测试接口
TP16 ……… 16口测试
TP20 ……… 20口测试
TV ……… 三通阀
TVCP ……… 三通阀控制部分

UIC ……… 国际铁路协会
V ……… 电压
VA ……… 可视空气制动报警
Vdc ……… 直流电压
13CN ……… 13控制节点
13CP ……… 13管控制部分
13T ……… 13管压力传感器
16CN ……… 16控制节点
16CP ……… 16管控制部分
16 RES ……… 16风缸
16E ……… 排气电磁阀
16S ……… 供气电磁阀
16T ……… 16管压力传感器
20CP ……… 20管控制部分
20F ……… 20管列车过滤器
20R ……… 20管中继阀
20T ……… 20管压力传感器
26L ……… 26L型空气制动机
#16 PIPE ……… 制动缸作用管（到中继阀）
#20 PIPE ……… 单独（直接）作用和缓解管（只是机车）
#21 PIPE ……… 到电子制动阀控制阀的安全控制管（气动紧急控制器）

思考与练习

1. CCB Ⅱ 制动机由哪些主要部件组成？请说明其控制关系。
2. EPCP 模块的作用是什么？
3. 电子制动阀 EBV 制动手柄在不同位置的作用分别是什么？
4. 制动显示屏 MLCDM 的作用是什么？怎样设置本机/补机，均衡风缸定压，列车管投入/切除，阶段缓解/一次缓解，补风/不补风？

项目四　主型车辆制动机的维护与调试

【项目描述】

车辆制动机是根据制动管的压力变化而进行动作的。当司机操纵机车制动机时,不仅使机车制动机发生制动与缓解作用,而且通过对制动管压力的控制,使车辆制动机也发生制动与缓解作用。由于机车制动机和车辆制动机在构造、作用原理方面存在着差异,所以对车辆制动机的学习和了解是进一步提高机车制动机的操纵水平的前提之一。

车辆制动机的主要部件是三通阀(或分配阀、控制阀),车辆制动机的名称通常也是根据三通阀、分配阀、控制阀的名称来命名的。目前我国铁路货车使用的车辆制动机有 GK 型、103 型和 120 型制动机;客车使用的制动机有 LN 型、F-8 型和 104 型等。本章就 104 型、120 型及 F-8 型车辆制动机的构造、作用原理进行介绍。

一、104 型空气制动机

随着车辆向大吨位、高速度方向发展,GK 型三通阀已不能适应铁路运输事业发展的需要。20 世纪 70 年代以后,我国相继研制成功 103、104 型分配阀,并在客、货车上陆续投入使用。近年来,随着我国准高速铁路的开通,列车电空制动技术开始得到应用,在 103 型分配阀的基础上,通过增设电空阀等部件,研制成功了 104 型车辆电空制动机。目前,104 型车辆电空制动机已成为我国快速旅客列车上应用最广的电空制动机。

1. 104 型空气制动机的组成

104 型空气制动机主要由 104 型分配阀、压力风缸、副风缸、制动缸、闸瓦间隙调整器等部件组成,如图 4-1 所示。

2. 104 型分配阀

1)104 型分配阀的特点。

(1)104 型分配阀采用了膜板活塞结构。

(2)常用制动与紧急制动用两个活塞分开控制。

(3)采用二压力机构,便于与旧型三通阀混编,适用于不同直径的制动缸,并在一定的范围内具有制动力的不衰减性。

(4)具有一段、二段局减作用,列车常用制动波速快,且备制动缸压力具有初跃升性能。

(5)间接作用方式。

2)104 型分配阀的构造。

104 型分配阀主要由中间体、主阀和紧急阀 3 部分组成,如图 4-2 所示。

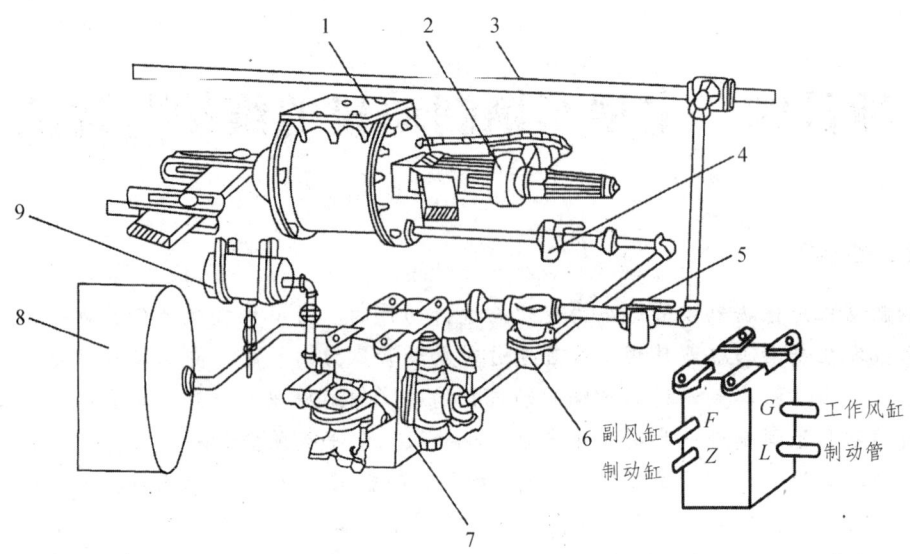

图 4-1　104 型空气制动机

1—制动缸；2—闸瓦间隙调整器；3—制动管；4—制动缸排气塞门；5—截断塞门；
6—远心集尘器；7—104 型分配阀；8—副风缸；9—压力风缸

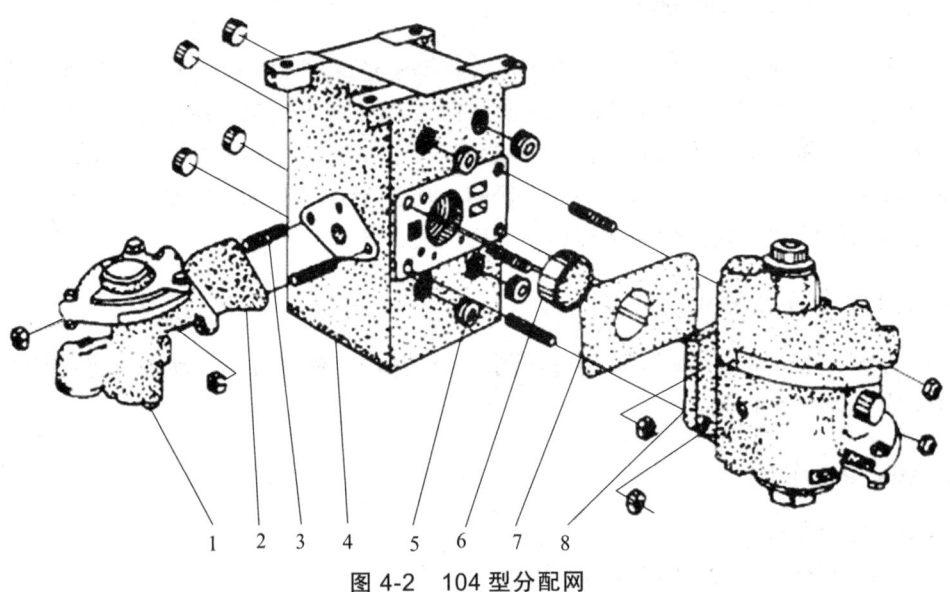

图 4-2　104 型分配网

1—紧急阀；2—紧急阀垫；3—双头螺栓及螺母；4—中间体；5—堵；
6—滤尘器；7—主阀垫；8—主阀。

（1）中间体。

中间体的 4 个垂直面分别用作主阀、紧急阀和各连接管的安装座。其中，紧急阀安装座相邻的垂直面设有连接压力风缸管的管孔 G（$\phi 19$ mm）和连接制动支管的管孔 L（$\phi 25$ mm）；而与主阀安装座相邻的垂直面上设有分别与副风缸管、制动缸管连接的两个管孔 F 和 Z（$\phi 19$ mm）。

中间体内设 3 个空腔：容积室（3.5 L）、紧急室（1.5 L）和局减室（0.6 L）。

（2）主阀。

主阀由作用部、充气部、均衡部、局减阀和增压阀 5 部分组成，用于控制制动机的缓解、制动与保压作用。

① 作用部。

作用部主要由主活塞、滑阀、节制阀、稳定装置等部件组成。主活塞上方通制动管，下方通压力风缸。主活塞根据上、下两侧的压力差来带动滑阀、节制阀上下移动，以连通或切断相应的气路。主活塞尾部装有由稳定弹簧、稳定杆、稳定弹簧座及挡圈等零件组成的稳定装置，以防止列车在运行中因制动管漏泄或压力波动而引起的自然制动，确保分配阀在列车运行中的稳定性。

节制阀、滑阀和滑阀座上的孔道布置如图 4-3 所示。

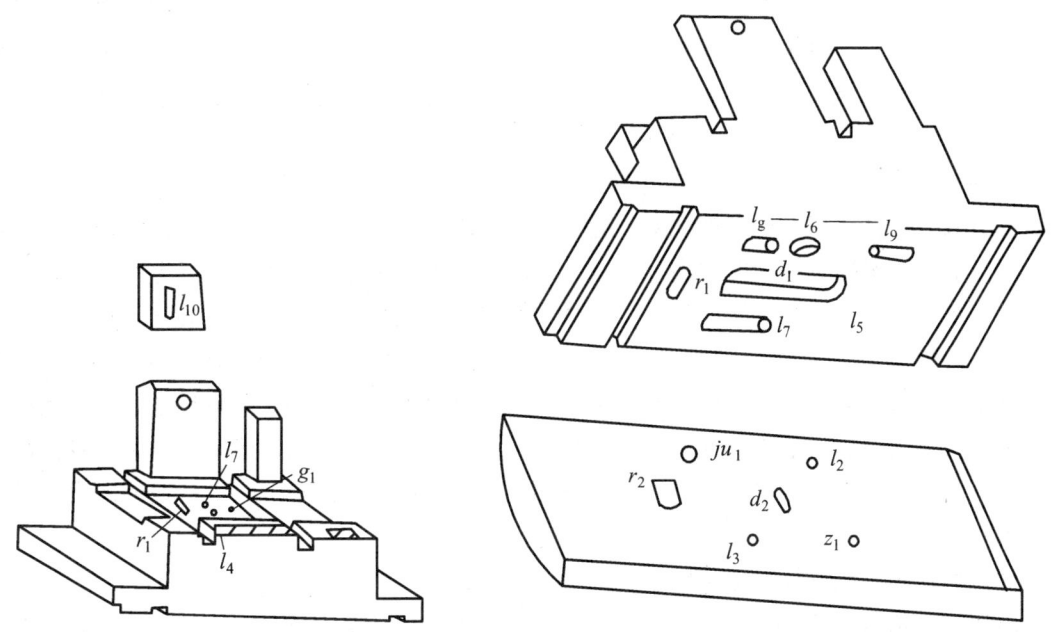

图 4-3 节制阀、滑阀和滑阀座

图 4-3 中各孔道名称及代号见表 4-1。

表 4-1 节制阀、滑阀和滑阀座上的孔道名称及代号

部位	名称	代号	名称	代号	名称	代号
节制阀	局减联络槽	l_{10}				
滑阀	充气孔	l_5	充气限孔	g_1	局减阀入孔	l_9
	局减室入孔	l_7	局减孔	l_6	局减阀孔	l_8
	缓解联络槽	d_1	制动孔	r_1		
滑阀座	制动管充风用孔	l_2	制动管局减用孔	l_3	通容积室	r_2
	通局减阀	z_1	通大气	d_2	局减室孔	ju_1

② 充气部。

充气部位于主阀上盖的上方，其用途是：由压力风缸压力控制制动管向副风缸的充风，从而保证副风缸的充风和压力风缸的充风能协调一致地进行。充气部由充气阀部和止回阀部两部分组成。

充气阀部主要由充气阀弹簧、充气阀、密封圈、充气阀座、充气活塞、充气膜板、充气阀体等组成。

止回阀部主要由止回阀、止回阀弹簧、密封圈及止回阀盖、止回阀座等组成。

③ 均衡部。

均衡部由作用活塞、作用活塞膜板、密封圈、作用阀上盖、作用阀、作用阀杆、作用阀弹簧等组成。

作用活塞上方通制动缸，下方通容积室。容积室的压力通过作用部的控制，根据制动管压力变化而变化，而作用活塞则是根据作用活塞上下两侧的容积室和制动缸之间的压力差来动作，开启或关闭作用阀口，从而控制制动缸的充、排风。缩孔Ⅱ用来控制制动缸压力稳定地上升。

④ 局减阀。

局减阀位于作用部与均衡部之间，由局减阀、局减活塞、局减膜板、局减阀弹簧等组成。

局减活塞右侧通大气，左侧通制动缸。局减阀套上有 8 个径向小孔，经主阀体内暗道通滑阀座 z_1 孔。在局减阀弹簧的作用下，局减阀通常处于将制动缸与滑阀 z_1 孔连通的状态。制动时，由于滑阀向上移动，使制动管的压力空气经滑阀座 z_1 孔和局减阀充入制动缸，从而产生制动第二阶段的局部减压作用。当制动缸压力升到 50～70 kPa 时，局减活塞带动局减阀右移，关闭制动管向制动缸充风的气路，停止列车局部减压作用。制动第二阶段的局减作用可使制动缸获得初跃升，并提高制动波速，以保证列车尾部车辆制动缸充有一定的压力。

⑤ 增压阀。

增压阀用于紧急制动时迅速增高制动缸压力，以确保列车行车安全。

增压阀由增压阀套、增压阀杆、增压阀弹簧等组成。增压阀杆上部通制动管，阀杆下部通容积室；增压阀套压入主阀体内，沿径向有 8 个小孔通副风缸。

非紧急制动时，增压阀杆在自重、增压阀弹簧及制动管压力作用下处于下方关闭位置，即关闭副风缸与容积室之间的气路。紧急制动时，因制动管压力迅速下降，而容积室压力迅速上升，当增压阀杆上、下两侧压力差增加到足以克服增压阀弹簧反力时，增压阀杆上移至上端，连通副风缸向容积室迅速充风的气路，使容积室产生增压作用，从而使制动缸也获得增压作用。

（3）紧急阀。

紧急阀由紧急活塞、紧急活塞杆、安定弹簧及放风阀、放风阀弹簧、放风阀导向杆等部件组成。其作用是在紧急制动时加快制动管排风，提高紧急制动灵敏度和紧急制动波速。

紧急活塞上方通紧急室，下方通制动管。放风阀导向杆下方也与制动管连通。紧急活塞杆轴向中心孔内设有缩孔Ⅲ（ϕ1.6 mm），用于限制紧急室向制动管的逆流速度。紧急活塞杆上部设径向缩孔Ⅳ（ϕ0.5 mm），用于控制制动管向紧急室的充风速度。紧急活塞杆下部设径向缩孔Ⅴ（$\phi 1.2$ mm），用于在紧急制动后，控制紧急室压力空气排入大气的速度。

非紧急制动时，紧急活塞在安定弹簧作用下处于上端，关闭放风阀口。紧急制动时，由于制动管急速减压，活塞上、下两侧形成很大的压力差，紧急活塞下移，安定弹簧被压缩，继而顶开放风阀，使制动管压力空气通过放风阀阀口排向大气。

3）104型分配阀的作用原理。

104型分配阀的工作过程包括以下几个状态：

（1）充气缓解状态。

司机操纵制动机向制动管充风时，压力空气经中间体进入主阀和紧急阀。

① 主阀的作用部：制动管压力升高，主活塞上下两侧产生压力差，使主活塞带动滑阀、节制阀一起下移至最下端，形成作用部的充气缓解状态。

连通两条气路：

a. 制动管→滤尘器→主阀安装面 l 孔→充气孔 l_2→充气孔 l_5→充气限孔 g_1→滑阀室→g_2 孔→g 孔→压力风缸。

↘g_3 孔→充气膜板下方。

b. 容积室压力空气→主阀安装面 r 孔→增压阀下部空腔 r_3→容积室孔 r_2→缓解联络槽 d_1→缓解孔 d_2→作用部排气孔 d_3→大气。

② 主阀的充气部：压力风缸的压力空气进入充气膜板下方，当其高于充气活塞上方副风缸压力时，打开充气阀，制动管压力空气顶开止回阀。

制动管→滤尘器→主阀安装面 l 孔→主阀体顶面 l_1 孔→主活塞上方→主阀上盖 l_{11} 孔→顶开止回阀→止回阀上方 f_1 空腔→充气阀 f_2 空腔→充气阀→主阀体顶面孔→安装面 f 孔→副风缸。

待副风缸压力上升至接近于压力风缸压力时，充气阀在充气阀弹簧及充气阀自重的作用下关闭，停止副风缸的充风。

作用阀室 f_4 与副风缸相通，为制动作用做好准备。

增压阀套径向孔 f_5 与副风缸相通，做好了紧急增压作用的准备。

③ 主阀的增压阀：增压阀弹簧室的制动管压力使增压阀处于下方关闭位置。

④ 主阀的局减阀：局减阀在制动缸的压力作用下处于关闭位置，当制动缸压力降至20 kPa时开启。

⑤ 主阀的均衡部：随着容积室压力的降低，作用活塞下方经主阀底面孔 r_4、主阀安装面孔 r_5、容积室向大气排风，压力下降，作用活塞在上方制动缸压力作用下下移，使作用活塞杆顶部孔口（阀口）开放，连通制动缸向大气排风的气路：

制动缸压力空气→主阀安装面 z 孔→主阀暗道→作用活塞杆外周→作用活塞杆中心孔→径向孔 d_5→作用部排气孔 d_6→大气，制动机缓解。与此同时，作用活塞上方压缩空气也经缩孔Ⅱ随制动缸压缩空气一起排入大气。

⑥ 紧急阀：制动管压力空气进入紧急阀部，将紧急活塞顶到上方极端位，活塞杆顶部密封圈与紧急阀上盖密贴。

制动管压力空气→紧急活塞杆中心孔→缩孔Ⅲ→紧急活塞杆上部径向缩孔Ⅳ→紧急活塞上侧→紧急室。

制动管压力空气进入放风阀弹簧室与放风阀弹簧共同作用,使放风阀关闭。

(2)常用制动状态。

司机操纵制动机,使制动管施行常用减压。

① 主阀的作用部:随着制动管减压,主活塞上下两侧产生压力差,主活塞首先压缩稳定弹簧,带动节制阀向上移动,滑阀暂时不动,节制阀上的 l_{10} 连通滑阀上的 l_6 和 l_7,形成第一阶段局部减压作用气路。

制动管压力空气→滑阀座局减用孔 l_3→滑阀局减孔 l_6→局减联络槽 l_{10}→局减室入孔 l_7→局减室孔→局减室→缩孔Ⅰ→大气。

经第一阶段局部减压后,主活塞上下两侧压力差加大,从而使主活塞带动滑阀、节制阀继续上移到极端位,即"制动位"。滑阀上的 r_1、l_8 和 l_9 分别与滑阀座上的 r_2、l_3 和 z_1 相对。连通两条气路:

a. 制动管压力空气→滤尘器→主阀安装面 l 孔→滑阀座局减用孔 l_3→l_8→局减阀入孔 l_9→滑阀座局减阀孔 z_1→局减阀环槽 z_2→局减阀 8 个径向小孔→局减阀两个 $\phi 3$ mm 径向孔→局减阀轴向中心孔→主阀安装面孔 z→制动缸。

b. 压力风缸压力空气→主阀安装面 g 孔→g_2 孔→滑阀室→制动孔 r_1→容积室孔 r_2→增压阀下部空腔 r_3→主阀安装面 r 孔→容积室。

② 主阀的增压阀:增压阀弹簧室的制动管压力使增压阀处于下方关闭位置。

③ 主阀的局减阀:局减阀处于开启位,制动管压力空气经局减阀进入制动缸,产生第二阶段的局减作用。第二阶段的局减作用与容积室的充气作用几乎是同时发生的,所以制动缸初始的压缩空气是来自副风缸和制动管。当制动缸压力上升至 50~70 kPa 时,局减阀关闭,停止第二阶段的局部减压作用。

④ 主阀的均衡部:由于容积室与作用活塞下方是连通的,随着容积室压力的升高,作用活塞产生向上的压力差而上移,顶开作用阀,连通副风缸向制动缸充风的气路:

副风缸→主阀安装面 f 孔→作用阀上部空腔 f_4→被顶开的作用阀→作用活塞杆上部外周空腔 z_3→z 孔→制动缸。

作用活塞杆上部外周空腔 z_3→z_4 孔→作用阀杆上方。

作用活塞杆上部外周空腔 z_3→缩孔(Ⅱ)→作用活塞上方。

⑤ 紧急阀:由于常用制动时,制动管减压速度并不急剧,紧急室的压力空气通过缩孔Ⅲ逆流至制动管,能跟上制动管的降压速度,因而紧急活塞上下两侧的压力差不足以充分压缩安定弹簧,放风阀仍处于关闭状态。

(3)制动后保压状态。

① 主阀的作用部:常用制动作用中,制动管停止减压时,压力风缸仍向容积室充风而继续减压。当主活塞上下两侧压力接近平衡时,在主活塞尾部稳定弹簧及主活塞自重的作用下,使主活塞带动节制阀向下回移,节制阀关闭 r_1 孔,压力风缸停止向容积室充风,容积室呈制动后保压状态。

② 主阀的均衡部:容积室保压时,作用活塞下侧保压,副风缸继续向制动缸充气。当作用活塞上侧制动缸压力上升到接近作用活塞下侧容积室压力时,在作用阀弹簧力作用下,作

用阀带动作用活塞杆一起下移，关闭阀口，切断副风缸与制动缸之间的气路，停止制动缸充风，并且作用活塞杆口也处于关闭状态，制动缸不能向大气排风，制动缸呈制动保压状态。其余各部状态同常用制动作用。

（4）紧急制动状态。

制动管紧急减压，主阀除紧急增压阀外均与常用制动相同，只是由于制动管减压速度快，各部动作迅速，一、二段局减作用不明显。

① 主阀的增压阀：紧急制动时，增压阀杆上方的制动管压力急剧下降，增压阀杆下方容积室压力迅速上升，阀杆上下两侧形成较大的压力差，克服增压阀弹簧反力及阀杆自重迅速上移，使得增压阀套径向小孔的内侧孔口开放，连通副风缸经增压阀向容积室充风的气路：

副风缸压力空气→增压阀套外围空腔 f_5→增压阀套径向小孔→增压阀杆径向孔→阀杆中心孔→空腔 r_3→主阀安装面 r 孔→容积室。

由于副风缸与压力风缸都向容积室充风，使容积室压力较常用制动时的最高压力提高 10%～15%，制动缸压力也相应提高，该作用称为紧急增压作用。

② 紧急阀：当制动管急剧减压时，紧急活塞及活塞杆迅速下移，触及放风阀，紧急活塞杆中心孔的下口被堵死，紧急室压缩空气只能经缩孔Ⅲ和缩孔Ⅴ（$\phi1.2$ mm）逆流至制动管，由于缩孔Ⅴ较小，所以在紧急活塞上形成的压力差急剧增大，并克服放风阀弹簧弹力，迅速顶开放风阀口，从而实现了制动管的迅速放风。经 15 s 后，紧急室压力空气基本排尽，在安定弹簧及放风阀弹簧的作用下，紧急活塞及活塞杆向上回移，放风阀口关闭。

二、120 型空气制动机

随着铁路运输生产的需要，由铁科院和眉山车辆厂于 1989 年共同研制出 120 型空气制动机，它能满足 10 000 t 的重载货物列车的制动要求，是我国货车主型制动机，已经逐步取代 GK 型和 103 型货车制动机。

1. 120 型空气制动机的特点

1）120 型空气制动机的特点。

① 120 型空气控制阀的主控机构仍为二压力机构，能与现有的货车制动机很好地混编。

② 采用直接作用方式控制制动缸压力，无需像 103 型分配阀那样由于采用间接作用方式而增设压力风缸、容积室及作用部、充气部等结构，使 120 型空气控制阀的结构简单，作用可靠。

③ 主控机构采用 103 型分配阀橡胶膜板和金属滑阀结构。

④ 在结构上，常用制动与紧急制动分开，常用制动和紧急制动均具有完善的两阶段局减作用，紧急制动还有制动管压力空气直接急速排入大气的局减方式，紧急制动时，制动缸呈先快后慢的两段上升方式。

⑤ 设置加速缓解阀和加速缓解风缸，使 120 型空气控制阀的缓解波速大大提高。

⑥ 在紧急阀中增设先导阀结构，提高了紧急制动波速。

⑦ 在主阀作用部的滑阀上增设一个 $\phi 0.2$ mm 的眼泪孔（或称呼吸孔），使分配阀在常用制动保压时，沟通制动管与副风缸，配合具有自动补风作用的机车制动机工作，使其具备压力保持功能。

⑧ 设置半自动缓解阀。拉动该缓解阀的手柄就可缓解制动机，方便调车作业。

⑨ 与 103 型分配阀零件的通用性和互换性较强，并能与多种制动新技术配套使用。

2）120 型空气制动机的组成。

120 型空气制动机由 120 型空气控制阀（简称 120 型控制阀）、空重车自动调整装置（包括空重车阀、比例阀和降压风缸）及副风缸、加速缓解风缸、制动缸等组成，如图 4-4 所示。

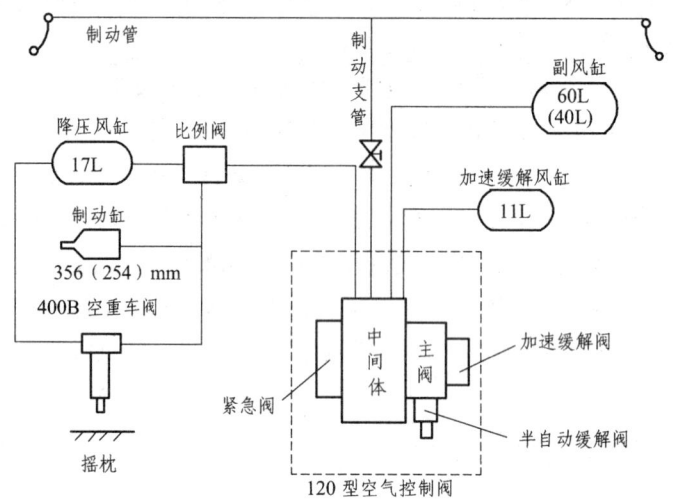

图 4-4　120 型空气制动机

2. 120 型控制阀

1）120 型控制阀的构造。

120 型控制阀由中间体、主阀、半自动缓解阀和紧急阀等 4 部分组成。

（1）中间体。

中间体有 4 个垂直面，其中两个相邻的垂直面作为主阀和紧急阀的安装座（阀座），与紧急阀相邻的垂直面安装加速缓解风缸和制动管的连接管，与主阀相邻的垂直面安装副风缸和制动缸的连接管，这两个垂直面成为管座。中间体内部有两个空腔，分别是紧急室（1.5 L）和局减室（0.6 L）。

（2）主阀。

主阀主要由作用部、减速部、局减阀、加速缓解阀和紧急二段阀 5 个部分组成，并且各组成部件均装设在主阀体内。

① 作用部：作用部是根据制动管与副风缸之间的空气压力差来实现局减、制动、保压、缓解等作用的，主要由主活塞、滑阀、节制阀、稳定装置等组成。

节制阀、滑阀和滑阀座上的孔道布置如图 4-5 所示，其孔道名称及代号见表 4-2。

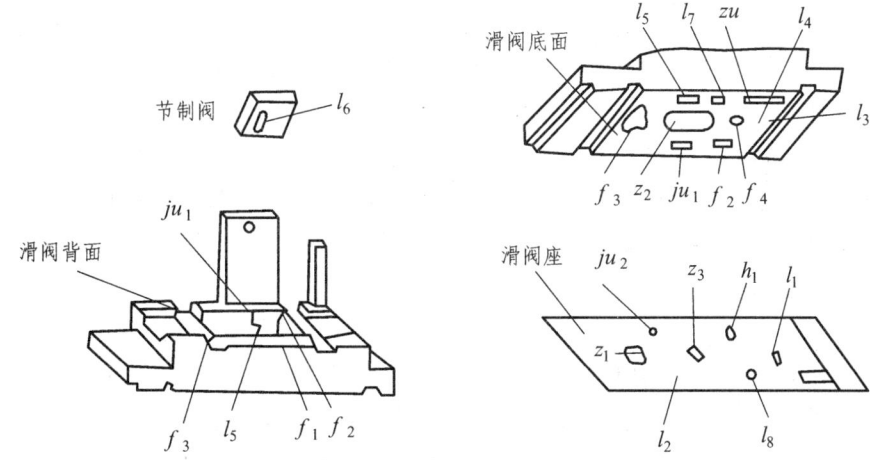

图 4-5 节制阀、滑阀座和滑阀上的孔路布置

表 4-2 节制阀、滑阀和滑阀座上的孔道名称及代号

部位	名称	代号	名称	代号	名称	代号
节制阀	局减联络槽	l_6				
滑阀	减速充气孔	l_3	充气孔	l_4	局减孔	l_5
	局减室入孔	ju_1	充气限孔	f_1	制动孔	f_3
	缓解联络槽	z_2	加速风缸充气孔	h_2	局减阀入孔	l_9
	眼泪孔（逆流孔）	f_4	阻力调整槽	zu		
滑阀座	制动管充风用孔	l_1	制动管局减用孔	l_2	制动缸孔	z_1
	局减阀孔	l_8	加速缓解风缸	h_1	局减室孔	ju_2
	缓解孔	z_3				

② 减速部：减速部用于根据制动管增压速度的快慢，限制主活塞下移的位置，实现不同的充气缓解作用，设在作用部下面，位于主阀下盖内，由减速弹簧、减速弹簧座等组成。

③ 局减阀：120 型控制阀具有两个阶段的局减作用，局减阀用于控制制动时第二阶段局部减压量，主要由局减阀套、局减阀杆、局减活塞、局减弹簧等组成。

④ 加速缓解阀：加速缓解阀用于在缓解时将加速缓解风缸的压力空气充入制动管，实现制动管的局部增压作用，以加快制动管的缓解速度，由加速缓解活塞、夹心阀、加速缓解弹簧、止回阀等组成。

在制动后缓解时，当本车制动管获得增压，其制动缸缓解的同时，将准备排入大气的制动缸压力空气作为压力信号先引导至加速缓解活塞的右侧，加速缓解活塞左移，推开夹心阀，使加速缓解风缸的压力空气经止回阀、夹心阀充入制动管，实现制动管局部增压作用，从而提高缓解波速，有利于减小列车缓解时的纵向动力作用。

⑤ 紧急二段阀：紧急二段阀是为了减轻长大货物列车在紧急制动时的纵向动力作用而设置的，主要由紧急二段阀杆、紧急二段阀弹簧和紧急二段阀套等组成。紧急制动时，制动

缸压力跃升至 120～150 kPa，紧急二段阀阀杆在其下腔制动缸压力作用下，上移至"关闭位"，经控制阀来的副风缸压力空气只能经紧急二段阀上部的 $\phi 3$ mm 径向孔向制动缸充风，从而使制动缸压力分两个阶段先快后慢地上升。

（3）半自动缓解阀。

半自动缓解阀用于手动排出副风缸和加速缓解风缸的压力空气，自动排出制动缸的压力空气，使制动机缓解。半自动缓解阀包括手柄部和活塞部两部分，由缓解活塞、缓解活塞杆、排气阀、手柄、止回阀等部件组成。

（4）紧急阀。

紧急阀用于紧急制动时加快制动管的排风（即紧急局减作用），使紧急制动作用可靠，提高紧急制动灵敏度，从而提高紧急制动波速，由紧急活塞、紧急活塞膜板、O 形密封圈、紧急活塞杆、安定弹簧、放风阀、先导阀顶杆、先导阀等组成。

2) 120 型控制阀的作用原理。

120 型控制阀的工作过程包括充气缓解、减速充气缓解、常用制动、制动保压和紧急制动 5 个状态。

（1）充气缓解状态。

司机操纵制动机向制动管充风时，压力空气经中间体进入主阀和紧急阀。

① 主阀的作用部：制动管增压时，后部车辆制动管增压速度较慢，主活塞两侧形成较小压差，主活塞下移，其尾部仅接触减速弹簧套，而不能压缩减速弹簧，形成作用部的充气缓解状态。连通 3 条气路：

a. 制动管→滤尘器→主阀安装面 l 孔→l_1→l_4→f_1→F1→副风缸。

b. 滑阀室→f_2→h_1→h→加速缓解风缸。

c. 制动缸→紧急二段阀→半自动缓解阀→z_1→z_2→z_3→加速缓解活塞外侧→缩孔 II →排气口→大气。

② 主阀的局减阀：局减阀在制动缸的压力作用下处于关闭位置，当制动缸压力降至 20 kPa 时开启。

③ 主阀的紧急二段阀：紧急二段阀弹簧室内的制动管压力空气使紧急二段阀处于下方开通位置。

④ 主阀的加速缓解阀：再充气时，由于缩孔 II 的限制，加速缓解活塞两侧产生压力差而内移，通过顶杆打开加速缓解阀，加速缓解风缸的压力空气经开启的加速缓解阀口进入制动管，形成制动管局部增压，加快制动管的增压速度，提高缓解波速。初充气时，无加速缓解作用。

⑤ 紧急阀：制动管压力空气进入紧急阀部，将紧急活塞顶到上方极端位，活塞杆顶部密封圈与紧急阀上盖密贴。

制动管→紧急活塞下方→缩孔 III→缩孔 IV→紧急室。

制动管压力空气进入放风阀弹簧室与放风阀弹簧、先导阀弹簧共同作用，使放风阀和先导阀关闭。

（2）减速充气缓解状态。

主阀的作用部：制动管增压，前部车辆增压速度较快，主活塞两侧形成较大压力差，主活塞推动滑阀、节制阀迅速下移,越过"充气缓解位",压缩减速弹簧到下方极端位,形成减速充气缓解状态。

滑阀座上的制动管充气用孔 l_1 越过 l_4 孔,与滑阀上的减速充气孔 l_3 相对,通过 l_3 开始向副风缸充气。由于受 l_3 的限制,充气速度较低,这样对列车前部的每一辆车来说,在一开始都少"吃"进一些制动管的"气",合起来就可让更多的制动管压力空气送往列车后部车辆,使后部车辆更早获得增压,缩短前后部车辆的充气缓解时间差。

主阀其他部分的动作和紧急阀的动作同充气缓解状态。

（3）常用制动状态。

司机操纵制动机,使制动管施行常用减压。

① 主阀的作用部:施行制动管常用制动减压时,滑阀室 F_1 的压力空气来不及经 $f_1 \rightarrow f_4 \rightarrow l_1$ 向制动管逆流,主活塞两侧形成一定的压力差,压缩稳定弹簧带动节制阀上移,然后带动滑阀上移,先后产生第一阶段局部减压和第二阶段局部减压及制动作用。先后连通三条气路:

a. 制动管 $\rightarrow l_2 \rightarrow l_5 \rightarrow l_6 \rightarrow ju_1 \rightarrow ju_2 \rightarrow$ 局减室。

b. 制动管 $\rightarrow l_2 \rightarrow l_5 \rightarrow l_7 \rightarrow l_8 \rightarrow$ 局减阀 $\rightarrow$ 制动缸。

c. 副风缸 $\rightarrow$ 滑阀室 $\rightarrow f_3 \rightarrow z_1 \rightarrow$ 半自动缓解阀 $\rightarrow$ 紧急二段阀周围大通路 $\rightarrow$ 制动缸。

② 主阀的局减阀:局减阀处于"开启位",制动管压力空气经局减阀进入制动缸,产生第二阶段的局减作用。第二阶段的局减作用与制动缸的充气作用几乎是同时发生的,所以制动缸初始的压力空气是来自副风缸和制动管。当制动缸压力上升至 50～70 kPa 时,由于局减阀关闭而停止第二阶段的局部减压作用。

③ 主阀的紧急二段阀:紧急二段阀弹簧室的制动管压力使紧急二段阀处于下方开通位置。

④ 紧急阀:由于常用制动时,制动管减压速度并不急剧,紧急室的压力空气经缩孔Ⅲ逆流至制动管,能跟上制动管的降压速度,因而紧急活塞上、下两侧的压力差不足以充分压缩安定弹簧,先导阀和放风阀处于关闭状态。

（4）制动保压状态。

主阀的作用部:制动管施行常用制动减压时,制动管停止减压。因作用部仍处于"制动位",副风缸继续向制动缸充气,使副风缸压力继续下降,滑阀室的压力继续下降。当降至与主活塞上部的压力接近平衡时,在主活塞、节制阀自重及被压缩的稳定弹簧弹力作用下,主活塞带动节制阀下移（滑阀不动）,节制阀盖住了滑阀背面的制动孔 f_3,切断了副风缸向制动缸充气的通路,形成了制动保压状态。

另外,节制阀露出了滑阀背面的副风缸充气孔 f_1 和加速缓解风缸充气孔 f_2。由于与 f_1 暗通的滑阀底面的 l_3 和 l_4 孔在滑阀座上被封住,故节制阀露出的 f_1 无任何意义。且与 f_2 暗通的滑阀底面的眼泪孔 f_4 在"制动位"早已与滑阀座上的 l_1 对上,形成了气路:副风缸 $\rightarrow$ 滑阀室 $\rightarrow f_2 \rightarrow f_4 \rightarrow l_1 \rightarrow$ 制动管 L。从而实现保压。

（5）紧急制动状态。

制动管紧急减压,主阀部除紧急二段阀外,均与常用制动相仿,只是由于制动管减压速度快,第一阶段局部减压和第二阶段局部减压及制动作用的产生过程更迅速,而且两个阶段局部减压作用不明显。

① 主阀的紧急二段阀:紧急制动时,制动缸压力跃升达 120～160 kPa,紧急二段阀上移关闭。关闭副风缸向制动缸充气的大通道,开启了小通道,这样就控制制动缸压力呈先快

后慢两个阶段上升，有效地缓和长大货物列车在紧急制动时的纵向冲动。

② 紧急阀：制动管急剧减压时，形成如下气路紧急室→缩孔Ⅳ→缩孔Ⅲ→制动管。该逆流速度远不及制动管的减压速度，紧急活塞销压缩安定弹簧下移，紧急活塞杆下端面与先导阀杆接触，紧急活塞杆底面被堵，紧急室只能经缩孔Ⅲ、缩孔Ⅴ向制动管逆流，直径更小的缩孔Ⅴ使逆流速度更慢，促使紧急活塞两侧的压力差骤增，进一步压缩安定弹簧下移，顶开先导阀。于是，放风阀弹簧室的制动管压力空气经先导阀口排向大气。由于缩孔Ⅵ的限制，放风阀背压急剧下降，紧急活塞继续下移，推开放风阀，产生紧急放风，即制动管紧急局减。

紧急放风作用产生后，紧急室J的压力空气仍只能经缩孔Ⅴ限制而排向大气。需15 s左右才能排完。紧急室压力空气排完之前，放风阀一直被紧急活塞推在下方开启位置，此时，向制动管充气无效，不能实现制动机缓解。防止未停车就转充气缓解而造成列车产生剧烈的纵向冲动和可能造成的断钩事故。

三、F-8型电空制动机

F-8型电空制动机包括空气制动和电空控制两部分，如图4-6所示。空气制动部分主要是F-8型客车分配阀（简称F-8型分配阀），电空制动部分主要由F-8型电空阀及电空阀箱组成。F-8型分配阀于1989年通过铁道部鉴定后投入运用，F-8型电空制动机现大量应用在25K型新造客车上。

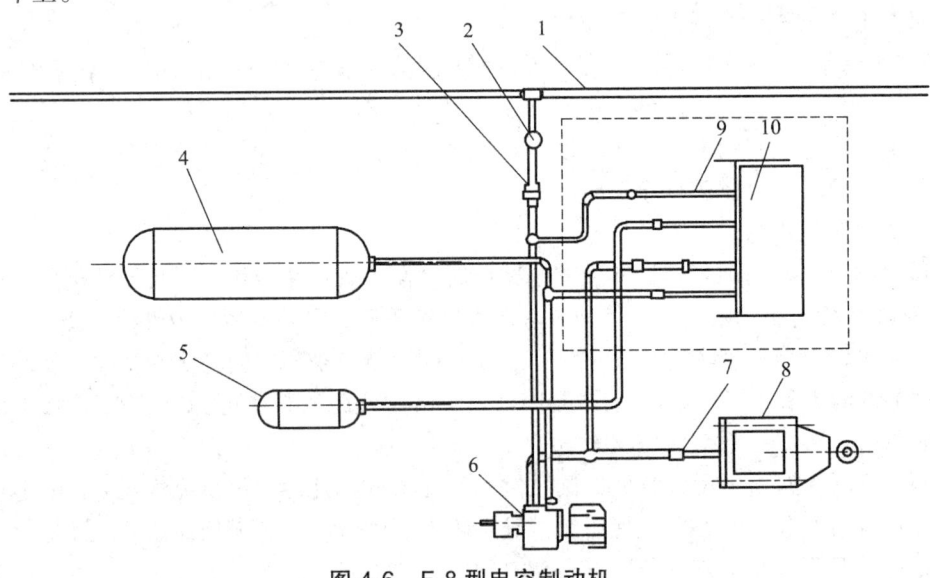

图4-6　F-8型电空制动机

1—制动管；2—集尘器；3—截断塞门；4—副风缸；5—定压风缸；6—F-8分配阀；
7—缓解塞门；8—制动缸；9—截断塞门；10—电空阀箱

1. F-8型电空制动机的特点

（1）主阀采用三压力控制机构，具有良好的阶段制动和阶段缓解性能，并有阶段缓解和一次缓解的转换功能，能与二压力机构的阀混编。

（2）设置单独控制紧急制动作用的辅助阀，采用二压力控制机构，同时具有加快主阀缓解的作用。紧急制动作用可靠，并且紧急制动波速很高，减少了紧急制动时列车的纵向动力作用。

（3）具有自动补风性能。当列车制动保压时，制动缸的泄漏可以自动得到补风，使制动缸压力保持不衰减，并且制动缸压力与制动缸活塞行程无关。

（4）具有局部减压作用。制动波速快，首车与末车的制动一致性好，大大减少了制动时的列车纵向动力作用。

（5）设置限压阀以限制紧急制动时制动缸压力，防止因制动力过大而导致车辆滑行。

（6）采用橡胶膜板、柱塞等结构，取消了滑阀等研磨件，检修方便。

（7）通用性好，适用于不同直径的制动缸，便于旧车改造。

2．F-8 型分配阀

1）F-8 型分配阀的构造。

F-8 型分配阀由主阀部、辅助阀部和中间体（也称管座）3 部分组成，如图 4-7 所示。

（1）主阀部。

F-8 型分配阀的主阀部分是由主阀、充气阀、限压阀、副风缸充气止回阀、局减阀、转换盖板等组成。

① 主阀：三压力机构。主活塞两侧分别是定压风缸和制动管压力空气，小活塞上方是制动缸压力，下方通大气。通过制动管、定压风缸、制动缸三者压力的平衡作用产生 F-8 型分配阀的制动、缓解、保压等作用。

② 充气阀：缓解时，制动管压力空气向定压风缸充气，局减室压力空气排入大气；制动时，切断局减室通大气的通路，切断制动管与定压风缸之间的联络通路。

③ 限压阀：限制常用制动和紧急制动时的制动缸最高压力值。

④ 副风缸充气止回阀：用于沟通制动管向副风缸的充气通路，并防止副风缸压力空气向制动管逆流。

⑤ 局减阀：主阀产生局减作用时，制动管压力空气经局减阀向局减室充气，并防止局减室压力空气向制动管逆流。

（2）辅助阀部。

辅助阀部主要由辅助阀活塞、辅助阀套、O 形密封圈和辅助阀杆、常用排风堵、紧急排风堵、紧急放风阀等组成。

辅助阀部采用二压力机构，辅助阀活塞上方为辅助室压力空气，下方为制动管压力空气。辅助阀部的作用是：车辆制动后再充气缓解时，加速主阀的缓解作用；紧急制动时，产生制动管紧急放风作用。

（3）中间体。

中间体作为主阀、辅助阀及各连接管路的安装座，内设有两个空腔，分别是局减室和辅助室。

2）F-8 型分配阀的作用原理。

F-8 型分配阀的工作过程包括：充气缓解、常用制动、制动保压、阶段缓解保压、紧急制动 5 个状态。

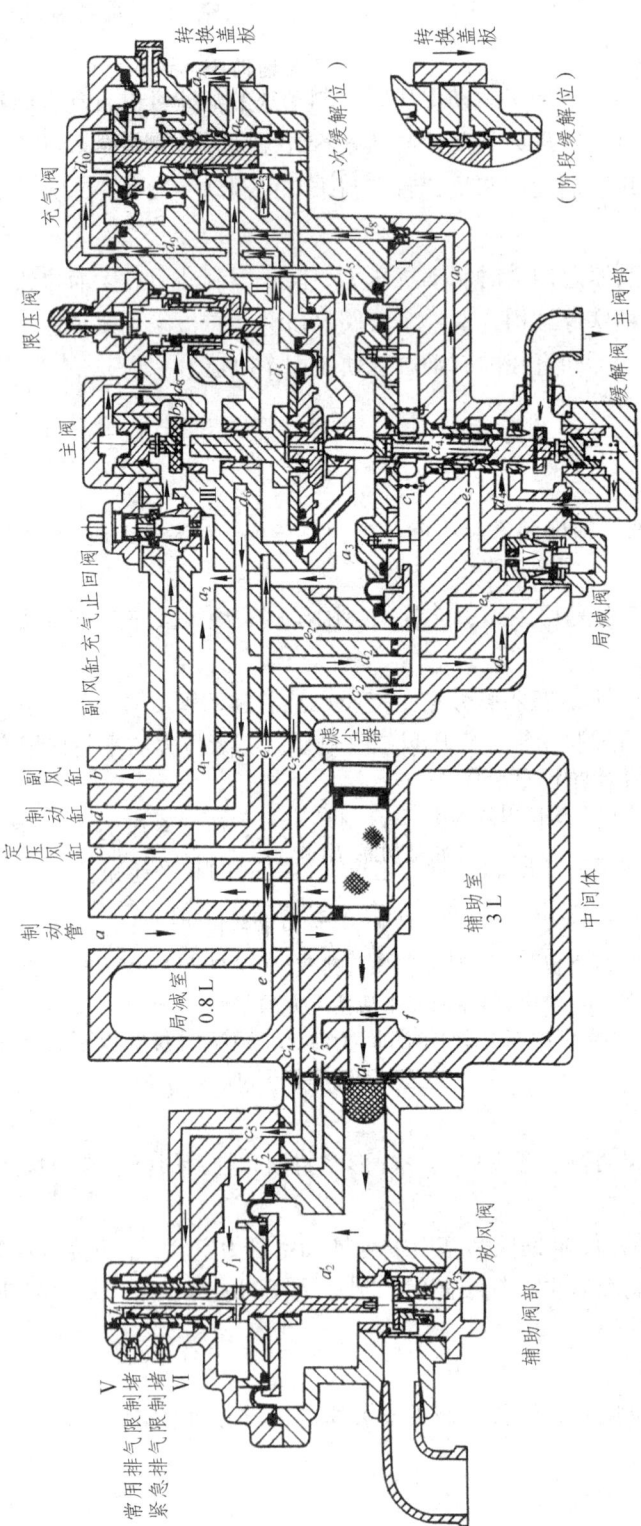

图 4-7 F-8 型分配阀充气缓解状态

（1）充气缓解状态。

司机操纵制动机向制动管充风时，压力空气经中间体进入主阀和辅助阀部。

① 主阀：制动管增压，主活塞向下移动，压缩制动弹簧，直到主活塞外缘碰到下阀体，形成充气缓解状态，连通 3 条气路：

a. 制动管的压力空气→a_1→a_2→副风缸充气止回阀→b_1→b→副风缸。另一方面经副风缸充气止回阀后从 b_1 进入主阀平衡阀的空腔 b_2。

b. 主活塞上方的压力空气→a_5→充气阀杆沟槽 a_6→转换盖板槽 a_7→a_8→缩堵→下阀体通路 a_9→局减阀套→主活塞下方 c_1→上阀体通路 c_2→中间体通路 c_3→定压风缸。

c. 制动缸→d→d_1→d_2→d_3→d_4→缓解阀排气口→大气。

② 充气阀：开始时，在制动缸压力作用下处于下部位，切断局减室通大气的气路。当制动缸压力排至 20 kPa 以下时，充气阀活塞在弹簧力作用下移动，打开充气阀杆尾部气路：局减室→大气。

③ 辅助阀部：由于制动管压力空气经 a_1' 进入辅助阀体内口 a_2'（同时进入放风阀下方 a_3'），推动辅助阀活塞向上移动，辅助阀处于充气缓解状态。

制动管→c_4→辅助阀暗道 c_5→辅助阀套→辅助阀杆→辅助阀活塞上方 f_1→f_2→f_3→辅助室。

（2）常用制动状态。

司机操纵制动机，使制动管施行常用减压。

① 主阀：当制动管以常用制动减压时，主活塞上下形成一定的压力差，同时又有制动弹簧的预紧力作用，推动主活塞并带动缓解柱塞、主阀杆等向上移动，打开平衡阀，形成主阀的常用制动状态。

a. 制动管→主活塞上方→a_3→a_4→e_5→缩孔Ⅳ→e_4→e_3→e_2→e_1→e→局减室→e_3→充气阀排气口→大气。

b. 副风缸→b→b_1→b_2→平衡阀→b_3→d_8→限压阀→d_7→d_6→d_1→d→制动缸→d_7→大缩堵Ⅱ→d_5→主阀小活塞上方→d_9→d_{10}→充气阀活塞的上侧。

② 充气阀：制动缸压力空气到充气阀活塞的上侧，压缩充气弹簧，使充气阀下移，切断局减室通大气的通路，第一阶段局减作用结束，形成第二阶段局减：制动管→局减室，直到二者压平衡时结束。

③ 辅助阀部：制动管减压，辅助活塞下移，先遮断辅助室与压力风缸通路，后打开常用排气限制堵，形成气路：辅助室→常用排气限制堵→大气。辅助活塞两侧不能产生过大压差，放风阀关闭。

（3）制动保压状态。

主阀：在常用制动过程中，制动管停止减压后，副风缸的压力空气继续进入制动缸及小活塞上方，当作用在主阀上向下的作用力大于向上的作用力时，主阀小活塞和主阀一起向下移，平衡阀关闭，此时副风缸向制动缸的充气通路被切断，副风缸停止向制动缸供气，实现制动保压。

（4）阶段缓解保压状态。

当转换盖板置于"阶段缓解位"时，F-8 型分配阀具有阶段缓解作用，就是在充气缓解时制动管停止增压，制动缸压力也相应地停止向大气排气，实现制动机的阶段性缓解动作。

缓解时，当制动管停止增压，而作用在小活塞上方的制动缸压力与作用在主活塞上方的制动管压力的合力小于定压风缸空气向上的作用力时，主活塞带动缓解柱塞向上移动，缓解阀关闭，切断了制动缸向大气的排气通路，实现阶段缓解保压。

（5）紧急制动状态。

紧急制动时，主阀的动作与常用制动时相同，只是由于制动管的减压速度比常用制动时快，主阀的动作更迅速。另外，平衡阀处于全开状态，制动缸的压力迅速上升。

同时，由于制动管紧急减压，辅助阀活塞下方的空气压力骤降，辅助阀活塞的上下两侧形成较大的压力差，辅助阀活塞迅速向下移动，辅助阀杆压缩放风阀弹簧，顶开紧急放风阀，使制动管的压力空气从放风阀迅速排入大气，产生紧急放风作用。辅助室的压力空气经常用制动排风堵和排紧急排风堵同时排入大气。排完需 10~15 s，之后才能施行充气缓解作用。

思考与练习

1. 说明 104 型分配阀充气缓解作用的过程及气路。
2. 说明 104 型分配阀常用制动制动作用过程及气路。
3. 货车为什么需要安装空重车调整装置？GK 型制动机的空重车调整装置是如何对制动缸压力进行调整的？
4. 120 型空气控制阀由哪几部分组成？各有什么作用？
5. 120 型空气控制阀如何实现局部增压作用？
6. 说明 120 型控制阀紧急制动制动作用的过程及气路。
7. F-8 型制动机有哪些主要特点？
8. F-8 型分配阀由哪几部分组成？各有什么作用？
9. 说明 F-8 型分配阀充气缓解作用的过程及气路。

项目五　制动理论及基础制动装置的构造与安装

【项目描述】

机车制动装置包括 3 个部分：机车制动机、基础制动装置和手制动机。基础制动装置用于将制动缸活塞上所产生的推力（称为制动原力）放大若干倍后均匀地传递到各个闸瓦，使之压紧车轮，产生制动作用。因此，基础制动装置的任务是：

（1）产生并传递制动原力；
（2）将制动原力放大一定的倍数；
（3）保证各闸瓦有较一致的闸瓦压力。

手制动机是装在机车车辆上的靠人力操纵产生制动力的人力制动机。机车停放时，可利用它来防止机车溜走。一些新型机车，如 SS_8 型电力机车上安装了弹簧止轮器，作为机车防溜的措施。

本章着重介绍基础制动装置的基本构成以及 SS_4 改进型、SS_8 型电力机车所采用的箱式单元制动器、弹簧止轮器。

一、概　述

1. 基础制动装置的组成

基础制动装置由制动缸、制动传动装置、闸瓦装置及闸瓦间隙调整装置组成。

（1）制动缸。

制动缸，又称闸缸，是产生制动原力的部件，它受制动缸压力空气压力变化的控制而进行动作。制动缸的种类很多，但其构造基本相同，主要由缸体、活塞、活塞杆及缓解弹簧等组成。

SS 系列电力机车采用箱式单元制动器，每个单元制动器内均设置一个制动缸，因此也叫单缸制动器。

（2）制动传动装置。

制动传动装置是应用杠杆原理，将制动缸产生的制动原力放大一定的倍数后均衡地传递给各个闸瓦。单缸制动器的制动传动装置由制动缸活塞推杆、制动杠杆、可调传动杆、闸瓦托杆等组成。

（3）闸瓦装置。

闸瓦装置用于安装闸瓦，并调整闸瓦与车轮踏面间的工作角度。闸瓦装置包括闸瓦、闸瓦托、闸瓦签及闸瓦定位装置等。闸瓦制动的制动力是靠闸瓦和车轮踏面的摩擦产生的。闸瓦一般采用耐磨而硬度较低的含磷铸铁或高磨合成材料制成。闸瓦托和闸瓦签则是用来安装闸瓦的。

（4）闸瓦间隙调整装置。

闸瓦间隙调整装置用于自动调整闸瓦与车轮踏面之间的间隙，使闸瓦间隙保持在规定的范围内，以确保制动作用的可靠性。

2. 基础制动装置的布置形式

基础制动装置按照闸瓦的分布情况不同可分为：单侧制动式和双侧制动式。前者也称单侧闸瓦式，即只在车轮的一侧设有闸瓦。单侧闸瓦式基础制动装置的构造较为简单，适用于牵引吨位不大的机车、车辆，但这种制动装置在制动时使轴箱单侧受力，轴瓦易偏磨；而且闸瓦单位面积上的压力较大，闸瓦磨耗量大，制动效果较差。目前我国东风$_4$型内燃机车和大多数货车采用单侧制动。后者也称双侧闸瓦式，即在车轮的两侧都设有闸瓦。双侧闸瓦式基础制动装置结构比较复杂，但由于制动时闸瓦单位面积上所受的压力较小，因而摩擦系数较高，制动效果较好，闸瓦磨耗量也小，因此对缩短制动距离、提高运行速度都是有利的。随着列车运行速度的提高，大吨位货车也有采用双侧式基础制动的必要。我国客车和部分型号的内燃、电力机车采用了双侧式基础制动装置。

基础制动装置按照作用对象不同可分为组合式和单独式。其中，组合式基础制动装置是由一个制动缸为若干个闸瓦装置提供制动原力。单独式基础制动装置又称为独立式，是由一个制动缸单独为一个闸瓦装置提供制动原力。目前，国产 SS 系列电力机车和装用盘形制动的客车均采用单独式基础制动装置，货车和大多数客车采用组合式基础制动装置。

二、单缸制动器

1. 概　述

SS 系列电力机车的基础制动装置均采用独立箱式单元制动器，它是以制动器箱体为基础，将制动缸、制动传动装置和闸瓦间隙调整装置安装于箱体内侧，闸瓦装置安装于箱体外侧的一种基础制动装置，因而又称为单缸制动器。单缸制动器主要由制动缸、杠杆传动系统、闸瓦间隙自动调整器和闸瓦装置组成。其特点是将制动单元各部件分别安装于箱体内外，对精密部件实行全密封，以提高可靠性。不论采用单侧制动，还是双侧制动，组装好的制动器都作为一个独立单元吊装在转向架构架的制动器安装座上，用螺栓连接。此外还采用了其他的稳定措施。

SS 系列各型电力机车所使用的单缸制动器主要参数见表 5-1。

表 5-1　SS 系列电力机车制动器的主要参数

制动器技术参数	SS$_3$	SS$_{3B}$	SS$_4$改进	SS$_7$	SS$_8$
制动缸直径（mm）	203	178	178	190	203
缓解弹簧反力（N）	340	347	347		307
制动倍率	3.5/2.85	2.85	2.85	4	3.5
传动效率	0.9	0.95	0.85	0.8	0.85
闸瓦压力（紧制）（N）	43 910	32 650	25 560	2 180	46 600
每台转向架制动缸数	10	6	4	8	4
闸瓦间隙（mm）	6^{+2}_{-1}	4~8	4~8	8±1	6
闸瓦间隙一次调整量（mm）	0.2	0.22	0.2	2~5	0.22

注：SS$_3$ 电力机车使用了两种独立箱式单元制动器：3.5×8 单缸制动器和 2.85×7 单缸制动器，制动倍率分别为 3.5 和 2.85。

SS$_4$ 改进型、SS$_8$ 型电力机车采用的单缸制动器的构造、作用原理基本相同。下面以 SS$_4$ 改进型电力机车的 2.85×7 单缸制动器为例，介绍其构造和作用原理。

2. 2.85×7 单缸制动器

2.85×7 单缸制动器的制动倍率为 2.85，制动缸的直径为 7 inch。

（1）2.85×7 单缸制动器的构造。

2.85×7 单缸制动器主要由制动缸、制动杠杆、闸瓦间隙调整器和闸瓦装置等组成，如图 5-1 所示。

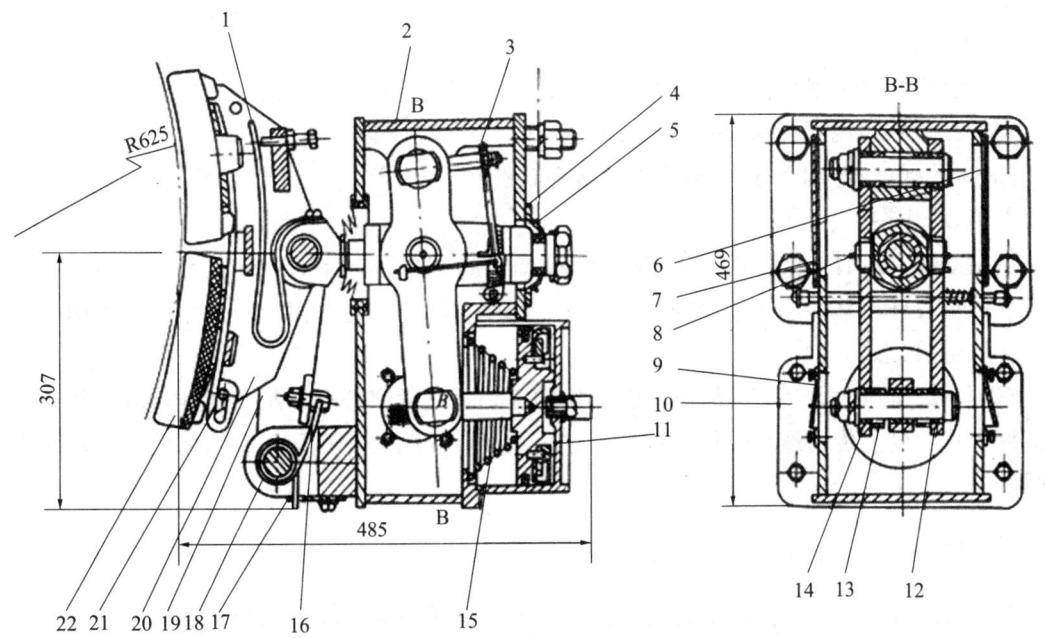

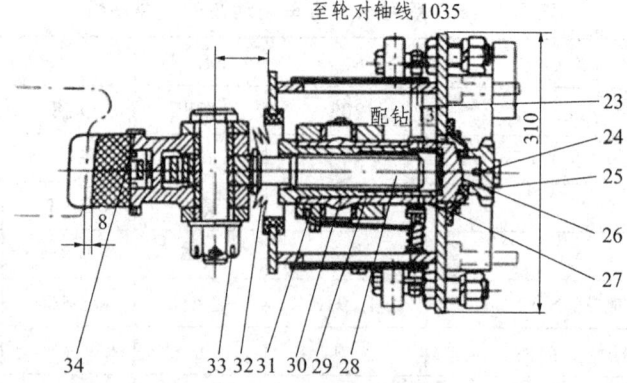

图 5-1　2.85×7 单缸制动器结构图

1—闸瓦定位弹簧；2—箱体；3—棘钩；4—压环；5—密封套；6—门组装（左）；7—门组装（右）；8—油杯；9—护罩；10—滤尘网；11—制动缸；12、14—杠杆；13—隔套；15—圆锥弹簧；16—扭簧卡；17—扭簧止板；18—扭转弹簧；19—闸瓦托杆；20—闸瓦托；21—闸瓦签；22—闸瓦；23—脱钩杆；24—开口销；25—手轮；26—螺盖；27—棘轮；28—传动螺杆；29—传动螺母；30—滑套；31—条簧；32—密封罩；33—螺母；34—闸瓦签圆销

① 制动缸。

制动缸主要由制动缸活塞、活塞杆、圆锥弹簧（又称缓解弹簧）及缸体等组成。

② 制动杠杆。

制动杠杆（简称杠杆）用于传递、放大制动缸产生的制动原力。

③ 闸瓦间隙调整器。

闸瓦间隙调整器主要由传动螺杆、传动螺母、棘轮、棘钩、滑套、条簧及手轮等零件组成。采用单向自动式闸瓦间隙调整器，可自动减小过大的闸瓦间隙，而增大闸瓦间隙则需人工调整。

④ 闸瓦装置。

闸瓦装置主要由闸瓦托、闸瓦托杆、闸瓦签、闸瓦定位弹簧及闸瓦等组成。

（2）2.85×7 单缸制动器的作用原理。

2.85×7 制动器的工作过程包括以下两个状态：

① 制动状态。

当制动缸充风时，活塞通过活塞杆推动制动杠杆顺时针转动，制动杠杆带动滑套、传动螺母、传动螺杆左移，从而推动闸瓦托左移，使闸瓦压在车轮踏面上，产生制动作用。

② 缓解状态。

当制动缸排风时，活塞在缓解弹簧的作用下，通过活塞杆带动制动杠杆逆时针转动，制动杠杆带动滑套、传动螺母、传动螺杆右移，从而带动闸瓦托右移，使闸瓦离开车轮踏面进行缓解。

3. 闸瓦间隙调整器的作用原理

在运行过程中，由于闸瓦磨耗等原因，闸瓦与车轮踏面之间的间隙越来越大。为了消除增大的间隙，在制动器中设置了闸瓦间隙自动调整器。

（1）闸瓦间隙调整器的结构与作用原理。

2.85×7制动器闸瓦间隙调整器在结构上具有以下特点：

① 传动螺母与传动螺杆之间以左旋螺纹配合，习惯上将传动螺母与传动螺杆的组合体称为可调制动传动杆，简称传动杆；

② 棘轮与传动螺母固定在一起；

③ 制动杠杆转动时，棘钩随之同向、同角度转动。

当闸瓦间隙过大时，闸瓦间隙调整器将自动减小过大的闸瓦间隙。制动过程中，随着制动杠杆的顺时针转动，棘钩也顺时针转动相同角度，从而使棘钩齿尖从棘轮原轮齿中脱离出来而落入下一轮齿。当缓解时，棘钩随制动杠杆逆时针转动，并由棘钩齿尖带动棘轮顺时针转动，使棘轮带动传动螺母右旋，将传动螺杆从传动螺母中旋出，增大传动杆的长度，从而减小闸瓦间隙。

当闸瓦间隙达到正常范围（4～8 mm）时，闸瓦间隙调整器将不再减小闸瓦间隙。此时，由于制动过程中制动杠杆顺时针转动的角度较小，使棘钩齿尖不能从棘轮轮齿中脱离出来而保持在原齿中。因此，缓解过程中闸瓦间隙调整器不再继续减小闸瓦间隙。

SS_8型电力机车的棘轮齿数为27个，SS_4改进型电力机车的棘轮齿数为30个，因此其单齿调整量分别为 6/27 = 0.22 mm 和 6/30 = 0.2 mm。为了防止棘钩与棘轮齿面脱离，用条簧压紧棘钩。

（2）闸瓦间隙的人工调整。

当需要人工调大闸瓦间隙或更换闸瓦时，首先应拉动（或推动）设置在箱体上的脱钩杆，使棘钩齿尖脱离棘轮轮齿；然后逆时针方向旋转手轮，以缩短传动杆长度，使闸瓦与车轮踏面之间的间隙增大。当需要减小闸瓦间隙时，直接顺时针方向旋转手轮即可。

更换闸瓦或落车时，应使闸瓦退到最大间隙位置；更换闸瓦或落车后，应顺时针方向旋动手轮，使闸瓦紧贴车轮踏面，然后再向相反方向旋动手轮一周，此时，闸瓦间隙即为要求的正常间隙（6 mm）。

为了使闸瓦上下端与车轮踏面之间保持均匀的间隙，可通过调整闸瓦定位装置的调整螺栓来实现，并在调整好闸瓦间隙后，一定要将调整螺栓上的锁紧螺母锁紧，以防机车运行过程中因调整螺栓松动而导致闸瓦上、下端间隙不均。

三、弹簧止轮器

SS_8型电力机车设置有弹簧止轮器，它作为机车的停车制动装置，用来防止机车在停放时溜行。

1. 弹簧止轮器的构成

SS_8型电力机车每台转向架设置两套弹簧止轮器，并作用于第二轮对单缸制动器上。弹簧止轮器是通过调节螺杆和杠杆将蓄能制动器所产生的制动力传递到单缸制动器闸瓦上，以实现停放制动。它主要由蓄能制动器、调节螺杆、锁紧螺母、杠杆、杠杆座、复原弹簧及复原弹簧支板等组成，如图5-2所示。

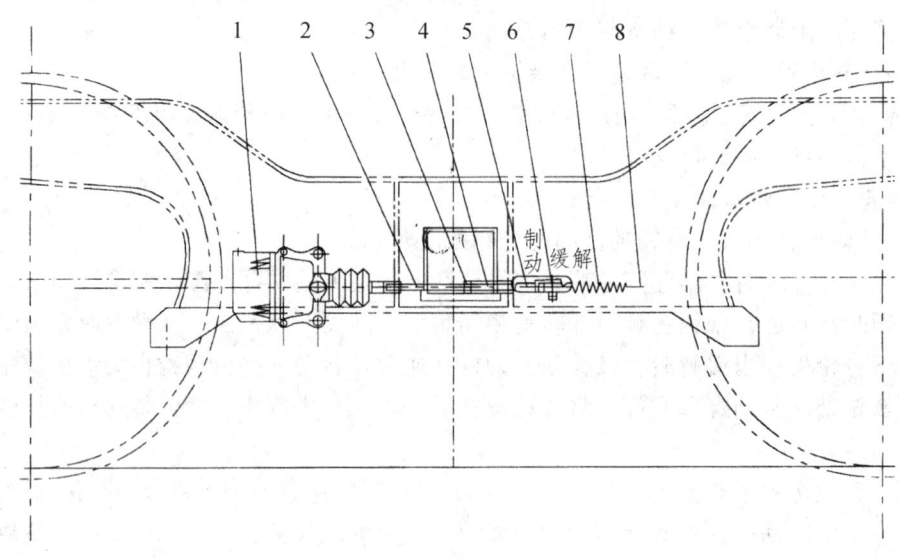

图 5-2 弹簧止轮器

1—蓄能制动器；2—调节螺杆；3—锁紧螺母；4—调节螺母；5—叉杆；
6—杠杆；7—复原弹簧；8—复原弹簧支板

弹簧止轮器的主要技术参数见表 5-2。

表 5-2 弹簧止轮器主要技术参数

车轮与闸瓦之间间隙	6 mm
杠杆与制动器手轮之间间隙	（1±0.5）mm
杠杆倍率	6
制动时主弹簧反力	14.10 kN
复原弹簧反力	0.3 kN
制动倍率	0.9
闸瓦压力	74.52 kN
蓄能制动器重量	46 kg

2. 蓄能制动器

（1）蓄能制动器的构造。

蓄能制动器主要由活塞、棘爪、导向套筒、导向螺管、主弹簧、丝杆及缸体等组成，安装在构架侧梁外侧立板上，通过调节螺杆将蓄能制动器与杠杆连接起来，如图 5-3 所示。

蓄能制动器的丝杆与螺母是一副非自锁螺旋副，并且棘轮机构的棘轮固定在螺母上，以控制螺母在丝杆上的转动：当棘轮机构锁闭时，螺母只能单向转动；当棘轮机构解锁时，螺母可双向转动。

（2）蓄能制动器的作用原理。

① 制动状态。

当蓄能制动器制动缸排风时，主弹簧推动活塞向右移动，此时由于棘轮机构处于锁闭状态，因而棘轮和螺母不能在丝杆上转动，使螺母带动丝杆随活塞一起右移，并通过丝杆联动弹簧止轮器的调整螺杆和杠杆进行工作，最终使闸瓦贴靠车轮，产生制动。

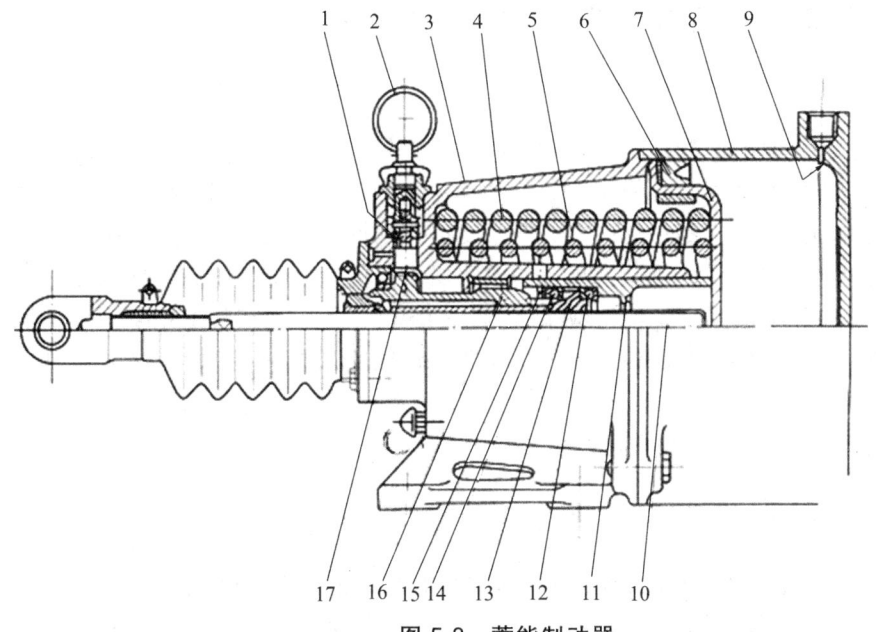

图 5-3 蓄能制动器

1—弹簧；2—拉环；3—缸体；4、5—主弹簧；6—密封圈；7—活塞；8—制动缸；9—限流孔；
10—丝杆；11—导向套筒；12、14—止推轴承；13—导向螺管；
15—内卡圈；16—导向套筒；17—棘爪

② 缓解状态。

当蓄能制动器制动缸充风时，推动活塞压缩主弹簧左移，由于此时棘轮机构处于解锁状态，因而螺母在受压的情况下，带动棘轮在丝杆上旋转；同时在弹簧止轮器复原弹簧作用下，蓄能制动器丝杆、弹簧止轮器调整螺杆和杠杆恢复原工作位置，最终使闸瓦远离车轮，产生缓解。

③ 手动缓解

机车停放制动后且无司机操纵时，若需缓解，可进行手动缓解——拉动蓄能制动器上的手动拉环。此时，棘轮机构处于解锁状态，在蓄能制动器主弹簧作用下，螺母带动棘轮在丝杆上旋转；同时在弹簧止轮器复原弹簧作用下，蓄能制动器丝杆、弹簧止轮器调整螺杆和杠杆恢复原工作位置，最终使闸瓦远离车轮，产生缓解。

蓄能制动器在完全缓解状态下要进行停放制动时，首先需向蓄能制动器制动缸充风，使其恢复缓解状态；然后再排放蓄能制动器制动缸内的压力空气，使其进入制动状态。当蓄能制动器制动缸内的气压下降到 600 kPa 以下时，蓄能制动器开始制动状态工作；并且随着蓄能制动器制动缸压力的减小，作用在闸瓦上的力也就会越来越大。

所以，工作中应注意以下两点：

a. 在运行过程中，随时观察总风缸压力，确保其压力不低于 600 kPa。

b. 在总风缸压力较低的情况下移动机车时，需通过检查侧梁外侧所标注的弹簧止轮器缓解标记，以确认蓄能制动器是否处于缓解状态，以防止车轮踏面擦伤或产生轮箍松弛等恶性事故发生。

四、制动倍率、制动传动效率和机车制动率

1. 制动倍率

为了在制动时得到足够的制动力,制动机必须产生较大的闸瓦压力。如前所述,闸瓦压力源于制动缸活塞上的制动原力,而制动原力的大小与制动缸直径、制动缸内空气压力成正比,因此,增大制动缸直径和制动缸内空气压可挺高制动原力,达到增大闸瓦压力乃至产生足够的制动力的目的。但是,由于制动机工作过程中不可能产生很大的制动缸压力,并且制动缸的形状、大小受到安装尺寸、经济成本等因素的限制,所以,实际工作中,是靠制动传动装置将制动原力放大一定倍数后传递到闸瓦装置,形成闸瓦压力。这个将制动原力放大的倍数,称为制动倍率。

制动倍率用 γ_b 表示,其表达式为:

$$\gamma_b = \frac{\sum K_{理}}{F}$$

式中 $\sum K_{理}$ ——一个制动缸的制动原力所形成的闸瓦压力的总和(kN);

F ——制动原力或乘务员施加于手制动机手轮上的力(kN)。

制动倍率的大小取决于制动传动装置各杠杆的尺寸大小。各型机车的制动杠杆的结构和尺寸不一样,制动倍率也不相同。

根据杠杆原理可知:

$$\gamma_b = \frac{各杠杆主动臂长度的乘积}{各杠杆从动臂长度的乘积}$$

SS 系列电力机车由于采用单缸制动器,只设有一副制动杠杆,故其制动倍率为制动杠杆主动臂长度与被动臂长度的比值。例如,SS_4 改进型电力机车的制动倍率为 2.85,SS_8 型电力机车的制动倍率为 3.5。

2. 制动传动效率与闸瓦压力的计算

(1)制动传动效率。

在制动时,制动缸活塞杆推力传递至闸瓦的过程中,需要克服缓解弹簧的反拨力、制动缸活塞与缸壁间的摩擦力以及制动传动装置各销套间的摩擦力等,所以闸瓦所得到的实际闸瓦压力小于按上述杠杆原理计算的理论闸瓦压力。实际闸瓦压力与理论闸瓦压力的比值称为基础制动装置的传动效率。

制动传动效率用 η_b 表示,其表达式为:

$$\eta_b = \frac{\sum K_{实}}{\sum K_{理}}$$

式中 $\sum K_{实}$ ——一个制动缸制动原力所产生的各闸瓦实际压力的总和,kN;

$\sum K_{理}$ ——该制动缸制动原力所产生的各闸瓦计算压力的总和,kN。

基础制动装置的传动效率表征着制动缸空气压力的有效利用程度。与一般机械设备一样,η_b 值越大越好。η_b 值的大小与基础制动装置中各杠杆的结构形式、销套连接的多少、制动缸

的直径等因素有关,还与机车所处的状态以及机车的保养状态有关。通常,制动传动效率值是由试验获得的。SS 系列电力机车的制动传动效率见表 5-1。

(2)闸瓦压力的计算。

制动原力经制动传动装置传递到闸瓦上所形成的作用力称为闸瓦压力(kN)。

一个制动缸所产生的实际闸瓦压力为:

$$\sum K_{实} = \eta_b \sum K_{理}$$

根据制动倍率的计算公式可得:

$$\sum K_{理} = F\gamma_b$$

$$\sum K_{实} = F\gamma_b\eta_b$$

若要计算机车实际闸瓦总压力,则还要乘上制动缸的总数 m,即

$$\sum K = m\sum K_{实} = mp_z\frac{\pi d^2}{4}\gamma_b\eta_b \text{ (kN)}$$

式中 m——每台机车的制动缸个数;

p_z——制动缸压力,kPa;

d——制动缸活塞直径,m;

γ_b——制动倍率;

η_b——制动传动效率。

(3)机车制动率。

机车的制动能力不能仅以闸瓦压力来表示,因为同样大小的闸压压力,对于重量不同的机车,其制动效果是不同的。只有机车单位重量所具有的闸瓦压力,才能确切地表示机车的制动能力。所谓机车制动率是指机车单位重量所获得的闸瓦压力。

机车制动率用 δ 表示,其表达式为:

$$\delta = \frac{\sum K}{q}$$

式中 $\sum K$——机车闸瓦总压力,kN;

q——机车总重量,kN。

机车制动率表征机车制动能力的大小。合理地确定制动率对保证运行速度及运行安全都有重要意义。为了提高制动效果,通常希望采取较大的制动率,但是提高制动率会受轮轨黏着条件的限制。另外,制动率还需根据所选用的闸瓦材料的摩擦系数适当选取。

思考与练习

1. 说明基础制动装置的用途。
2. 试述箱式单元制动器的主要组成部件名称及作用。
3. 试述 SS_4 改进型电力机车闸瓦间隙调整器的作用原理。
4. 蓄能制动器的工作原理是什么?在无司机操纵时如何缓解?
5. 什么叫制动倍率、制动传动效率和机车制动率?

参考文献

[1] 刘豫湘，陆缙华，潘传熙. DK-1 型电空制动机与电力机车空气管路系统[M]. 北京：中国铁道出版社，2000.

[2] 张开文. 制动[M]. 北京：中国铁道出版社，2000.

[3] 饶中. 列车制动[M]. 北京：中国铁道出版社，2002.

[4] 夏肇元. 机车车辆及城市轨道车辆电空制动技术[M]. 北京：中国铁道出版社，2000.

[5] 李益民. 电力机车制动机[M]. 北京：中国铁道出版社，2012.

[6] 庞宏恩. 车辆制动装置[M]. 北京：中国铁道出版社，2007.